Ingrid Radewaldt

GUNTA STÖLZL

Pionierin der Bauhausweberei

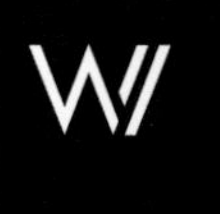

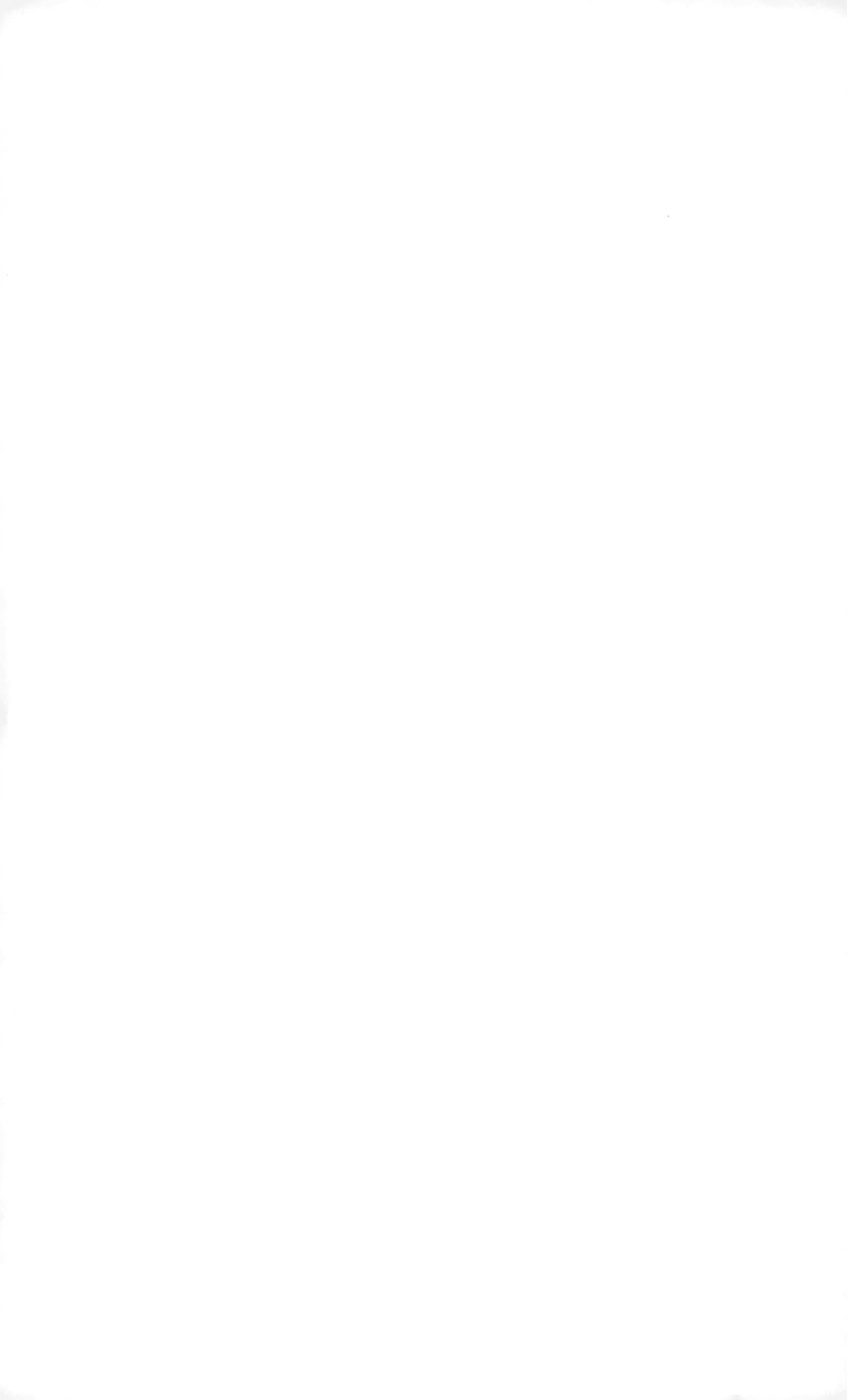

Inhalt

Vorwort von Prof. Stölzl 4
Einführung 8
Die Jahre in München 12
Kriegsdienst 19
Die Zeit zwischen Krieg und Bauhaus 22
Der Anfang in Weimar 25
Der Unterricht bei Johannes Itten 39
Die Frauenklasse – eine Klasse für sich? 46
Unterricht bei Paul Klee 52
Der Einfluss von Wassily Kandinsky 58
Werkstattarbeit in der Weimarer Weberei 62
Kunst und Technik – eine neue Einheit 74
Leben am Bauhaus Weimar 83
Der Neuanfang in Dessau 89
Die Weberei im Bauhaus Dessau 93
Die Ära Hannes Meyer 113
Leben am Bauhaus in Dessau 126
Moskau und die Folgen 132
Ein aussichtsloser Kampf 144
Suche nach neuen Wegen 157
Werkstattarbeit in der Schweiz 160
Arbeit am Hochwebstuhl 168
Von der Emigrantin zur Schweizer Bürgerin 171

Zeittafel 178

Auf den Spuren von Gunta Stölzl
Weimar, Dessau und Berlin 180

Anhang
Personenverzeichnis 196
Literaturverzeichnis 198
Bildnachweis 199

VORWORT

Wie lange ist das alles her! Und wie nah, aufregend und aktuell ist es dennoch. Die Bundesrepublik feiert „Bauhaus 100" und hofft, dass die Botschaft vom *guten*, vom *weltfähigen*, vom *progressiven*, einer humanen Zukunft zugewandten Deutschland in der ersten Hälfte des 20. Jahrhunderts draußen in der Welt ankommt.

Und die Schöpfer des Bauhauses werden erneut in den Blick genommen, nicht nur die männlichen Heroengestalten der modernen Kunst, die schon seit dem Bauhaus-Revival von 1968 leuchten, sondern auch die Frauen. Sie haben, als Studierende wie als Lehrende und schöpferisch Tätige gleichen Anteil an der kurzen, aber unerhört lange nachwirkenden Abenteuersage von 1919–1933. War eine „feministische" Kunst- und Kulturgeschichtsschreibung lange Zeit eine Art Wiedergutmachung gewesen, so geht es heute um etwas anderes: Die hartnäckig lebendigen Stereotypen von der Hierarchie der Künste (und damit auch der Künstler*innen) sind passé, man kann sich endlich entspannt den unerhört spannungsreichen Biographien zuwenden.

Gunta Stölzl symbolisiert die Erfolgsgeschichte der Frauen am Bauhaus. Sie steht für den „Möglichkeitssinn" der Bauhaus-Idee, freilich auch für die Grenzen, die ihm vom Zeitgeist gesetzt wurden. Die Ehrlichkeit gebietet, die Beschränkung dieses Möglichkeits-, man kann auch Freiheitssinnes sagen, nicht nur in den beharrenden und reaktionären Tendenzen außerhalb des Bauhauses zu suchen, sondern auch in der immer wieder aufsteigenden Mutlosigkeit innerhalb der Lebensgemeinschaft von Weimar und Dessau.

Die Revolution 1918/19 hatte den Frauen das Wahlrecht gegeben und auch das Recht zum Studium an allen Universitäten. Walter Gropius schrieb mutig im Programm von 1919: *„Aufgenommen wird jede unbescholtene Person ohne Rücksicht auf Alter und Geschlecht,* *deren Vorbildung vom Meisterrat des Bauhauses als ausreichend erachtet wird*".

Und es kamen die Frauen – am Anfang sogar viel mehr als Männer. Warum? Waren sie offener für den visionären Elan der Idee? Jedenfalls brachten viele schon fertige Berufsausbildungen mit – Gunta Stölzl verließ Richard Riemerschmids Münchener Kunstgewerbeschule kurz vor dem Abschluss ohne Diplom um ans Bauhaus zu gehen. Erst die bewusste Ausgrenzung aus vielen Werkstsätten ließ die Zahl der Bauhäuslerinnen sinken – 1922: 52 Frauen und 95 Männer, 1924/25 nur noch 34 Frauen und 68 Männer. „*Wo Wolle ist, ist auch ein Weib, das webt, und sei es nur zum Zeitvertreib.*" Aber nicht nur satirisch, wie hier das Oskar Schlemmer nachgesagte Sprichwort, sondern allen Ernstes schlugen sich die Menschen am Bauhaus mit pseudowissenschaftlichen Theorien herum: Dreieck in Rot = Mann & Geist, Quadrat in Blau = Frau & Materie. Und so weiter und so fort, auch die Avantgardisten hatten die Blockaden des Patriarchalismus im Hirn. Frauen sollten nur zweidimensional arbeiten, befand der Guru Itten und Kandinsky sprach den Frauen ernsthafte Kreativität gleich einmal grundsätzlich ab.

Auf diesem Hintergund ist der in harter Arbeit errungene Erfolg von Gunta Stölzl umso eindrucksvoller. Sie baut die Textilwerkstatt auf, führt sie, als einziges Departement des Bauhauses, sogar zu wirtschaftlichem Erfolg, wird Meisterin in Dessau als einzige Frau, heiratet den Mann, den sie liebt, nimmt ihr Kind zum Stillen mit in die Werkstatt – und erfindet neben alledem auch einige der schönsten Textilbilder des 20. Jahrhunderts. Legt man heutige Maßstäbe an, dann hätte Gunta Stölzl eine prominente Ikone der Weimar Kultur sein müssen, popularisiert in allen Medien ihrer Zeit. Stattdessen wird sie als allzu Emanzipierte, als „*Linksstehende*", mit einem „*Ostjuden*" und bekennenden Zionisten verheiratete Frau weggemobbt. Ihr erzwungener Abschied vom Bauhaus 1931 war ein allzudeutliches Indiz dafür, dass die Weimarer Demokratie längst vor 1933 zu kapitulieren begonnen hatte.

In den Erinnerungen an meine Kinderzeit erscheint die Tante Gunta, die aus dem fernen Zürich machmal ins zerbombte Nachkriegs-München kam, als Doppelwesen: einerseits freundlich, Schokoladetafeln spendend und allzeit interessiert an den künstlerischen Versuchen des Neffen, andererseits streng auf Disziplin, Haltung und Leistung dringend. Ich wusste, dass mein verstorbener Vater und seine Schwester eine tiefe, geistig sehr bewusst gelebte Geschwisterliebe verbunden hatte. In unserem Familienarchiv lag der Briefwechsel zwischen beiden, beginnend mit der Zeit des ersten Weltkriegs, in dem es oft um die Frage ging: Wie soll man leben in dieser Zeit? Als mein Vater 1947 starb, war ich drei Jahre alt. Meine Tante Gunta half uns von Küsnacht aus in dieser bedrängten Nachkriegszeit über viele Entbehrungen hinweg. Meine Schwestern und ich sind als Kinder oft zu ihr an den Zürichsee geschickt worden. An den positiven Schock dieser Fahrten erinnere ich mich noch heute. Aus dem zerbombten München kamen wir in die idyllische Schweiz, die dünnen Nachkriegskinder bekamen stärkende „Ovomaltine" zu trinken. Wir gingen in Zürich ins Kunsthaus, dort habe ich moderne Kunst zum ersten Mal bewusst gesehen. Hinterher musste man ordentlich darüber Auskunft geben. Später, als ich den Sinn der vielen Bauhaus-Bücher in ihren Regalen zu verstehen gelernt hatte, habe ich sie natürlich nach ihrer Jugend gefragt. Sie pflegte dann ihre Bauhausvergangenheit eher wortkarg und ironisch abwinkend zu kommentieren. Heute denke ich, dass es ihre Art war, die tiefen Enttäuschungen von damals hinter einem Cordon sanitaire von Ironie zu verräumen.

Und heute? Die künstlerischen Siege und die moralischen Niederlagen im Bauhaus sind inzwischen alle zu Historie geworden. Für Gunta Stölzl und ihre Gefährtinnen & Gefährten bleibt der Ehrentitel, am einzigen wirklich *globalen* Kunstphänomen Deutschlands im 20. Jahrhundert schöpferisch mitgewirkt zu haben.

Es ist die Geschichte einer Gruppe von jungen Menschen, die in der Zeitenwende von 1918/19 beschlossen, eine *neue Welt* zu erfinden, in der alles, alles anders werden sollte als vor der großen Katastrophe, die Europa in den Abgrund gerissen hatte. „*Wir wollen nicht Künstler werden, sondern Menschen*", schrieb Gunta Stölzl 1919.

Für das Nachdenken über den Sinn der Kunst hat das Wort nichts von seiner Lebensfrische verloren.

Weimar, im Sommer 2018
Christoph Stölzl

EINFÜHRUNG

Die vorliegende Biographie gehört zu einer Buchreihe über zwölf Mitglieder des Bauhauses, darunter zwei Frauen: Marianne Brandt, die bekannte Metallgestalterin, und Gunta Stölzl, die spätere Leiterin der Textilwerkstatt des Bauhauses. Während Designobjekte von Marianne Brandt zu Ikonen der Bauhausarbeit wurden und einige davon bis heute hergestellt werden, sind die vielfältigen Arbeiten von Gunta Stölzl einem breiteren Publikum bisher weitgehend unbekannt.

In Fachkreisen – vor allem der Textilgestaltung – allerdings gilt sie heute als eine der ideenreichsten und technisch versiertesten Bauhausweberinnen, deren Werke in Museen und Sammlungen rund um die Welt vertreten sind. Es gab zwar in den 1960er-Jahren einzelne Veröffentlichungen der Arbeiten von Gunta Stölzl, z. B. in Hans Maria Winglers Buch *Das Bauhaus 1919–1933* von 1962, und auch in Bauhausausstellungen wurden einige ihrer Werke gezeigt. Als ich 1976 meine Dissertation zum Thema *Bauhaustextilien 1919–1933* an der Universität Hamburg begann, gab es zum Thema jedoch noch keine zusammenhängende Publikation. Die textilen Produkte lagen größtenteils in Archiven in Weimar und im Bauhaus-Archiv Berlin, aber auch verstreut in Europa, den USA und Japan. Die meisten Stoffproben, Entwürfe und Fachunterlagen waren noch in Privatbesitz. Ich hatte das Glück, eine Reihe von Bauhäuslerinnen persönlich kennenzulernen und ihre Werke dokumentieren zu können. So traf ich 1982 auch Gunta Stölzl, die noch viele Zeichnungen und Entwürfe besaß, dazu Stoffproben und Musterentwürfe aus der Bauhauszeit. Viele dieser unbekannten Produkte fanden Eingang in meine Dissertation, die ich 1986 abschloss.

Nach dem Tod Gunta Stölzls (1983) gab es 1987 eine erste große Retrospektive im Bauhaus-Archiv Berlin, die auch in Zürich und Bremen gezeigt wurde. Dazu erschien ein informativer Katalog, herausgegeben von Magdalena Droste (Bauhaus-Archiv Berlin), in dem neben dem Lebenswerk von Gunta Stölzl auch eine erste Dokumentation zur Bauhausweberei veröffentlicht wurde. Von Sigrid Wortmann Weltge erschien 1993 ein weiteres Buch zum Thema Bauhaustextilien, das auch deren Weiterentwicklung in den USA ausführlich darstellt.

Zum 100. Geburtstag von Gunta Stölzl eröffnete die Stiftung Bauhaus Dessau 1997 in den historischen Räumen eine Ausstellung mit mehr als 200 Exponaten, die anschließend in Chemnitz und Hamburg gezeigt wurde. Als Gastkuratorin arbeitete ich eng mit den Mitarbeitern des Bauhauses Dessau zusammen, besonders mit Wolfgang Thöner und Rüdiger Messerschmidt. Gemeinsam mit den Töchtern von Gunta Stölzl, Yael Aloni und Monika Stadler, entwickelten wir die Ausstellungsplanung und den umfangreichen Katalog. Wir werteten Zeitdokumente und bislang unveröffentlichte Aufzeichnungen aus, besonders Briefe und Tagebücher, um dem Leben und Werk von Gunta Stölzl so nahe wie möglich zu kommen und um die Qualität und Stringenz ihrer Arbeiten deutlich zu machen. Immer mehr Leihgeber waren bereit, ihre Werke zur Verfügung zu stellen, sogar das Busch-Reisinger Museum, Harvard (USA). Der Katalog, der im Verlag Gerd Hatje 1997 erschien, enthält neben der Biographie und dem Bildteil mit Werkbeschreibungen auch Beiträge von Christoph Stölzl und Anja Baumhoff. Das vorliegende Buch basiert auch auf Texten, die ich zusammen mit Monika Stadler für diesen Katalog geschrieben habe.

1998 veranstalteten die drei Bauhaussammlungen Weimar, Dessau und Berlin gemeinsam die Ausstellung *Das Bauhaus webt* und publizierten einen umfangreichen Katalog, der neue Quellen zur Bauhausweberei berücksichtigt.

Eine neue Sicht auf das Bauhaus gab die 2001 herausgegebene Publikation *The Gendered World of the Bauhaus* von Anja Baumhoff, in der sie äußerst kritisch die Rolle der Frau und ihre Diskriminierung am Bauhaus untersuchte.

Zum 90. Geburtstag des Bauhauses 2009 erschien zur Ausstellung im Gropiusbau in Berlin ein Katalog, in dem verschiedene Autoren je ein Werk eines Bauhäuslers erarbeiteten. So stellte Annie Bourneuf den Schlitzgobelin *Rot-Grün* von Gunta Stölzl vor; ihre neuen Einschätzungen werde ich in meinem Text berücksichtigen. Im selben Jahr gaben die Töchter von Gunta Stölzl im Hatje Cantz Verlag ein feines Buch mit Abbildungen von Werken ihrer Mutter und entsprechenden Tagebuch- und Brieffragmenten heraus. Einige dieser Texte werden auch im vorliegenden Buch zitiert. Im Sandmann Verlag erschien ebenfalls 2009 ein Buch über Bauhausfrauen von Ulrike Müller, in dem ich sechs Mitglieder der Weberei, darunter auch Gunta Stölzl, portraitierte.

2013 schließlich widmete die Kunsthalle Bielefeld einen Teil der Ausstellung *To Open Eyes* den Bauhaustextilien. Im Katalog wurde besonders Gunta Stölzls Jacquard-Weberei berücksichtigt, die technisch schwierigste ihrer Textiltechniken, die zu einer modernen Nachwebung auffordert.

Die vorliegende Biographie über Gunta Stölzl erscheint nun 2018 im Jahr nach ihrem 120. Geburtstag, ein guter Anlass, ihr vielseitiges Talent und ihr großes Können zu würdigen und es einem größeren Publikum bekannt zu machen.

„Dass man von Bauhaustextilien spricht, ist ihr Verdienst“, hieß es in der Bauhauszeitschrift 1931 anlässlich des Abschieds von Gunta Stölzl. Fast 13 Jahre war sie Mitglied des Bauhauses gewesen, zuerst als Studentin, dann als langjährige Meisterin der Weberei in Dessau. In dieser Biographie wird deutlich werden, mit wie vielen Widrigkeiten Gunta Stölzl am Bauhaus und auch später zu kämpfen hatte. Vieles über ihr Leben ist nachzulesen in ihren Briefen und vor allem in ihren Tagebüchern,

die sie bereits 1911 im Alter von 14 Jahren begann und aus denen hervorgeht, wie kraftvoll und intensiv sie ihre Gefühle schon als junges Mädchen ausdrücken konnte. Die oft eigenwilligen Texte sollen dabei in der Originalschreibweise zitiert werden.

Ingrid Radewaldt

DIE JAHRE IN MÜNCHEN

Gunta Stölzl wurde 1897 in München geboren. Ihr Vater war Schulrektor und stand den pädagogischen und künstlerischen Reformbewegungen nahe, die hier um 1900 ihren Ausgangspunkt fanden. Er war ein Freund und Anhänger Georg Kerschensteiners, der als Schulreformer den Bruch zwischen Kopf- und Handarbeit in der Industriegesellschaft heftig bekämpfte. Gunta Stölzl wurde in seinem Sinne erzogen und durfte als eine der ersten das neue Münchener Mädchengymnasium besuchen und 1913 die Reifeprüfung ablegen – eine seltene Qualifikation für ein Mädchen dieser Zeit.

Im gleichen Jahr trat sie dem Pfadfinderbund bei, denn sie liebte das einfache Leben mit Gleichaltrigen in der Natur. Auf Bergwanderungen mit ihrem Vater und ihrem vier Jahre älteren Bruder hatte sie auch intensive körperliche Betätigung kennengelernt. 1916 schreibt sie: „*In blindem Vertrauen rannten wir nachmittags auf die Bärenalpscharte zu und stießen uns zornig ohnmächtig die harten Köpfe an den harten Felsen, der Stein blieb Sieger – und wir zogen ab – nicht mutlos – nur einsichtig, daß wir unsere Wünsche zu hoch gespannt und daß zu jedem Ziel, zu jedem Gipfel zuerst ein tüchtiges Stück Wissen und Können erobert werden muß.*“

Die Natur war im Übrigen für Gunta Stölzl immer wieder der Ort, an dem sie ihre tiefsten Empfindungen wahrnahm: hier setzte sie sich mit existentiellen und religiösen Fragen auseinander, wie im Text vom August 1916: „*Es ist seltsam, daß uns gerade die Abendstimmungen am tiefsten ergreifen und uns am meisten geben, ihre Schönheit stimmt uns doch immer ernst, fast traurig feierlich, vielleicht ist es eben darum, weil wir uns immer zwischen all den vielen Zielen des Tages, die das ganze Leben zersplittern, nach Einheit sehnen, nach der großen Einheit nach Gott.*“

Sie las viel, beginnend mit Klassikern über moderne Dramatiker bis hin zu zeitgenössischen Philosophen und setzte sich in ihrem Tagebuch intensiv mit den Inhalten auseinander, die sie kritisch auf Wahrheit und Glaubwürdigkeit überprüfte – meist schildert sie die Geschehnisse innig und betroffen wie einen Teil ihrer eigenen Erlebniswelt. Die kritische Suche nach echten Gefühlen und nach Wahrheit blieb Zeit ihres Lebens ein wesentlicher Charakterzug, ebenfalls eine Neigung zur Idealisierung, wenn sie etwas lieb gewonnen hatte.

Viele Wertvorstellungen der bürgerlichen Kultur waren jedoch während des ersten Weltkrieges ins Wanken geraten, und so war die Suche nach neuen Vorbildern und Werten eine Aufgabe, die die ganze junge Generation beschäftigte, so auch Gunta Stölzl, die mit ihrer Freundin Alice auf Wanderungen Nietzsches *Zarathustra* las. Auf der Suche nach moralischen Leitlinien war sie neuen philosophischen oder gesellschaftspolitischen Ideen und Theorien gegenüber aufgeschlossen. Sie blieb es zeitlebens.

Außerdem zeichnete sie intensiv und viel in den Münchener Jahren. Sie hat diese kraftvollen, aber auch subtilen Werke bis zum Lebensende aufbewahrt – ein Zeichen für ihre Wertschätzung dieser Arbeiten. So war es nur folgerichtig, dass sie, die künstlerisch begabt war, auch eine der fortschrittlichsten Kunstgewerbeschulen Deutschlands besuchte: die des Mitbegründers des *Werkbundes* Richard Riemerschmid in München. 1914 hatte Gunta Stölzl dort ihr Studium begonnen – die Münchener Kunst-Akademie verweigerte bis 1921 Frauen den Zutritt aus *„sittlichen Bedenken gegen eine gemeinsame Arbeit vor dem nackten Körper"*. Zudem galt die freie, „hohe" Kunst als Domäne der Männer, Frauen waren auch deshalb zum Studium nicht zugelassen und mussten sich mit privaten Kursen begnügen.

An der Kunstgewerbeschule belegte Gunta Stölzl nach einem Vorlehresemester – einer Einführungsveranstaltung – Glasmalerei und Keramik bei Professor Anton Blaim und dekorative Malerei bei Professor Engels. Er war für sie *„der Einzige, ausgenommen J. Dietz (der keine Da-*

men nimmt), der etwas kann, vor dem alle Respekt haben, der Einzige, der in dem Ruf steht, furchtbar streng zu sein und unglaubliches zu verlangen", notiert sie im Tagebuch. Und 1915 schrieb sie einer Freundin: „*Ja, es wird so einem jungen Hasen schon Angst gemacht. Die erste Zeit, da fühlte ich mich schon bloss wie so ein Mück am Boden, die jeden Augenblick zertreten werden kann. Jetzt hebe ich manchmal gewaltig meine Flügel, bis wieder ein starker Luftdruck von oben kommt.*"

Gunta Stölzl hörte auch kunstgeschichtliche Vorlesungen. Ihr Kollegheft mit Aufzeichnungen zur *Stillehre* von Professor Josef Popp zeigt, dass dieser Kunsthistoriker bereits viele Fragen zum Verhältnis von freier und angewandter Kunst zur Diskussion stellte und Lösungen nannte, die denen der Frühphase des Bauhauses nahestehen.

Nach dem jeweils Modernen einer Zeit wollte Gunta Stölzl sich richten, nicht nach dem Vergangenen. Aus ihren Tagebüchern wird ihr Ehrgeiz deutlich, immer eine Spitzenposition anzustreben. Sie versprach sich durch die Ausbildung einen guten Arbeitsplatz im Bereich des Kunstgewerbes, das auch Frauen offen stand.

Gunta Stölzl war sich seit dem Winter 1915, mit nur 18 Jahren, ganz sicher, dass sie sich dem Kunstgewerbe widmen wollte, nachdem sie in die Klasse von Engels aufgenommen worden war: „*Es ist halt jetzt schon ein ganz anderes Arbeiten, ich hab doch mehr Ziel vor Augen, wenn's auch immer noch stark verschleiert ist, ich weiß, daß ich mich der dekorativen Kunst zuwenden will, Teppiche, Glasmalerei, figürlicher Schmuck mit ornamentaler Wirkung, vielleicht auch etwas Illustration*".

Zwei undatierte Arbeiten von Gunta Stölzl aus ihrer Kunstgewerbeschulzeit stehen stellvertretend für die dort gestellten Aufgaben, eine Tüte und ein Tapetenausschnitt. Sie sind aus Papier und mit Linol- und Holzmodeln bedruckt, originelle und praxisnahe Aufgaben für die damalige Zeit. Beide Objekte waren für den täglichen Gebrauch denkbar und praktisch, in Handdrucktechnik allerdings für eine exklusive Klientel. Auf der Tüte werden stilisierte Bäume und Menschen rhythmisch platziert, trotz deftiger Formen mit Witz und Lebendigkeit. Auch die dekorative Tapete weist bei genauerem Hinsehen eine originelle Mischung aus chinesisch anmutenden Formen und Szenen aus Bergidyllen auf, die auch ironisch wirken. In beiden technisch hervorragenden Arbeiten ist der Zeitgeist sichtbar, eine „zeitgemäße" Stilisierung im Sinne des damaligen, von Richard Riemerschmid vertretenen Kunstgewerbes.

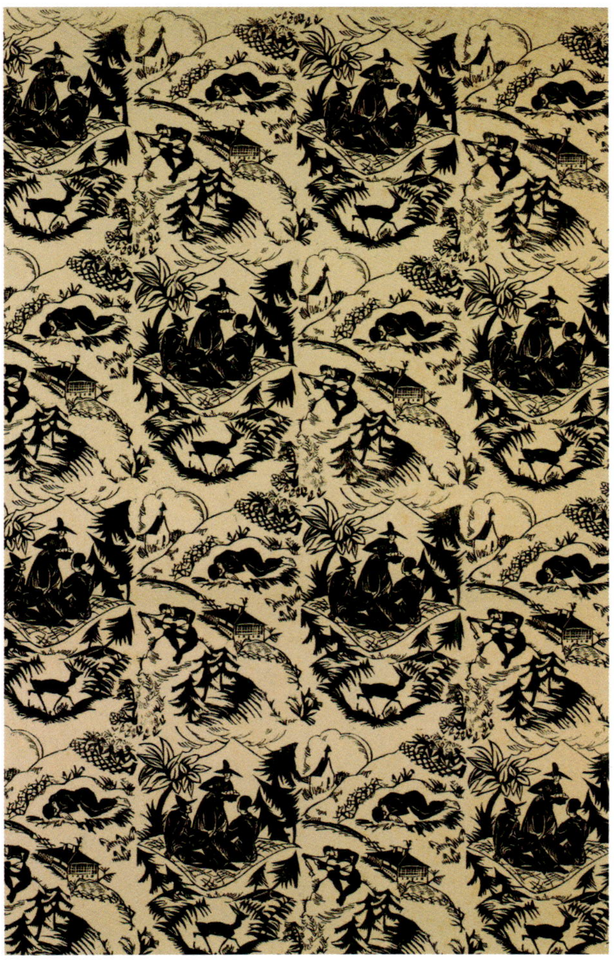

Tapete, undatiert, Kunstgewerbeschule München, Linoldruck auf Papier, 75 × 55 cm, Privatbesitz

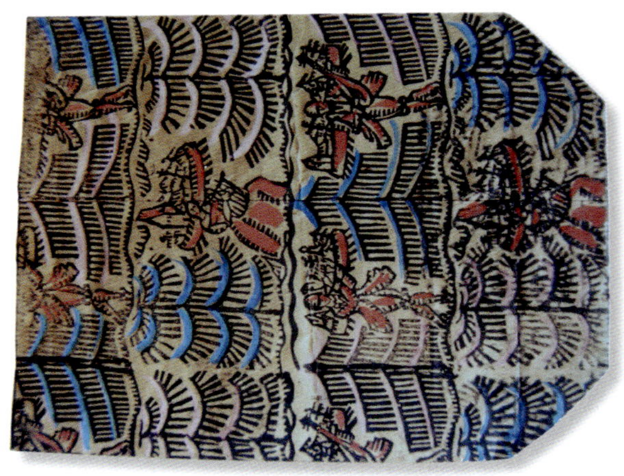

Bedruckte Tüte, Kunstgewerbeschule München, Holz- und Linolschnitt, 27,5 × 21 cm, Privatbesitz

Spontane Leichtigkeit findet sich in den lockeren freien Skizzen, z. B. beim *lesenden Mädchen,* etwa um 1916.

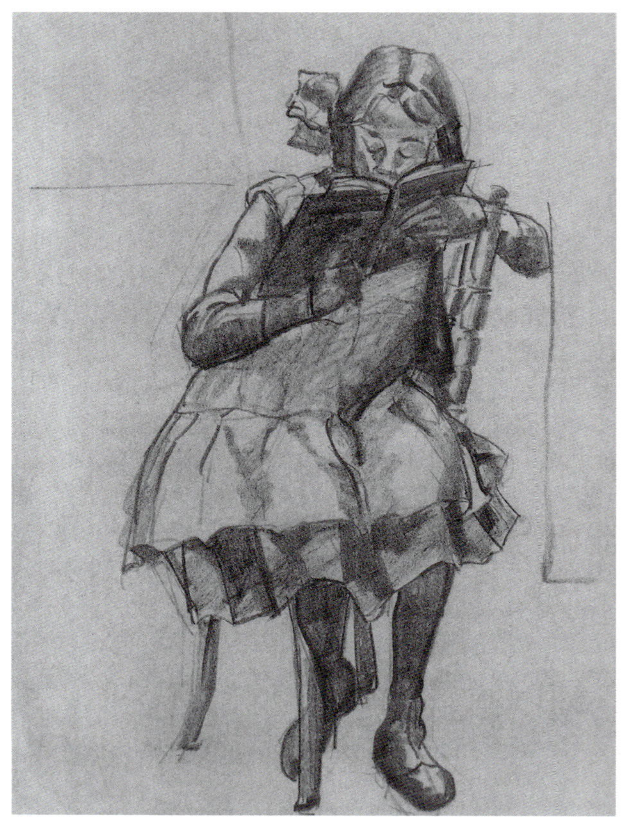

Lesendes Mädchen, Bleistiftzeichnung, 25 × 32 cm, Privatbesitz

Mit großer Sicherheit erfasste sie die Proportionen des menschlichen Körpers, eine Sicherheit, die auch daher rührte, dass sie seit 1916 die für Frauen seltene Chance hatte, an einem guten Aktunterricht teilnehmen zu können, den Riemerschmid eingeführt hatte.

Zweifel am eigenen Können, an ihrer Berufung zur Künstlerin, quälten sie jedoch immer wieder, zumal Bescheidenheit für sie eine selbstverständliche Tugend von Künstlerinnen war. Statt eines gesellschaftlichen gab es für sie nur ein persönliches Problem, das sie in ihrer mangelnden Begabung sah, verglichen mit den großen männlichen Künstlern.

Im März 1917 kam es zu einer großen Krise bei Gunta Stölzl, ausgelöst durch eine Wettbewerbsarbeit der Kunstgewerbeschule, bei der eine Urkunde als Anerkennung für Kriegsschwestern entwickelt werden sollte.

„Der Wettbewerb, dies klägliche Resultat hat mir nun endlich den Stoss versetzt, den ich schon lange erwartete, nun liege ich gründlich am Boden. Kein Funke von Glauben an mich, Glaube an eine Begabung ist nunmehr vorhanden. Ich habe ja immer gezweifelt, […] *aber zu unterst und über alle Stimmungen hinweg lag doch die ruhige Fläche eines gewissen Selbstvertrauens und Selbstbewusstseins und diese Basis ist die einzige, auf der man freudig schaffen kann. Aber seit dem Herbst spür ichs wie mein Ich aufgesaugt wurde von der ganzen Umgebung wie es immer schwankender unbestimmter in mir wurde.* […] *Und ich glaube daß der zur Kunst wollende* [sie streicht das Wort Künstler] *ob Kunstgewerbler oder Maler dies gewisse Etwas in sich tragen muß, das ihn dazu befähigt zu schaffen was kein andrer eben schaffen kann. Völlig von ihrem Piedestal ist meine Farbtafel gestürzt wenn ich malen will fühl ich meine Verwirrtheit am deutlichsten da tanzen überhaupt nur mehr fremde Farben vor meinen Augen. Die Arbeit hätte doch etwas Gutes haben sollen, hätte in irgend etwas die Ansprüche an die Urkunde befriedigen müssen – aber nichts gar nichts ist davon drinnen.“*

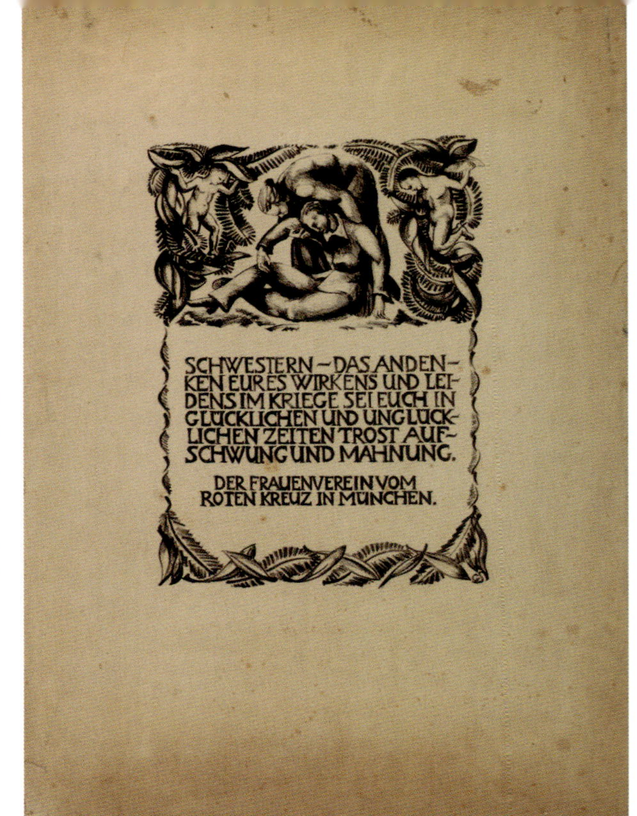

Erinnerungsblatt für die Rotkreuzschwestern des Ersten Weltkriegs, Kohle auf Papier, 51 × 36 cm, Privatbesitz

Gunta Stölzl muss eine solche Urkunde später ihrem „Delegierten“ an der Front, dem Philosophen Eugen Herrigel gezeigt und anschließend geschenkt haben, denn er schrieb ihr nach Kriegsende: „[…] *keine Uniform, Schwesterntracht, Gott sei Dank, sondern die helfende, heilende Liebe in ihrer reinsten, abstraktesten Form. Und die Linien der sich neigenden Frau, des Liebe fordernden Mannes, woher haben Sie das?*“

Gunta Stölzl hat eine undatierte Urkunde aufgehoben, vielleicht auch wegen des positiven Urteils von Herrigel. Wir wissen nicht, ob es sich um die radikal verurteilte Wettbewerbsarbeit handelt oder um eine überarbeitete Version: In jedem Falle hat sie sie zusammen mit nur fünf anderen kunstgewerblichen Arbeiten bis zu ihrem Lebensende aufbewahrt.

KRIEGSDIENST

1917 entschloss sich Gunta Stölzl, als Rote-Kreuz-Schwester an die Front zu gehen. Ihr ergreifendes Tagebuch zeigt, wie sie als offenes junges Mädchen den Krieg erlebte – aufopfernd und heroisch im Einsatz für „Volk und Vaterland" und gleichzeitig genau und kritisch die Geschehnisse registrierend. Sie war sich *„ihrer Gesundheit und Leistungsfähigkeit sicher"*, arbeitete bis zur Erschöpfung, zeigte Hilfsbereitschaft und großes Durchhaltevermögen und war doch offen für viele sich widerstreitende Gefühle – Eigenschaften, die ihr ganzes Leben prägten.

Im Juni 1917 schreibt Gunta Stölzl in ihr Tagebuch: *„Und nun ist's ganz aus, ja zu Ende mit der Kunst – für wie lange wohl? Ich fürchte manchmal, dass ich es nicht aushalte. Und doch liegt die Kunstgewerbeschule nun schon fern* […]. *Die letzten Wochen in der Schule* […] *waren so traurig, entsetzlich und stumpf. Stumpf dies ewige Malen toter Buchstaben von acht bis zwölf und von zwei bis sechs* […] *Ich wälzte schon seit Wochen die Hilfsdienstfrage in mir herum. Jahrelang hatte ich mich gesehnt, für das Vaterland auch etwas zu tun und nun sollte ich feige an dem Angebot vorbei schleichen? Nie und nimmer! ???? so entschloss ich mich rasch für den Krankendienst, da ich hörte, dass man dort am Notwendigsten Kräfte brauchte."*

Zunächst wurde Gunta Stölzl einige Monate in einem Schulungslazarett auf ihren Fronteinsatz vorbereitet. Im Oktober 1917 fuhr sie im Zug von München an die Isonzofront im heutigen Kroatien, um ihren Rot-Kreuz-Dienst anzutreten. *„Der erste Arbeitstag zeigte uns schon deutlich was auf uns wartete. Acht Tage waren die Kranken ganz ohne Pflege dagelegen, es sah furchtbar aus* […] *Und dies Elend dies unsagbare Elend diese Knochengerüste so schwach und hilflos dabei waren's meist keine Deutschen und man tat sich elend schwer mit der Verständigung. Dann, wir hatten kaum das Nötigste zum Verbinden und zum Reinigen, kein Bad keine reine Wäsche kein Essnapf* *nichts rein gar nichts war da, nicht einmal ein Putzlumpen und ein Besen",* schreibt sie im Herbst 1917.

An der Ostfront finden sich im Tagebuch andererseits auch noch lange Eintragungen zur Schönheit von Architektur und Landschaft. Nach der Entlassung ihrer letzten Patienten wanderte Gunta Stölzl die letzten freien Tage in Slowenien und zeichnete, z. B. die kleine Stadt Krainburg, die sie mit präzisen Worten begeistert beschreibt und in leuchtenden Farben skizziert.

Krainburg (heute Kranj, Slowenien), 1917, signiert: „Krainburg 1917", Farbstift auf Papier, 21,7 × 16,3 cm, Privatbesitz

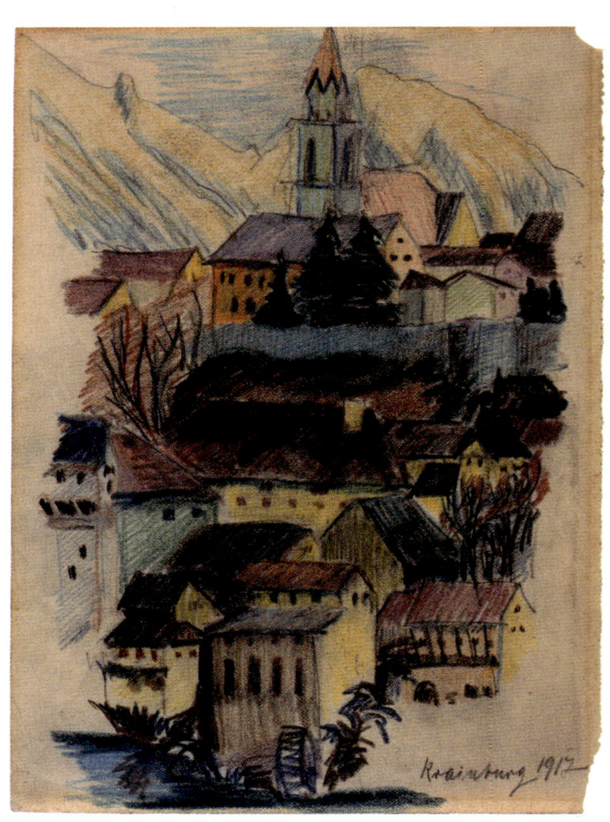

Zerstörte Bauten zeichnete sie erst an der französischen Front, an die sie anschließend versetzt worden war. Mit wenigen kraftvollen Strichen und mit kräftigen Hell-

Dunkel-Kontrasten hielt sie zeichnerisch fest, was sie schon im Tagebuch so bitter beschrieb: Die Vernichtung alter Kultur und Tradition durch den Krieg.

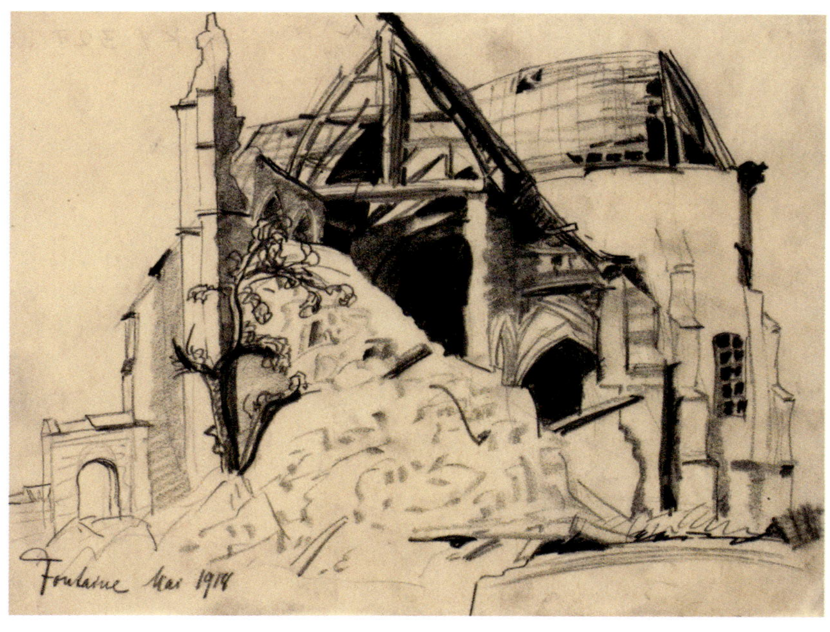

So skizzierte sie die nun zunehmend verwüsteten Bauten wie die zerstörte Kirche von Fontaine, deren Darstellung tief beeindruckt: Über einen Schuttberg, aus dem das Geäst eines Baumes herausragt, blickt man in die offenen, tief dunklen Gewölbe der Ruine. *„Aber alles, was Menschenhände in langen Jahrzehnten geschaffen haben, das lag mit grausam verstörtem Blick einsam da, ein Nichts mit toten starren Augen."*

Fontaine bei Cambrai (Frankreich), 1918, signiert: „Fontaine Mai 1918", Bleistift auf Papier, 21 × 29 cm, Privatbesitz

DIE ZEIT ZWISCHEN KRIEG UND BAUHAUS

Mitte November 1918 war Gunta Stölzl nach Beendigung ihres Kriegseinsatzes enttäuscht und deprimiert nach Hause gekommen. Anfang Januar 1919 nahm sie ihr Studium wieder auf.

Die nächsten Monate in München waren eine stürmische Zeit, erst am 10. Juni fand sie wieder Zeit für ihr Tagebuch: *„Inzwischen hat sich so unendlich viel ereignet innen und aussen. In der Kunst habe ich mich ja rasch wieder zurechtgefunden, aber das der Kunst allein wieder zu leben das war viel schwerer* […] *Die Klasse Engels konnte mir nicht viel Anregung bieten, es ist kein Zusammenleben da und ich denke oft wehevoll an die ersten Semester mit den Schweizerinnen zurück. Es wird auch unglaublich wenig gearbeitet, das machen die politischen Ereignisse. Erst war der grosse Wahlkampf – jeden Abend Versammlungen und zuhause immer Debatten und Kämpfe. Ich neigte wie immer schon mehr zu den Sozialisten.“*

Auch in der Kunstgewerbeschule in München fanden große Umsturzbewegungen statt und Gunta Stölzl beteiligte sich an Unterrichtsreformen unter Leitung von Richard Riemerschmid. In dieser Zeit fiel ihr wohl auch das Bauhausmanifest in die Hände, doch sie erwähnt es weder im Tagebuch noch in Briefen. Die großen Themen der über 114 Tagebuchseiten dieser „Zwischenzeit“ sind vielmehr Naturbegegnungen, Freundschaften, Liebe und das große Ziel eines *„neuen Menschen“* in einer *„neuen Welt“*.

Im Spannungsfeld vieler hoher Ziele muss auch der Entschluss gereift sein, an das neu eröffnete Staatliche Bauhaus nach Weimar zu gehen. Aber selbst im August 1919 erwähnte sie ihn nicht, als sie im Ferienhaus ihrer Eltern schrieb: *„Die ersten 14 Tage in Egghalden, schmerzliche Kämpfe mit den Eltern, sie spüren, dass wir uns loslösen, dass wir mutig unsere Welt bauen und nicht zurückkom-*

men, sondern unseren Weg gehen müssen durch all das Gestrüpp hindurch, und viel Güte muss in uns noch wachsen, das fühle ich, wir dürfen keine Kompromisse schließen, aber wir dürfen eben nur das allen Gemeinsame ihnen zeigen und das Trennende müssen wir verschweigen."

Das neue Bauhausmanifest muss in Gunta Stölzl eine Initialzündung ausgelöst haben, die ihr Leben grundlegend veränderte: Sie fuhr nach Weimar, um Gropius ihre Arbeiten vorzulegen und wurde sofort angenommen. Sie war bereit, die Kunstgewerbeschule so kurz vor dem Abschluss zu verlassen, ohne Diplom, nur mit einem – allerdings sehr guten – Zeugnis von Richard Riemerschmid.

Sie war jetzt tief davon überzeugt, am Bauhaus das zu finden, wonach sie lange gesucht hatte, auch wenn sie es am ersten Tag in Weimar noch vage formuliert: „*Ein neuer Anfang, ein neues Leben beginnt. Wir sind stark …, wir fühlen unsere Gemeinsamkeit. Nur unser Wollen ist in eine bestimmte Welt gerichtet, nichts steht klar vor uns, als der Trieb vorzustoßen mit Kraft und Kühnheit in das neue Reich.*"

Gropius versprach in seinem Bauhausmanifest geheimnisvolle Utopien in einer Sprache, die heute beschwörend und überhöht wirkt, damals jedoch auch auf Gunta Stölzl ihre Wirkung nicht verfehlte. Beispielhaft soll hier der letzte Abschnitt zitiert werden: „*Bilden wir also eine neue Zunft der Handwerker ohne die klassentrennende Anmaßung, die eine hochmütige Mauer zwischen Handwerkern und Künstlern errichten wollte! Wollen, erdenken, erschaffen wir gemeinsam den neuen Bau der Zukunft, der alles in einer Gestalt sein wird: Architektur und Plastik und Malerei, der aus Millionen Händen der Handwerker einst gen Himmel steigen wird als kristallenes Sinnbild eines neuen kommenden Glaubens. Walter Gropius*"

Es war der visionäre Charakter der Schule, der die Studenten anzog, denn nach dem verlorenen Krieg war der Wunsch nach neuen idealen Lebensformen groß, und der

Aufbruch in ein *„neues Reich"* schien erreichbar. So finden sich auch bei Gunta Stölzl viele Formen der Idealisierung in Briefen und Tagebüchern, die uns heute übertrieben oder fast naiv erscheinen. Dahinter wird starkes Mitgefühl oder große Begeisterung sichtbar, beides Eigenschaften, die Gunta Stölzls Wesen mitbestimmten.

Neben diesen idealistischen Lebenswünschen gab es auch ganz handfeste Gründe ans Bauhaus zu gehen: Modernität und Fortschritt in der Kunst sollte durch einen neuen Künstlertyp verwirklicht werden, wie ihn Gropius in seinem Manifest von 1919 fordert: *„Denn es gibt keine ‚Kunst und Beruf'.* [...] *Der Künstler ist eine Steigerung des Handwerks."* Dazu brauchte man eine schöpferische Atmosphäre als Basis, in der sich neue Kunstformen entwickeln konnten, die Gemeinschaft mit Gleichgesinnten, die Möglichkeit, zur Avantgarde zu gehören.

Gunta Stölzl hatte schon in München Kritik am dortigen Kunstgewerbe geübt, das oft als rückwärts gewandt – und typisch weiblich – gesehen und in der Gesellschaft abgewertet wurde. Den Traum von einer Verbindung der Bereiche „Kunst" und „Kunstgewerbe" ohne Vorurteile hatte sie schon damals. Dass er auch am Bauhaus und später meist ein Ideal bleiben sollte, wird die Biographie zeigen.

DER ANFANG IN WEIMAR

Am 30. September 1919 begann Gunta Stölzl ein neues Tagebuch, ein seltenes Dokument dieser Zeit des Aufbruchs. Die Texte scheinen einen langen Zeitraum zu umfassen, in Wirklichkeit schildern sie kaum mehr als ein Semester. Sie schreibt: „*Ein neues Buch – ein neuer ganz neuer Abschnitt in meinem Leben – Weimar – allein – selbständig insofern, als ich von einem bestimmten Geld lebe – nichts Hemmendes ist an meinem äußeren Leben, ich kann mir's gestalten wie ich will. Ah wie so oft träumt ich davon und nun ist's wirklich wahr geworden, kaum faß ich es noch.*" Und bald darauf in ihrem ersten gemieteten Zimmer: „*Mein Dachstübchen ist gerade recht dazu,* [...] *es schließt ganz ein und läßt den Blick nicht in die Ferne – aber in die Tiefe –. Vertiefung muß mir die nächste Zeit werden.*"

Überraschend ist, dass im frühen Tagebuch nach dem ersten Absatz über viele Seiten nichts mehr vom Bauhaus berichtet wird. Stattdessen schreibt Gunta Stölzl rückblickend von ihren Wanderungen mit Friedrich Vorwerk, ihrer großen platonischen Liebe, von langen Gesprächen und wunderschönen Naturerlebnissen und von der Trennung von Friedrich. Sie scheint auf diese Weise Abschied von ihrer Vergangenheit genommen zu haben.

Groß blieb jedoch die Sehnsucht nach der Gemeinschaft mit Gleichgesinnten. So schreibt sie nach einer Begegnung mit „Wandervögeln": „*Stark war das Einigkeitsgefühl stark das Bewußtsein daß zwischen Einzelnen Bande sind, ob sie sich kennen oder nicht, die diese Einzelnen zu einer Welt verketten, die eine neue Zeit in ihrem Schoße trägt.*" Dieses Gefühl kommt auch zum Ausdruck in der Schilderung ihres ersten Bauhausfestes: „*Zwei Tage nur und wie reich waren sie schon. Am ersten Abend ein wundervolles Fest, man spürte gleich, was da für ein Geist weht. Eröffnungsfeier des Speisehauses. Eine große Halle mit weißgedeckten Tischen, grüne Wände, Musik, fröhliches Spielen dringt uns entgegen, die Menschen die alle hergekommen, um hier ernst zu schaf-*

fen, sind sich noch ganz fremd. sie wollen sich aber näher treten gibt es da eine bessere Idee als bei fröhlichem zwecklosen Zusammensein, Tanz und Spiel? Wir waren ganz begeistert von diesem Anfang, der Münchner Block [ihre Münchener Freundinnen Elisabeth, Hanna und Dolly] *saß natürlich zusammen. Meister und Schüler alles bunt durcheinander. Erst gab es ein herrliches freies Abendessen. Dann wurden herrliche Morgensternlieder als Schattenrisse dargestellt, ganz famos in der Idee und glänzend geschnitten, dann die Entstehung der Speisehalle als Schattenriß dargestellt, ebenso fabelhaft an Witz und Phantasie da steckte ein echtes Künstlertum darin. Dann ging man zum Tanz über. Schön wurde nicht getanzt aber wild und lustig wie auf einer bunten Wiese. Es war auch fein wieder einmal zu tanzen, den Rhythmus zu spüren, den ganzen Körper in Musik zu wiegen. Und es sah so entzückend aus wie die roten Blumenstöcke an der grünen Mauer standen* […] *Ein glänzendes Schauspiel der Stierkampf von Klemm. Der Mensch hat ein unglaubliches Temperament und eine unglaubliche Phantasie, zwischen allgemeinem Lämmerhüpfen kam immer so ganz ursprünglich nicht gewollt sondern zufällig sich ergebend irgend ein witziger Tanz oder sonst eine Laune. Diese Feststimmung zog sich bis um 2 Uhr hin, dann ging alles nach Haus. So ganz konnte ich diesen Abend nicht mittun, irgend wo war ein Knacks das spürt ich deutlich, ich lachte wohl, aber dies Lachen klang so abscheulich bewußt und berechnend ich wollte doch auch tanzen und nicht beiseite stehen und das fühlten sie alle daß ich wollte, das störte.*"

Schon am zweiten Tanzabend einige Wochen später ließ sie sich jedoch ganz von der Stimmung einfangen und fühlte sich offensichtlich integriert. „*Der zweite Abend war ein richtig toller Rausch, tanzend und johlend zogen wir durch Weimar und dann in unseren Speiseraum, ganz toll vor Lust und Freude am Leben, am Tanzen, am Unsinn, ich weiß nicht an was, es war einfach Stimmung da.*"

Gropius muss Festen und Feiern große Bedeutung beigemessen haben, denn er verbrachte am Anfang viele

Abende mit den Studenten. Vor allem versuchte er, ihnen das Programm des Bauhauses nahezubringen.

Gunta Stölzl folgte begeistert den neuen Gedanken und dem neuen Lebensgefühl, das Gropius mit seiner großen Überzeugungskraft zu vermitteln verstand. Sie schreibt: „*Dann kamen ernste Worte von Gropius. Wir stehen vor einem Vacuum, es muß voll werden, es muß aufgebaut werden und jede Hand ist dazu wichtig. Nicht zurückschrecken vor dem Chaos sondern das herausnehmen und formen was uns Leben zu werden scheint. Dann trug er uns die verschiedenen Möglichkeiten vor, die das Haus bereits bietet zu künstlerischer und werktätiger Entwicklung.*"

Die Möglichkeiten, die die Weimarer Werkstätten boten, waren allerdings gering. Kriegsbedingt war die ehemalige Kunstgewerbeschule des Belgiers Henry van de Velde, der Deutschland in dieser Zeit verlassen musste, als Lazarett benutzt worden, die Werkstätten daher fast ohne Ausstattung. Der neue Direktor Gropius verfolgte ein Konzept, wonach alle Schüler in einer Weimarer Werkstatt eine praktische Lehre machen sollten. Eine handwerkliche Ausbildung war für sein Ziel, die Verbindung von Kunst und Handwerk, also geradezu zwingend. Gunta Stölzl schrieb dazu und zum Kurs beim Maler Johannes Itten im Rückblick 1969: „*Der Ittenunterricht war nur zweimal in der Woche, man hatte noch genug Zeit, für sich selbst zu arbeiten, sich zu überlegen, welches Handwerk würde mir liegen? Holz, Metall, Ton, Farbe im Raum? An Werkstätten gab es nur die Töpferei in Dornburg a.d. Saale, die Tischlerei mit spärlicher Einrichtung, einen kümmerlichen Ansatz einer Metallwerkstatt, die graphische Druckerei, eine Buchbinderei dazu, und die Wandmalerei.*"

Gunta Stölzl muss als Ziel ihrer Arbeit wohl vor allem die Glasmalerei vor Augen gehabt haben, die sie schon in München erfolgreich betrieben hatte, denn am zweiten Tag in Weimar schrieb sie ohne weitere Erklärung: „*Und dann bedrückt es mich doch sehr, daß ich die Glasma-*

lerei ganz aufgeben sollte." Im Oktober begann der Unterricht am Bauhaus, im November entschloss sie sich, eine Lehre in der Weimarer Glasmalerwerkstatt Kraus zu machen, die dem Bauhaus angeschlossen war. „*Zugleich ging ich diese Woche zum Glasmaler – ich hatte mich eigentlich fest dazu entschlossen wenn ich auch jeden Tag von neuem schwankte und es immer noch tue. Es reizt mich natürlich wie immer das Glasfenster aber erstens bin ich im Zweifel ob es nicht zu hoch gegriffen ist von mir ob ich mir da nicht zu viel zutraue, besonders heute sind diese Zweifel besonders stark weil ich durch Itten erst begreife, was Composition heißt und wenn ich mir ehrlich antworte, so muß ich sagen, daß ich nicht das Vertrauen habe, einzig auf ein so hohes Gebiet zu greifen, das gar keine Mittelstufen hat. Dann ist es eben kein Handwerk, sondern eine Art der Malerei vielleicht und ich empfange also meinen Einfluß vom rein Handwerklichen, das was ich doch eigentlich wollte.*"

Gunta Stölzl macht keinerlei Angaben darüber, wie der Weimarer Handwerker auf ihr Erscheinen reagiert hat. Es ist jedoch zu vermuten, dass im männlich dominierten Weimarer Handwerk Frauen – zumal aus dem Bauhaus – wenig willkommen waren, dass man diese Einstellung jedoch nicht gleich nach den Gründungsverhandlungen äußern wollte.

Denkbar ist aber auch, dass ihr die bürgerliche Art der Glasmalerei dieser Werkstatt nicht zusagte, denn im Rückblick sah sie darin „*abgestandenes Handwerk*", das sie verlassen wollte. Jedenfalls gab sie die Arbeit in der Glasmalerei nach kurzer Zeit auf und wechselte in die Werkstatt für Wandmalerei, die sich im Bauhaus befand. Sie schrieb dazu: „*Ich entschließe mich also zur Dekorationsmalerei weil das noch ein Handwerk ist und weil es ein sehr weites Gebiet ist, das viele graduelle Stufen hat. Komme ich so hoch hinauf Fresko zu malen, so wäre es ja herrlich und im geheimen ist das auch mein Wunsch und Ziel, aber ich habe die Möglichkeit langsam aufzusteigen. Lieber stehe ich dann irgendwo und bemale Möbel sehr gut als daß ich schlechte Fresken male – Endlich endlich bin ich entschlossen.*" Wieder steckte Gunta Stölzl sich ein hohes Ziel, die Freskomalerei. Diesmal jedoch wollte sie sich stufenweise ihrem Ziel nähern, dabei jeweils höchste Qualität liefern.

Der von Gropius postulierte Gedanke einer Arbeits- und Lebensgemeinschaft spielte in dieser Zeit eine besonders große Rolle, er half, die vielen Mängel und Kompromisse zu ertragen, die überall auftraten. 1919 schreibt Stölzl: „*Grund dafür sind die materiellen Schwierigkeiten und wir selber, wir sind noch lange nicht da wo wir mit unseren Ideen stehen. Wie herrlich ist der Gedanke das Bauhaus ein Kloster eine Arbeits- und Lebensgemeinschaft natürlich ohne die Abstinenzgeschichten, oh ich bin ganz glücklich hier sein zu können.*"

Die Arbeit in der Werkstatt für Wandmalerei bestand allerdings, trotz hoher Ziele, konkret in der Renovierung des Bauhausgebäudes. „*Da alle unsere Räume in einem sehr verwahrlosten Zustand waren, gingen manche in die Wandmalerei. Ich mache mit – wir waschen ab und lernen erst mal mit der Leiter gehen und den Farbeimer nicht verschütten, wir diskutieren, ob eine Wand grau, die andere rot oder blau gestrichen werden soll, Fensterrahmen und Türen sich abheben sollen oder nicht, jedenfalls wir machen unsere Erfahrungen über Farbe im Raum … So ein Atelier ist schon gestaltet, das Bett ultrablau gestrichen, der Tisch zinnoberrot, die unmöglichen Stühle verbrannt, wir sitzen auf Kisten, farbig gestrichen, an den Wänden hängen Radierungen, Holz- und Linolschnitte, Aquarelle, am Atelierfenster ein Gebilde aus farbigem Glas, Flaschenböden und Scherben verbleit, ganz abstrakt.*"

Es ist nicht genau nachzuweisen, wann Gunta Stölzl auch die Arbeit in der Wandmalerei aufgab. Als Grund gab sie zwar später an, dass ihr die Arbeit zu anstrengend war, aber sie muss in ihr auch keine Perspektive gesehen haben. Ihr fehlte offensichtlich der Umgang mit künstlerischen Arbeiten. So schreibt sie im November 1919: „*Jeden Tag sehe ich wieder Natur, erlebe Farben und es packt mich oft eine heiße Lust zu schaffen – malen. Dann stehen da ganz steif die langen Stunden des Tages, wo ich im Handwerk arbeite und das grobe rohe Werkzeug führe und so ganz jedes feinere Empfinden schlummern muß.*“ Und rückblickend 1931: „*bald zeigte sich, daß der schwere hobel, das harte metall, das anstreichen von wänden für manche nicht die betätigung war, die den psychischen und physischen kräften entsprach. die seele blieb dabei hungrig!*“

Zu vermuten ist allerdings, dass Gropius oder die – männlichen – Leiter der Werkstätten die Frauen schon damals subtil veranlassten, die Arbeit in den Werkstätten aufzugeben unter dem Vorwand, sie sei zu schwer für sie. Der wahre Grund war wohl, die wenigen Arbeitsplätze den aus dem Krieg heimkehrenden Männern vorzubehalten.

Das Wintersemester 1919 war eine Zeit des Tastens und Suchens, es gab an regulärem Unterricht einzig die Übungen von Johannes Itten, über die noch genauer zu berichten sein wird.

Gunta Stölzl nahm sofort am Ittenunterricht teil und begeisterte sich für ihn. Als begabter Pädagoge stellte er neue ungewöhnliche Aufgaben, die Experimentierfreude und Mut erforderten, z. B. Objekte für den traditionellen Weihnachtsmarkt herzustellen. „*unsere ersten taten waren kinderspielzeuge, aus bunten lappen, holz, draht, glasperlen und knöpfen, stroh gummischwämmchen und pelzresten bastelten wir flammend begeistert ‚urtiere und urmenschen‘ zusammen. die fanatik – die starke ausdruckskraft maximal kontrastierender materie hatte es uns angetan! unsere phantasiestrotzenden werke haben wir mit anderen ersten bauhauskuriositäten zusammen in einer ‚dadabude‘ auf dem weihnachtsmarkt von weimar einer jubelnden kinderschar für einen groschen verkauft.*“

Noch in diesem Text von 1931 spürt man die „*flammende*“ Begeisterung von Gunta Stölzl für diese neuen Objekte, die einen provozierenden Gegensatz zu traditionellen Weihnachtsgeschenken bildeten. Der Name „*Dadabude*“ wies zudem auf eine neue künstlerische

Ausrichtung der Produkte hin. Gunta Stölzl spricht im Rückblick 1968 von *„handwerklichem Schaffen"*, aber der Anreiz zu den Arbeiten lag wohl eher im neuen künstlerischen Ausdruck, wie eine überlieferte Spandose zeigt. Im Gegensatz zu herkömmlichen „kunstgewerblich" gestalteten Weihnachtsmotiven erprobte sie ihr neues Form- und Farbvokabular und bemalte die Dose mit abstrakten Formen in Weiß und den Grundfarben Rot und Blau.

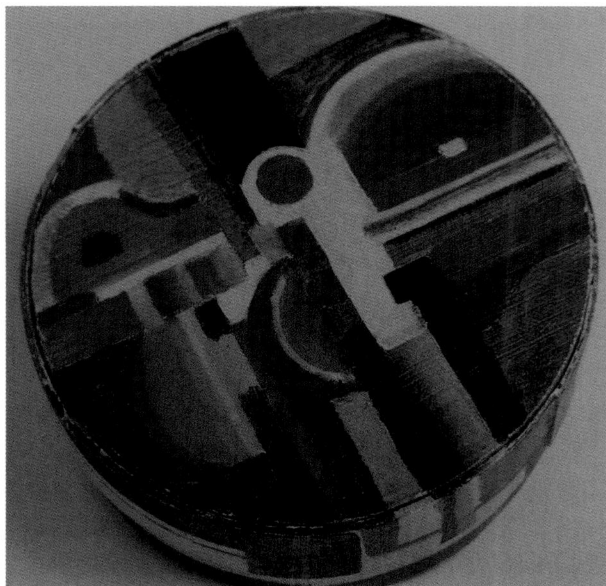

Spandose, 1919, Ölfarbe auf Spanholz, Durchmesser 12,9 cm, Bauhaus-Archiv Berlin

Neue Wege ging sie ebenso beim Entwerfen von Spieltieren. Sie wurden aus bunten Flicken unterschiedlichen Materials zusammengenäht und mit witzigen anatomischen Details versehen, sicher zur Freude entdeckungslustiger Kinder, wie beim *Ohrentier*, das die Weberei Johannes Itten zur Geburt seines ersten Kindes schenkte. Der farbenfrohe Entwurf ist erhalten geblieben.

Die Resteverarbeitung wurde als Herausforderung an die Kreativität verstanden und diente gleichzeitig der spielerischen Materialerfahrung.

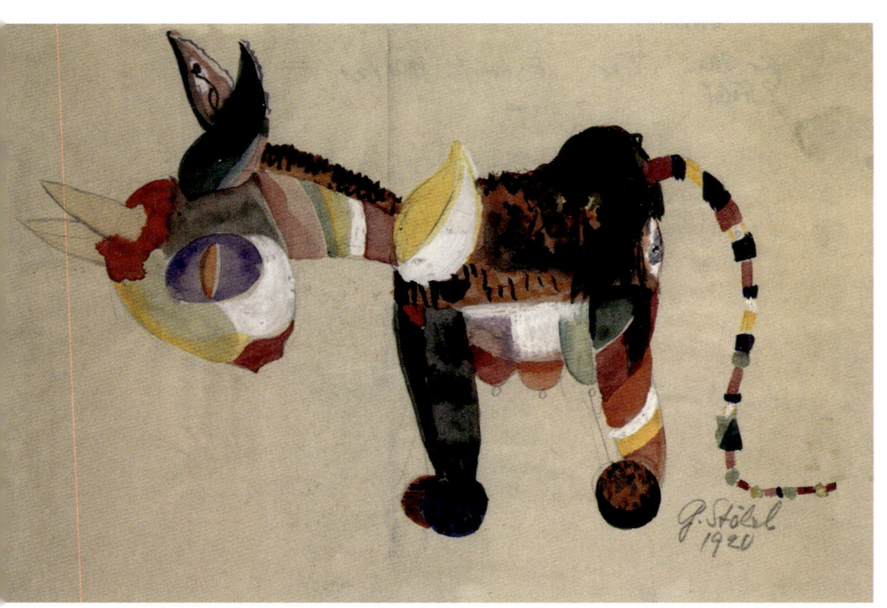

Entwurf *Ohrentier*, 1920, Aquarell auf Papier, 18 × 27 cm, Privatbesitz

Wegen ihres großen Erfolges wurden die freien Arbeiten noch lange weitergeführt, denn Itten sah hierin auch ein pädagogisches Ziel, nämlich „Spielzeug", das heißt, „*gespieltes Zeug*", wie er es nannte, zu machen.

Gunta Stölzl motivierte die kreative Arbeit in hohem Maße. Sie experimentierte mit freier Malerei und bemalte offensichtlich noch bis zum Endes des Wintersemesters 1919 unterschiedliche Objekte, die großen Anklang fanden. „*Ich brachte Deine Teller heut noch in die Ausstellung, sie sind so gut und ganz Du. Itten hatte eine große Freude dran, sagte: wir werden im Sommer nur noch solche Dinge machen* […] *Auch Itten möchte was von Dir kaufen! Frau Talhoff gab mir noch einen Auftrag: sie möchte den Teller bezahlen.*"

Die freien Arbeiten der Studenten dienten also nicht nur als Unterrichtsaufgaben, sondern auch der Finanzierung des Lebensunterhalts in dieser schwierigen Zeit, in der das Bauhaus sogar auf Materialspenden aus der Bevölkerung angewiesen war.

Es ist erstaunlich, wie viele Aufgaben Gunta Stölzl in diesem ersten Semester bewältigte und wie viele Feste sie trotzdem feierte.

Gropius sah in Festen auch ein Mittel, nach außen zu wirken und in Weimar den Geist des Bauhauses zu zeigen, und dafür durfte der reguläre Unterricht auch ausfallen. Gunta Stölzl schreibt: „*Ich kann es nicht zusammenfassen, was diese Woche alles mir gab. Die ersten Tage haben wir fast nichts gearbeitet, sondern nur für das Kostümfest geprobt. Auch das war sehr nett man kam mit so vielen Menschen zusammen und die Freude auf das Fest verband uns alle. Ich war zum ersten Mal nicht verkatert wegen meiner Faulheit, denn auch das war Leben ein Anfang dazu und das ganze war ganz deutlich der Ausdruck unseres Lebens etwas gesteigert ein kleiner Anfang zu wirklichen Festen war da, der mich ganz befriedigt, in dem ich ganz aufgegangen bin, weil ich eben selber so ein ganz kleines Teil bin von einem Menschen und langsam einer werde, so wird es auch mit unseren Festen sein, das nächste muß unbedingt eine Steigerung von diesem sein. Das Marionettenspiel der Wiener war unbedingt das Schönste, auch unsere Aufführungen das Kino und die Parodie auf die Lieder des Euripides hat sehr gut gewirkt. Und dann habe ich getanzt, getanzt wie noch nie in meinem Leben.*"

Auf einem als rauschhaft empfundenen Bauhausfest verliebte sich Gunta Stölzl in einen Studenten und idealisierte ihn sofort: „*Weißt Du, daß ein neuer Stern, ein neuer Gott meine Sternenbahn gekreuzt hat?*" Beglückt schreibt sie: „[...] *wir wissen nichts voneinander, wir wissen nur von unseren jungen starken Körpern, die die Leidenschaft zueinander ergriffen hat* [...] *ich weiß nicht, ob wir so stark sind und so zusammenklingen, dass wir eine Ehe haben werden – o Gott was liegt vor dem Menschen ein Chaos – wie herrlich ist es aber, sich hineinzustürzen und Sonne und Sterne daraus zu gebären.*"

Die beiden Studenten trafen sich oft, unternahmen viele Wanderungen, und Gunta Stölzl versuchte, ihrer Gefühle

Herr zu werden. „*Ich dachte Du könntest mir helfen, die wilden Knäuel zu lösen die das Gewissen oder ererbte Fäden zusammenknüllen vor der Nacht die uns vereinen soll.*"

Zum Gefühlschaos kamen auch Veränderungen ihrer Wohnsituation. Gunta Stölzl nennt keine Gründe, warum sie aus ihrem „Stübchen" auszog – es ist anzunehmen, dass der Anlass die damals auch juristisch sehr enge Besuchsregelung für Untermieter war, der sog. „Kuppelparagraph". Gunta Stölzl scheint sich öfter mutig darüber hinweggesetzt und ihre Freunde in ihrem Zimmer empfangen zu haben. Sie hatte offensichtlich keine Angst vor übler Nachrede und fühlte sich nur ihrem eigenen Gewissen gegenüber verantwortlich.

Im Tagebuch notierte sie: „*Es war ruhiger geworden außer mir und in mir. Am 15. zog ich um, schweren Herzens trennte ich mich von meinem lieben Jungferle, es war so warm und heimelig immer bei ihr. In einem ganz wüsten Wintersturm bezog ich meine neue Stube. Sie liegt am Rande einer Höhe* […] *in einem sehr netten Einfamilienhaus. Hier oben ist Freiheit und Licht, Sonne und kühler Wind und viel Ruhe, nur die immer lebendige Natur spricht. Ich habe so einen Ausgleich nötig, sonst kann ich Menschen nicht mehr aufnehmen, oder ich komme überhaupt nicht mehr zu mir selber.*

Das Zimmer ist klein und hell, ganz weiß und hat elektr. Licht. Man ist doch schon recht abhängig geworden von den modernen Einrichtungen. Auch meine neuen Hauswirte sind sehr nett, und es ist mir ganz angenehm, dass sie etwas zurückhaltender sind. Ich habe ganz das Gefühl, wenn ich hier in meiner Stube sitze, jetzt bist Du allein auf einer Insel, ringsherum brandet ein Menschenmeer. Und für einen kurzen Augenblick bist Du ausgestoßen – oder darüber erhaben?"

In diesem turbulenten 1. Semester am Bauhaus war Gunta Stölzls Lebensphilosophie utopisch und schwärmerisch auf eine „*neue Welt*" gerichtet, in der jedoch die Frau ihre angestammte Rolle als Ehefrau und Mutter behielt.

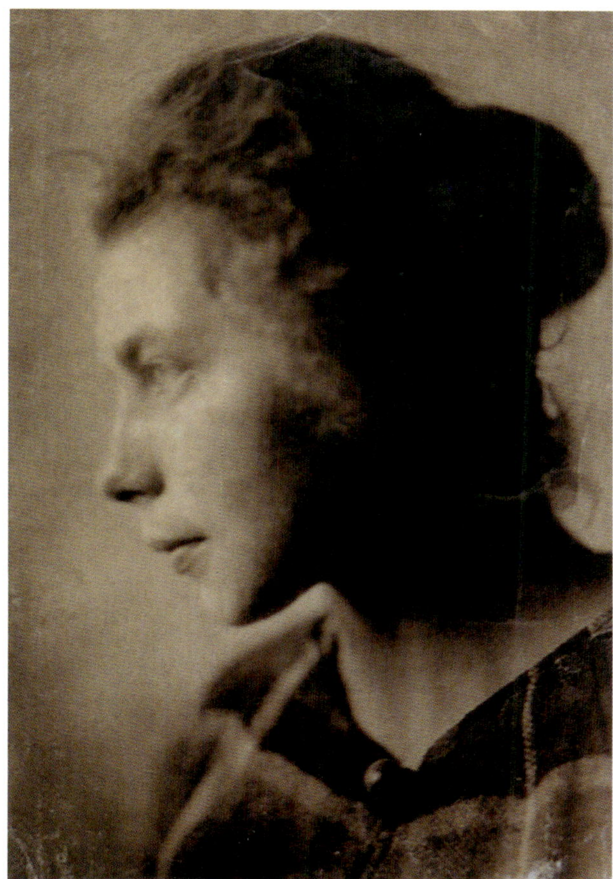

Gunta Stölzl, Foto um 1921–1924, Privatbesitz

So schrieb sie im Spätherbst 1919, als sie sich nach der quälenden Trennung von ihrem Freund besonders einsam fühlte: *„Mir kriecht das Gefühl des öden Winters, das seelenlose Grau bis in den äußersten Nerv, und das Schaffen gibt doch immer nur für Stunden Befreiung von dieser Halbheit des Lebens. Es gibt eben für eine Frau keine andere Ganzheit als Mutterschaft – Ehe. Oh ich möchte manchmal mitten unter Menschen stehen und Formen schaffen, Leben gestalten, Menschen schaffen – Kinder – oh wie müßte das herrlich sein, und es friert mich wenn ich an mein künstlerisches Formen denke."*

Sie bemühte sich zunehmend, den bürgerlichen Tugenden, vor allem aber der Ehe gegenüber, eine skeptische Einstellung zu entwickeln – dies ist sicher dem Einfluss der Bauhäusler zuzuschreiben –, aber sie war von der Echtheit dieser antibürgerlichen Gedanken selbst nicht völlig überzeugt: „*Ich stelle mich so oft oder immer außerhalb der bürgerlichen Welt, ist das nicht doch bloß ein Stellen, bin ich es denn und hab ich wirklich das Recht und die Kraft dazu? Bin ich das wirklich, die die Ehe in der bürgerlichen Form verneint und die Familie oder ist das ein gemachtes Gedankengefüge? Ich bin in einem schönen Familienleben aufgewachsen und es war mir bis vor kurzem mein Ideal, nicht so, aber eine neue Gestaltung der Ehe schwebte mir vor und jetzt ist nur ein Chaos, ein farbenprächtiges, vor mir, das heißt Leben, Dasein.*“

Im „Schonraum“ des Bauhauses suchten jedoch, ähnlich wie Gunta Stölzl, auch Gleichgesinnte nach den Idealen der oft so verachteten bürgerlichen Gesellschaft. Sehr viele Freundschaften zwischen Bauhäuslern endeten nämlich nicht in „freier Liebe“, sondern führten schnell zur Ehe.

Im April 1920 verliebte sich Gunta Stölzl von neuem und wieder war sie nach wenigen Tagen sicher, den richtigen Mann fürs Leben gefunden zu haben, wieder fand sie lyrische Bilder, um ihre Liebe zu schildern: „[…] *ein Abend, an dem ein Komet fiel – fiel in mich hinein ganz tief und ein ganzes Leben wird darüber hingehen, bis dies Wunder ein Kristall wird, vielleicht steigt dann ein neuer Stern am Himmel auf. Ich kann und will kein Wort darüber schreiben, wir erkannten das Schicksal, erkannten uns und müssen Mann und Frau werden. Wir gingen gleich noch zu Lis, um unser großes Glück den Menschen zu bringen, daß es Freude ausstrahlen kann.*“

Der Mann, dem dieser rauschhafte Text galt, war der Maler Werner Gilles. Nach kurzer Zeit verlobten sich die beiden. Werner Gilles teilte dieses Ereignis Gunta Stölzls Eltern mit, ohne jedoch die Wörter „Verlobung“ oder „Ehe“ zu benutzen. Ein Brief, den er Ostern 1920 schrieb, zeugt von großem Glück ebenso wie von kindlicher Freude und Vertrautheit.

Fast romanhaft und lyrisch gestaltete sich die Beziehung der beiden, wenig bezogen auf pragmatische zukünftige Lebensformen. Sie sahen sich geborgen in Gottes Hand und ihre Beziehung als ausschließlich vom Schicksal gewollt, wie die überlieferten Briefe von ihm bezeugen.

Doch schon bald nach der Verlobung müssen Werner Gilles Zweifel befallen haben, ob er überhaupt eine Ehe eingehen sollte. Als Grund gab er seine innere Neigung zu Untreue an, auch seine intensive Hinwendung zu seinem künstlerischen Werk, aber der wahre Grund war wohl seine nicht ausgesprochene Homosexualität. Gunta Stölzl war tief verzweifelt und versuchte, in langen Tagebuchtexten ihr Schicksal in den Griff zu bekommen. Zunächst war sie wieder voller Hoffnung, durch eigene Anstrengungen und übergroße Liebe die Zweifel ausräumen zu können, betonte auch das Gottgewollte, Schicksalhafte ihrer Beziehung, die darum nicht trennbar sein konnte – vergebens. Sie sah sich schuldig am Scheitern der Beziehung, und immer wieder suchten beide nach einem Weg der Versöhnung. Im Juni 1920 schrieb Gunta Stölzl ihm offensichtlich, dass sie ihn frei gibt. Sie beendete die unsichere Beziehung, auch wenn es ihr sehr schwer fiel.

In Vergleichen mit sich selbst idealisierte sie Gilles zunächst noch, doch mit wachsender Distanz entwickelte sie erstmals auch Kritik an ihm: „*Ihr sagt oft viel schöne Worte von uns, wir sind die Blumen, sind Erde, aber ihr habt noch nicht die Kraft zu erfassen was Blumen, was Erde ist, dann dürft ihr auch nicht davon reden, denn reden, das nicht tun ist, ist zu erbärmlich.*“

Die eigene Enttäuschung gab Gunta Stölzl jetzt auch die Möglichkeit, ihre Umgebung kritischer und weniger idealisiert zu sehen, auch die Beziehungen anderer Bauhäusler sah sie nunmehr neu: „*Wir müssen durch so unendlich viel hindurch, wir Menschen von heute haben einfach noch nicht die Form gefunden für Liebe und Ehe, dasselbe Suchen, das sich in allen unseren Werken ausdrückt, ist eben das verzweifelte Sehnen nach einer neuen Lebensform. Alle die Ehen scheitern oder sind unglücklich, Gropius wird sich scheiden lassen, Feininger quält sich, Itten wird von einem Vampyr beherrscht, Frau Brandenburg und Lindig sind gescheitert, und sie wird von Heller ein Kind bekommen. Brenners Ehe stand am Umkippen. Nur die Ehe von Marcks klingt und strahlt, und Peters.“*

Die endgültige Trennung von Gilles hatte bewirkt, dass Gunta Stölzl nun ihre gesamte Kraft der Arbeit am Bauhaus widmete, sich auch eines neuen Lebensabschnittes bewusst war. *„Jetzt beginnt ein neues Leben, es werden noch öfters Wellen des großen Leidens überströmen, aber ich werde dadurch innerlich stark und weit werden und das gibt dann auch Freude. Ich hätte nie geglaubt, daß den Hintergrund meines Lebens ein großes Leid bilden könnte, bis jetzt wars das immer wechselnd, immer aber strömte mir am meisten zu aus der Freude. Jetzt wird Leid in alles eingewoben werden.“*

In der Bauhausgemeinschaft kompensierte Gunta Stölzl ihr Leid durch Arbeit, und es scheint, als hätte Gropius sie auf diesem Weg unterstützt: *„Ich habe an so vielerlei diese Woche mich hingeben müssen, ich habe nicht gern dieses Seil der Betriebsamkeit ergriffen, aber ich fühle auch da, daß es kein Zufall war, daß Gropius gerade mich erwischt hat und es macht mir auch wirklich Freude, Verantwortung zu haben und überhaupt die ganze Frauenabteilung. In dem Augenblick, als das Bauhaus für mich versank, hat eine starke Hand mich festgehalten und mich ganz fest verkettet. Ich habe jetzt das Gefühl, daß ich mein Leben und Schicksal vom Bauhaus nicht mehr trennen kann und das ist eine große Kraftquelle. Ich glaube, eine Mission zu haben und die ist nicht mehr die, das Weib von Werner zu werden.“*

DER UNTERRICHT BEI JOHANNES ITTEN

Ein wichtiger Lehrer am Bauhaus war für Gunta Stölzl der Künstler und Pädagoge Johannes Itten. Gleich zu Beginn des Wintersemesters 1919 hatte sie den Unterricht bei ihm begonnen, der parallel zur Werkstattarbeit lief. Von 1920 bis 1921 war er auch der künstlerische Leiter der Frauenklasse, sodass sein Unterricht Gunta Stölzl in hohem Maße beeinflusste und prägte.

Ittens Erziehungsziel war es, jeden jungen Menschen so auszubilden, dass er sich *„original für sich selbst charakteristisch entwickelt, damit er schöpferisch bleibt."* Andererseits sollte er die künstlerischen Darstellungsmittel beherrschen, um seine originellen und neuartigen Ideen gestalten zu können.

Itten muss besonders große Fähigkeiten gehabt haben, seine Theorien den Studenten nahezubringen, sie tief zu beeindrucken, so auch Gunta Stölzl: *„Itten – damit beginnen mir große Dinge klar zu werden, Geheimnisse, große Zusammenhänge werden sichtbar, was ich dumpf fühlte das wird bewußt und kann darum erst entwickelt werden."* Gunta Stölzl schildert die Stunden bei Itten so, als zeichnete sie zum ersten Mal. Die ganzheitliche Kunstauffassung Ittens, die Körper, Geist und Seele umfasste, sprach sie offenbar besonders an. *„Seine ersten Worte waren über den Rhythmus. Erst muß man seine Hand ausbilden muß die Finger gelenkig machen ebenso wie der Klavierspieler Fingerübungen macht, machen auch wir Fingerübungen. In diesen Anfängen spüren wir schon wodurch Rhythmus entsteht unendliche Bewegung flutet durchs Handgelenk. Ellenbogen Schulter bis zum Herzen, das muß man fühlen bei jedem Strich jeder Linie, keine unempfundene Zeichnung mehr oder halb verstandener Rhythmus. Zeichnen ist nicht Gesehenes wiedergeben sondern das was man spürt durch äußere Anregung (natürlich auch durch nur innere) durch den ganzen Kör-*

per strömen lassen dann kommt es als etwas unbedingt eigenes wieder heraus als irgend eine künstlerische Gestaltung oder einfacher als pulsendes Leben.“

Und an anderer Stelle: „*Ich muß bekennen jetzt erst bekomm ich einen Begriff von Kunst und meine Arbeit wird mir bewußt.* […] *Nur fühlen, fühlen mit dem ganzen Körper, nicht nur mit der Hand, das Zeichnen ist keine Angelegenheit der Finger sondern des ganzen Körpers. Wir wollen nicht Künstler werden sondern Menschen und unser Schauen, Erleben und Erfühlen vertiefen* […] *Es gibt zwei Extreme der Gestaltung. Der eine sieht die Wirklichkeit er gibt sich ihr hin, er fühlt – Pflanze – Wachstum und er formt dann seinen persönlichen Eindruck. Der andere arbeitet nur aus sich heraus das was er sieht, löst in ihm Formen, die in ihm geschlummert haben und die nun erwachen, seine Arbeit wird immer ein Selbstportrait denn er versetzt sich nicht in ein anderes Leben z. B. das der Pflanze sondern die Pflanze ist für ihn nur ein Weg sich auszudrücken, sein persönliches Erleben. Beide Wege sind natürlich richtig und ein Letztes drittes wäre, wenn er das aus sich heraussetzen und sich ganz in die Pflanze einleben auch erreichen würde u. dann wieder zu sich zurückkehren. Also nicht Kunst um d. Kunst willen, sondern Dienst am Menschen um unserer selbst willen, daß wir tiefer schauen und das Leben sich dehnt und weitet.“*

Als Mittel zur Schärfung der Sinne dienten Itten Naturstudien; Gunta Stölzls Tagebuch vom Okt. 1919 zeugt von großem Bemühen, seinen hohen Ansprüchen gerecht zu werden: „*Wir zeichnen alle eine Blattpflanze. Wir zeichnen nicht das Objekt wie es vor uns steht erst eine Bewegungsstudie wie die Blätter fließen wie die Kreise und Schwingungen im Raum sind wie sie sich zu einem Ganzen gestalten u. darum muss man immer fühlen das Wachstum der Pflanze. Dann ihr besonderes was sie eben zur Blattpflanze macht, den Charakter ihrer Blätter, das breite lederne Blatt mit dem scharfen Glanz die tiefe Schwärze das muß alles auch bei der Wahl des Materials bedacht werden muß aber vor allem ganz in den eigenen Körper eingehen muß aufs*

Tiefste erfühlt werden und vom Herzen aus wiedergeboren werden. Ist das nicht begeisternd? […] *Endlich ist mir nun klar wie man zur Komposition kommt und wie jeder einen anderen Gedanken hat und der Anblick der Blattpflanze in jedem persönliche Gefühle von Konzentration, Zusammenhang und Anordnung der Blätter empfindet* […] *Das richtige Empfinden der Blattpflanze wie der Stiel so hart und steif herausspritzt (steifes Handgelenk) und dann in die weichen Wellenlinien der breiten vollen Form des Blattes übergeht, wie das flattert und schwingt und klingt durch den ganzen Körper durchs Rückenmark bis in die Zehen muß man diese Linie spüren und dann zeichnen nur aus dem Gefühl heraus fast blind.*"

Begonie, 1919/20, Bleistift und Gouache auf Papier, nachträglich signiert: „Stölzl 1919/20, Itten Unterricht", 33,6 × 27,3 cm, Privatbesitz

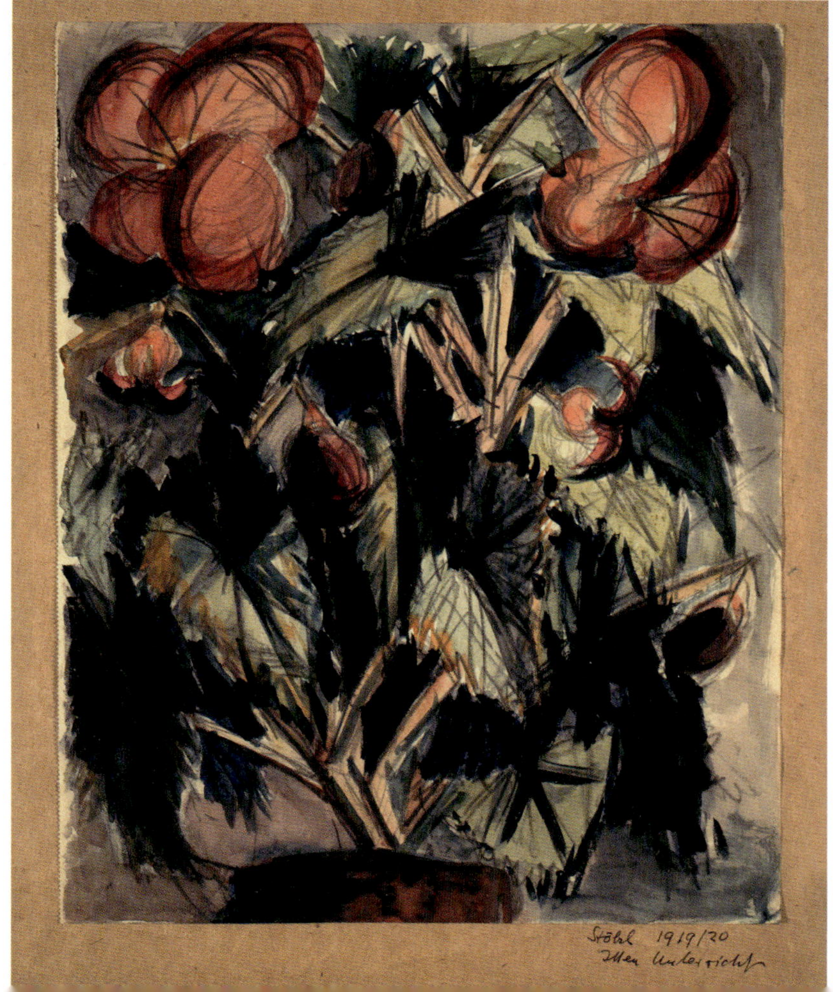

Dennoch tat sie sich schwer mit ihren ersten Pflanzenzeichnungen im Ittenunterricht: „*Eine Woche – jeden Tag zeichnete ich unzählige Blätter voll begonienhafter Gewächse aber keines kam der Pflanze nah es war nur Geschrei um das Ding aber nichts wesentliches gegeben.* […] *Es ist traurig, wie leer und gefühllos und gedankenlos ich arbeite. Wir legten wieder alle Blätter auf den Boden dazu die Stöcke und erkannten nun so recht deutlich, daß kein einziges Blatt annähernd der Wirkung der Pflanze entsprach, daß die Pflanze viel intensiver sprach und eigentlich müßte doch jede wahrhaft künstlerische Leistung die Sprache der Natur übertreffen. Es ist also ein weiter, weiter Weg zur Kunst, werde ich jemals dahin kommen?*"

Die Produkte dieser mühevollen Wochen bewahrte Gunta Stölzl trotz ihrer Kritik auf, dazu zwei Zeichnungen von Silberdisteln mit ihren Kontrasten von Spitzem und Weichem, Glanz und Mattheit, Sprödigkeit und Eleganz mit allen feinen Zwischenstufen, die auch Itten lobte.

„*Eingebettet liegt die Blüte in den Stachelarmen der Distel, kein Hintergrund mußte für diese Pflanze gefunden werden – das Objekt durchdringt die gesamte Fläche.*" Gunta Stölzl gelang es, die Pflanze auf ihr Wesentliches zu reduzieren und schrieb dazu in ihr Tagebuch: „*Nicht darauf kommt es an, ob wir vielerlei und buntes sehen, sondern einzig und allein darauf, wie tief wir es erfassen, dann haben wir an einem Grashalm wohl genug.*"

Auch die Auseinandersetzung mit den haptischen Qualitäten verschiedener Materialien war wesentlicher Teil des Vorkurses. Der Tastsinn sollte besonders entwickelt werden, damit die Studenten in ihren späteren Werkstätten umso sensibler auf das Material reagieren konnten, aus dem sie Produkte schafften. Als Übung wurden collageartig verschiedenartige Materialien zusammengefügt, die „Materiestudien". Sie förderten Kreativität und eigenwilliges Denken. Auch die bildnerische Umsetzung des Materialgefühls wurde geübt, indem Materialien wie

Fell oder Holz nach dem Betrachten auswendig gezeichnet wurden.

Diese freien Arbeiten auch mit Abfallmaterialien und Resten bewirkten, dass Gunta Stölzl neugierig und vorurteilsfrei eine ganze Skala von Materialien erprobte und ein Gefühl für ungewöhnliche, neue Kombinationen entwickelte.

Ein seltenes Dokument der Bauhauszeit ist ein kleines Schulheft von Gunta Stölzl, in dem sie Ittens Unterricht zur *„Analyse alter Meister"* protokollierte. Sie versuchte, das Wesen eines Bildes *nachzuempfinden*, Formgefüge zu erspüren. Den Grundformen Kreis, Quadrat, Rechteck, Dreieck wurden eigene *„Gefühlscharaktere"* zugesprochen und Bildstrukturen erforscht – für zukünftige Weberinnen eine wichtige Vorarbeit für die Strukturierung textiler Flächen.

„Es ist natürlich nichts damit getan, wenn man Körper für Körper ansieht, den Linien nachgeht, die Komposition mit dem Verstande erschaut, sondern man muß sich darin verlieren, versenken, muß alles vergessen den ganzen Körper weich werden lassen, hingeben …"

Itten wählte zur Analyse vielfach Bilder mit religiösem Inhalt, die Gunta Stölzls Vorliebe sehr entgegenkamen: Sie hatte schon früh mittelalterliche Madonnendarstellungen gesammelt und sie als Quelle tiefer Gefühle beschrieben. So verwundert es nicht, dass sie erstmals von einem Gelingen spricht beim „Analysieren" von Stefan Lochners *„Madonna im Rosenhag mit ihrer lockeren, hellen freudigen Fläche"*. Besonders beeindruckte sie *Mariae Verkündigung, „so wundervoll ausgedrückt, das Kommen, wie es aufsteigt in den ruckweisen Linien, hinauf ins Helle bis ins Weiß und dann der Teppich, eine leichte freudige Fläche, helle Tropfen kommen, kleine hüpfende Formen flattern herunter. Es gelang mir heute zum ersten Mal, mich ganz zu konzentrieren."*

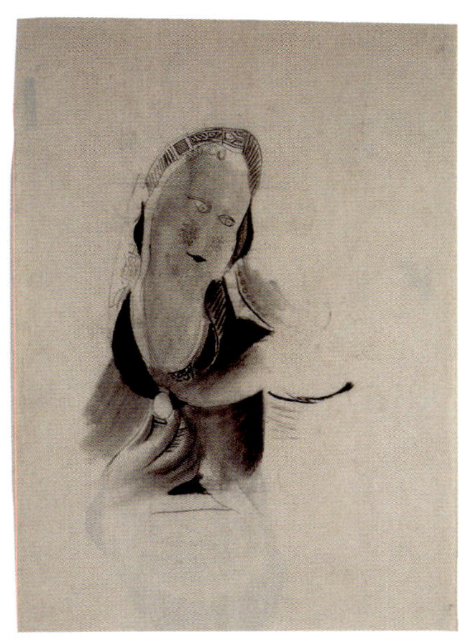

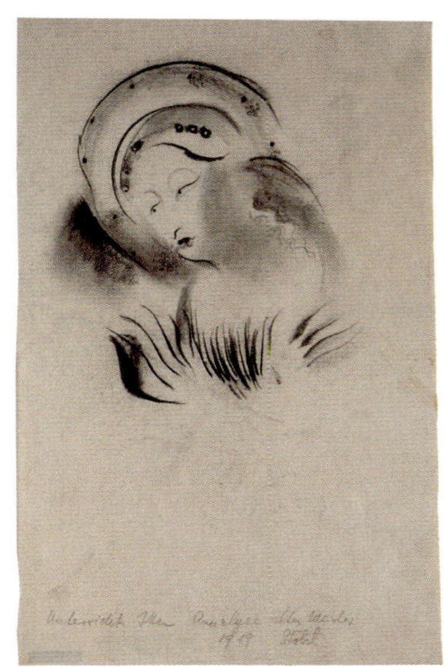

links
Madonnenkopf, Bildanalyse 1919/20, Schwarze Kreide und Graphit auf Papier, 22,7 × 16,3 cm, Bauhaus-Archiv Berlin

rechts
Madonnenkopf, 1919, Kohle auf Papier, 22,7 × 15,3 cm, signiert: „Unterricht Itten, Analyse alter Meister 1919 Stölzl", Bauhaus-Archiv Berlin

Zu Ittens Unterrichtsprinzipien gehörte auch körperliche Bewegung, denn für ihn war echtes geistig-physisches Gleichgewicht die Voraussetzung für kreatives Schaffen. Schon 1919 war deshalb die Sängerin und Pianistin Gertrud Grunow mit ihrer „Harmonielehre" ans Bauhaus gekommen und Gunta Stölzl schreibt zu diesem Unterricht: *„Diese Woche hatten wir die ersten rhythmischen Tanzstunden, es gefällt mir ausgezeichnet und es ist auch eine Weiterentwicklung ganz in der schon durch Vorwerk und Itten eingeschlagenen Richtung, Durchbildung des Körpers, nur die schwere Masse ganz vom Geist, ganz vom Gefühl zu beherrschen, daß eine Linie, eine Empfindung von Härte oder Schärfe wirklich durch den ganzen Körper geht und nicht im Kopf steckenbleibt."*

Die gegensätzlichen symbolischen und expressiven Qualitäten von Grundfarben und -formen sollten auch in der Wortwahl und in der Handbewegung erfahren werden. Dazu Gunta Stölzl: *„Wir können unmöglich zickzack sagen und einen Kreis machen. Kreise ziehen – eine unendlich rhythmische Bewegung geht da durch unseren ganzen Körper […] gerade so ist es mit der Horizontalen, Vertikalen, der Diagonalen, jede löst eine andere Empfindung in uns aus."*

Diese reine Auseinandersetzung mit den bildnerischen Mitteln war ein wichtiger Abschnitt auf Gunta Stölzls künstlerischem Weg hin zur abstrakten Kunst, den sie schon sehr früh einschlug, wie ein Aquarell von 1919 zeigt.

Mit großer Leichtigkeit gliedert sie die Fläche und setzt eigenwillige grafische Elemente ein, die sie strukturieren.

Ohne Titel, 1919, rückseitig signiert: „1919 BH Weimar", Aquarell auf Papier, 27,5 × 25,5 cm, Privatbesitz

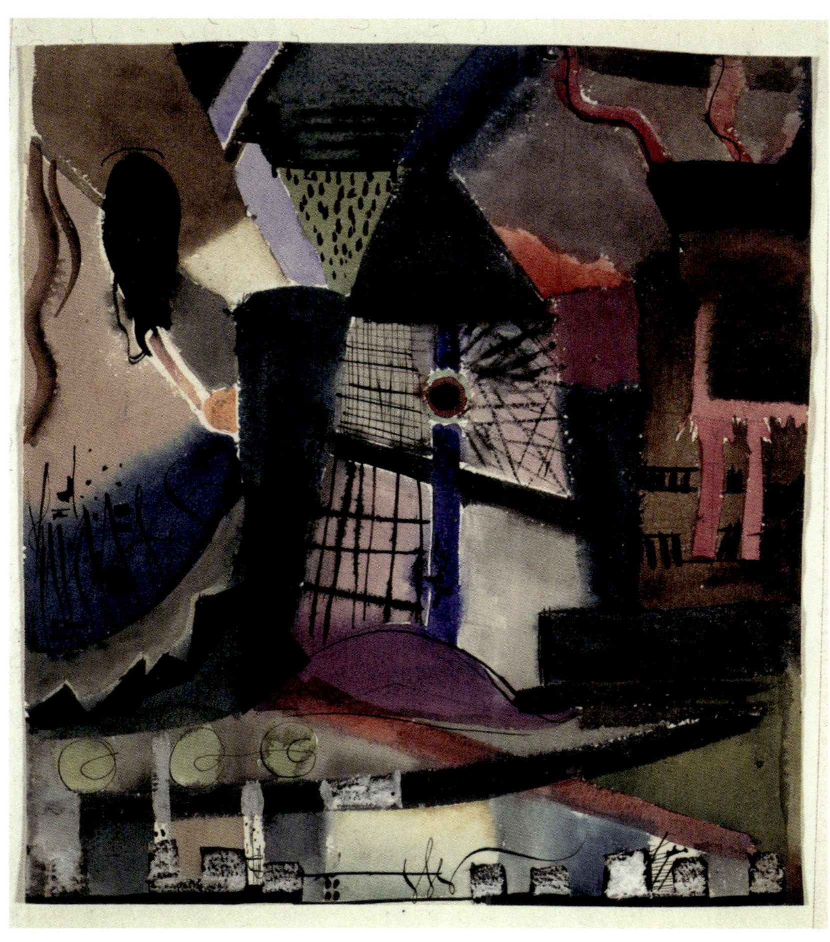

DIE FRAUENKLASSE – EINE KLASSE FÜR SICH?

Als Walter Gropius das Bauhaus gründete, nannte er mit dem Postulat des *„großen Baus“* ein Ziel, das für beide Geschlechter gleichermaßen galt. Viele verschiedene Werkstätten sollten eine handwerkliche Ausbildung bieten, auch der Beruf des Webers wurde genannt. Doch die Anzahl der Werkstattplätze war nicht groß genug, um die vielen Bewerber aufzunehmen.

Durch die Erfahrungen des ersten Semesters – über die Hälfte aller Studenten waren Frauen – scheint Gropius geschickt eine neue Strategie entwickelt zu haben: Er wollte zwar von seiner liberalen Einstellung zur Gleichbehandlung der Geschlechter nach außen hin nicht abrücken, intern wurde jedoch versucht, die Zahl der Frauen zu reduzieren. Schon Anfang 1920 empfahl er, darauf zu achten, *„daß das weibliche Element nach und nach nicht mehr als ⅓ der Plätze einnimmt“* – mit der Begründung, dass die wenigen Plätze in den Werkstätten nur von den Befähigtsten besetzt werden sollten.

Wohl zur „Entlastung“ der Werkstätten wurde vom Meisterrat 1920 eine Frauenabteilung eingerichtet. Leider fehlt das Protokoll über die Gründung der Frauenklasse in den Akten, sodass nicht bekannt ist, mit welcher Begründung sie eingerichtet wurde. Im März 1921 weist das Meisterratsprotokoll sogar eine Empfehlung auf, die Frauen gar nicht mehr in die Werkstätten aufzunehmen, um keine „unnötigen Experimente“ mehr zu machen.

Uneingestanden hatten die Männer am Bauhaus, entgegen allen Beteuerungen, noch ein sehr konservatives Frauenbild, das sicher auch zur Gründung der Frauenklasse beitrug, so z. B. Johannes Itten, der der Überzeugung war, dass Frauen nie die Stufe eines „hohen“ Künstlers erreichen könnten. Stattdessen sollten die Studentinnen *„ihrem angeborenen Wesen gemäß ar-*

beiten, das unveränderbar sei", was offensichtlich mit typisch „weiblichen" Materialien und Handwerkstechniken in der Frauenklasse zu verwirklichen war.

Deutlich zeigte auch Gerhard Marcks, der Meister der Töpferei, seine Geringschätzung von Frauenarbeit, indem er von „*Stöffchen und Töpfchen*" sprach, und der Spott gipfelte in einem Gedicht, das Bauhausmeister Oskar Schlemmer nachgesagt wird: „*Wo Wolle ist, ist auch ein Weib, das webt und sei es nur zum Zeitvertreib.*"

Gunta Stölzl fand jedoch, trotz unterschwelliger Herabsetzung, in der Weberei die Möglichkeit, sich als Frau legitim in das von Männern dominierte Bauhaus einzugliedern, ohne in Rollenkonflikte zu geraten.

Sie sah die Frauenklasse als eine Initiative der Frauen an, wie spätere Rückblicke zeigen. Schon 1931 schrieb sie: „*wir gründeten eine frauenklasse*". Und 1968 erinnert sie sich: „*Vielleicht war es der Erfolg des Weimarer Weihnachtsmarktes, der mich und noch zwei Mädchen bewog, an eine Frauenklasse zu denken. Mit diesem Plan gingen wir zu Itten und Gropius und unser Plan gelang. Wir bekamen einen Raum im Werkstattgebäude.*"

Für viele Frauen war die Frauenklasse jedoch nicht das Ziel ihrer Wünsche, es war nur die einzige Möglichkeit, bei Künstlern wie Itten, Klee oder Kandinsky zu lernen und von ihrer Ausstrahlung zu profitieren. Sie nahmen dann die Textilarbeit in Kauf oder verließen das Bauhaus nach einiger Zeit. Für andere aber, die sich wie Gunta Stölzl engagiert auf die Textilarbeit einlassen konnten, erwies sich die Frauenklasse als Glücksfall, denn sie fanden dort ein Arbeitsfeld, das ihnen lag und ihren künstlerischen Begabungen entgegenkam. Zudem konnten sie sich dort ohne männliche Konkurrenz viel freier entfalten, und es bestand mehr als in anderen Werkstätten die Möglichkeit zu freien Experimenten, da keine Verbindungen zu traditionellen Weimarer Werkstätten bestanden. Die selbständige Entwicklung neuer Produkte war also ein durchaus realistisches Ziel.

In der Frauenklasse herrschte eine schöpferische „eigensinnige“ Atmosphäre. Farb- und Materialexperimente wurden als frische Erprobung der eigenen Kräfte durchgeführt, auch als Wege in unbekannte Gebiete. Anni Albers, eine weitere Studentin der ersten Stunde, schrieb dazu: *„Was mich eben noch heute interessiert: dass dieses Suchen in großer Freiheit fruchtbar war – und nicht dort, wo schon eine Sprache gesprochen wird.“* Insgeheim fühlten sich manche Studentinnen als etwas Besonderes, *„ein Gefühl, ein Häufchen von Auserlesenen zu sein, frei von allen Beschränkungen, aber unter den strengen Regeln der Kunst stehend“*. Auch Gunta Stölzl fühlte sich beflügelt.

Gunta Stölzl scheint in der Frauenklasse von Anfang an mit verantwortungsvollen Aufgaben betraut worden zu sein und den Unterricht mitgestaltet zu haben. So erinnerte sich Anni Albers: *„Es gab keinen richtigen Lehrer für Textilarbeit, wir hatten keine richtigen Klassen. Heute sagen die Leute nur: ‚Das haben sie alles am Bauhaus gelernt!‘ Zu Beginn lernten wir überhaupt nichts. Ich habe viel von Gunta gelernt, die eine großartige Lehrerin war. Wir saßen da und haben es einfach probiert. Manchmal haben wir uns dann zusammengesetzt, um Konstruktionsprobleme gemeinsam zu lösen!“*

Auch Gunta Stölzl schilderte ihre Arbeit später als die von *„Autodidakten“*, was nur eingeschränkt galt, denn die Aufsicht und Verwaltung der Frauenklasse erfolgte durch die Leiterin der Textilwerkstatt, Helene Börner. Diese gehörte seit der Gründung des Bauhauses zum Lehrkörper und hatte schon in Henry van de Veldes Kunstgewerbeschule die Weberei der angeschlossenen *Paulinenstiftung für gewerblichen Hausfleiß* geleitet, war also mit Textilarbeiten lange vertraut. Die Webtechniken waren allerdings nicht der Schwerpunkt ihrer Arbeit, was später von den Studenten oft kritisiert wurde. Gunta Stölzl beschrieb sie 1967 im Rückblick als *„Handarbeitslehrerin ältesten Stils“*, die *„uns nicht einmal die einfachste Bindungslehre vermitteln“* konnte.

Diese scharfe Kritik an Helene Börner hatte wohl auch ihren Ursprung in den hohen Erwartungen, die Gunta Stölzl an das Bauhaus stellte: Sie wollte zur künstlerischen Avantgarde gehören und Experimente wagen. Helene Börner jedoch stand in der Tradition älterer Ausbildungslehrgänge, die auf Beherrschung sämtlicher textiler Techniken zielte; diese Tradition wurde zunächst auch in die ersten Bauhauspläne übernommen. Gunta Stölzl scheint die meisten der textilen Techniken wie Sticken abgelehnt zu haben, da diese für sie mit dem jetzt so geschmähten Kunstgewerbe zu eng verbunden waren. Dazu kam die Ablehnung eines Unterrichts, der – wie sie es empfand – im Sinne des Jugendstils aufgebaut war.

Sie hatte nicht die Münchener Kunstgewerbeschule mit ihrem damals durchaus zeitgemäßen Stil so kurz vor dem Examen verlassen, um sich am Bauhaus wieder mit traditionellen Arbeiten, vor allem im Bereich der textilen Handarbeiten, zu beschäftigen.

Stölzl erwähnt in ihren Tagebüchern Helene Börner nicht. Sie scheint zu ihr ein distanziertes Verhältnis gehabt und ihren Rat nicht gesucht zu haben, auch wenn sie bei der Materialbeschaffung von ihr abhängig war. Sie wollte eigene fortschrittlichere Arbeiten experimentell entwickeln.

Trotz mangelnder technischer Kenntnisse konzentrierten sich die meisten Frauen am Bauhaus schon bald auf die Weberei, die Gropius übrigens als ein *„einfach zu lernendes Handwerk“* ansah. Zudem war die Weberei ein solides Handwerk im Sinne von Gropius' Manifest, während viele andere textile Techniken nur dem dilettantischen weiblichen Hausfleiß zugerechnet wurden, den Helene Börner in den Augen der Studierenden vertrat. Die Produkte der Weberei waren dagegen am überzeugendsten in die Idee des *„großen Baus“*, in die Architektur, zu integrieren.

Schon früh muss Gunta Stölzl durch besonderen Fleiß und Einsatz aufgefallen sein, denn sie erhielt seit dem

Wintersemester 1920/21 eine Schulgeldfreistelle. Im März 1922 konnte sie zusammen mit Benita Otte, einer ebenfalls besonders begabten Studentin, einen Fortbildungskursus für Textilfärberei in Krefeld besuchen, später auch einen Kursus in Materialkunde und Bindungslehre.

Bald darauf konnte die im Bauhaus vorhandene Färberei wieder benutzt werden, und viele technische Probleme wurden nach und nach von Gunta Stölzl und Benita Otte gelöst und nicht von der ernannten Werkmeisterin Helene Börner.

Die intensive Arbeit wurde für Stölzl jetzt zum Lebensinhalt, nur so ist die ungeheure Fülle an Werken in dieser Zeit zu verstehen. Zunächst isolierte sie sich noch, um sich über ihre Ziele klar zu werden: *„Ich will allein sein, ich quäle mich nicht mit meiner Arbeit und bin keineswegs vergrübelt, aber ich will arbeiten und habe viel vor, und da muß ich doch erst ganz klar sein. Manchmal überkommt mich immer wieder ein ganz starkes Bedürfnis nach Leistung, nach sichtbarem Tun, das ist doch sehr primitiv, aber es ist für mich einfach notwendig, so notwendig wie ich viele Abende nur hinausrenne, um Bewegung zu fühlen in meinem Körper, um das Gleichgewicht wieder herzustellen.“*

Über die Entwicklung ihrer Arbeiten, über das Werk in der damaligen Zeit schreibt sie nichts. Dennoch scheint sie sich mit den Zielen des Bauhauses noch einmal auseinandergesetzt zu haben: *„Ich weiß, daß nur hier meine Heimat sein kann, am Bauhaus, hier bin ich eingewurzelt aber das tat nicht die Bauhausidee und auch nicht die Menschen in der Gesamtheit der Gemeinschaft. Ein Suchen danach war natürlich auch der vergangene Winter und auch die Liebe zu Arn* [ihrem ersten Freund am Bauhaus, I. R.] *und die ersten Wurzelfasern gehen dahin zurück, den Weg kann ich nicht mehr aufspüren. Aber erst durch die Liebe zu Werner habe ich verstanden, was Bauhaus ist, denn ich verstehe nie die Sache an sich, immer, indem ein Mensch ganz*

Ausdruck ganz neue Wesenheit ist, mit dem was er predigt und ich den Menschen liebe, nur so, nur durch den Menschen hindurch erfasse ich auch die Sache an sich und sie ist nur dann heilig wie der Mensch.“

Im Herbst 1920, nach der Trennung von Werner Gilles, hat Gunta Stölzl aufgehört, Tagebuch zu schreiben – auch dies ein weiterer Einschnitt in ihrem Leben. So gibt es als Quellen von diesem Zeitpunkt an nur noch Briefe und Texte, die sie jetzt zunehmend – besonders in Dessau – für den Zweck der Veröffentlichung verfasste.

UNTERRICHT BEI PAUL KLEE

1920 wurde der Maler Paul Klee an das Staatliche Bauhaus zu Weimar berufen. Im Mai 1921 begann er seinen Unterricht mit einem „*Compositionspraktikum*", in dem er Bilder besprach und Beispiele einer Kompositions- und Farblehre gab. Ob Gunta Stölzl an diesem Praktikum teilnahm, ist nicht bekannt. Im Wintersemester 1921/22 begann Klee mit seinen Beiträgen zur bildnerischen Formlehre, die Gunta Stölzl besuchte.

Die Veranstaltung bestand aus neun Vorträgen und acht Übungen. Auch an den Übungen zur Farbenlehre im Wintersemester 1922/23 nahm Gunta Stölzl teil, allerdings wurden sie schon im Dezember 1922 aufgrund der Vorbereitungen für die große Bauhausausstellung beendet. Klee arbeitete alle Vorträge detailliert aus und versah sie mit Skizzen, sodass wir ein sehr genaues Bild dieses Semesters haben. Später variierte er den Unterricht mehrfach.

Während dieser Zeit wurden auch Klees eigene Werke von den Theorien bestimmt, die er für seine Schüler entwickelte. Einfache Grundformen wie Quadrate wurden zu differenzierten Quadratbildern. Zwei sich durchdringende Dreiecke konnten ebenso zum Bildthema werden wie transparente Überlagerungen von Farbflächen oder Farbkontrasten.

So kam es bei Klee zu einer engen Wechselbeziehung zwischen seiner Kunst und seiner Lehrtätigkeit, die bislang Gespürtes und Erahntes konkret behandelte und begründete. Er wollte die Schüler trotz aller Systematik des Unterrichts vor Starrheit und Doktrinen bewahren, sie sollten sich eigenständig entwickeln, zur Erkenntnis ihrer selbst gelangen.

Gunta Stölzl hielt Klees Formlehre auf elf Seiten in einem Schulheft fest, dazu seine Tafelskizzen. Aufgrund eines Vergleichs von Gunta Stölzls Aufzeichnungen mit Klees Unterlagen ist es sehr wahrscheinlich, dass ihre Mitschrift aus dem Sommerkurs 1922 stammt, in dem Klee verkürzt und in anderer Reihenfolge die wesentlichen Inhalte seiner Formlehre wiederholte.

In ihrer Mitschrift notierte Gunta Stölzl einige der wichtigsten Themen Klees: Punkt und Linie, der Pfeil, die Farbbewegungen, die Waage als Gleichgewichtssymbol und zum Abschluss eine Tabelle, in der wichtige Gebiete der Kultur wie Sprache, Musik oder Mathematik in Beziehung zueinander gesetzt wurden. Klee schrieb dazu: „*Dem Verhältnis der Teile zueinander, der Art ihres Zusammenwirkens zum Ganzen nach Inhalt und im Bestreben, einem rechnerischen Formalismus auszuweichen, gab ich aus diesen Gründen verschiedene Namen, gab ich zur Vertiefung die verschiedenen Begriffe als Unterlage. Aufgabe: Das sollen Sie natürlich nicht auswendig lernen, jeder wird sich irgendwo heimisch fühlen in dieser Tabelle.*“

Es wird deutlich, dass Klee für die Studenten ein großes Gedankengebäude aufbauen wollte, in dem sich viele Aspekte vereinten: er wollte eine gültige Gestaltungstheorie entwickeln. Damit stellte er höchste Ansprüche sowohl an den Intellekt als auch an ihr intuitives Einfühlungsvermögen. Viele Studenten berichteten später, dass sie Klees Vorlesungen oft nicht verstanden hätten und überfordert waren, auch wenn er sie faszinierte.

In Gunta Stölzls Aufzeichnungen fehlen zum Beispiel große Teile der von Klee vorgetragenen Inhalte. Wir kennen die Gründe dafür nicht, aber es ist möglich, dass auch sie nur das für sie Verständliche dieser ersten Vorlesungen mitschrieb.

Auch wenn Gunta Stölzls Aufzeichnungen gegenüber denjenigen Klees sehr kurz und trocken blieben, so übten seine Überlegungen – z. B. die zum Thema Gleichgewicht – doch großen Einfluss auf sie aus. Sie wandte sie erfolgreich in vielen Arbeiten an und erwähnte sie auch noch lange Zeit danach in Gesprächen.

Klees Werke waren ebenfalls eine Inspirationsquelle für Gunta Stölzl, nie jedoch ahmte sie sie nach. Ein besonders schönes Beispiel ist eine aquarellierte Federzeichnung, die Anklänge an Kuppelbauten enthält und an Werke von der Tunisreise Klees erinnert. Gunta Stölzl setzte zarte und kräftige Farbflächen nebeneinander und strukturierte sie mit schwarzer Feder, was Schärfe und Klarheit zur Folge hatte. Mischtechniken galt in dieser Zeit ihr besonderes Interesse, vor allem, um unterschiedliche Strukturen zu erreichen.

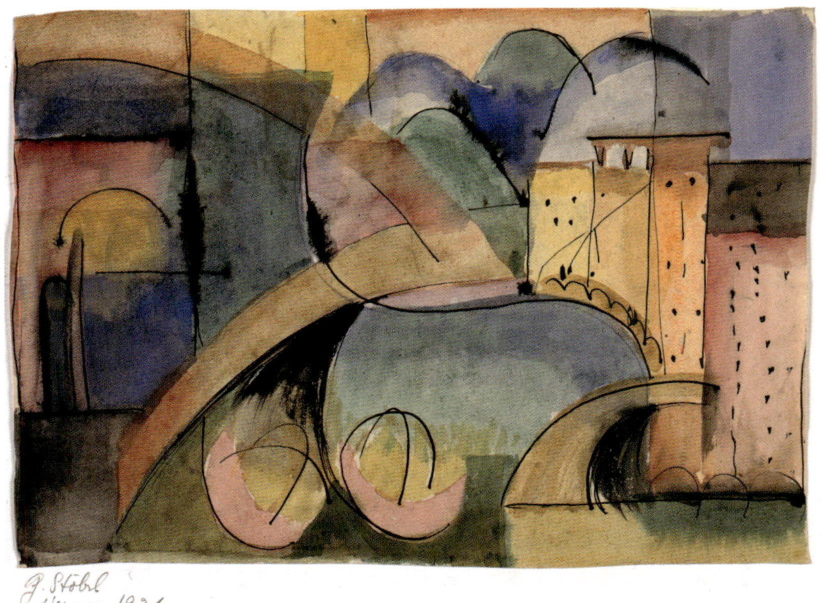

Ohne Titel, 1921, auf der Unterlage signiert: „G. Stölzl Weimar 1921", Aquarell und Tusche auf Papier, 20 × 28,5 cm, Privatbesitz

Klee begann seine Vorlesung über die Farben im Wintersemester 1922/23 mit folgenden Worten: „*Der erste Teil meiner Aufgabe ist nun: eine Art von ideellem Malkasten aufzubauen, in dem die Farben eine wohlbegründete Ordnung erfahren, eine Art von Werkzeugschrank, wenn Sie so wollen.*"

Gunta Stölzl beschränkte die Mitschrift dieser Farbenlehre auf drei Seiten, auf denen sie die Entstehung des Farbkreises und die der Farbe Grau und weiterer Mischfarben skizzierte und mit Anmerkungen versah. Klee erwartete von den Studenten, dass sie seine Aufgaben zu Hause praktisch erprobten. Leider haben sich zu diesem Kursus keine Skizzen von Gunta Stölzl erhalten.

Ab dem Wintersemester 1927/28 gab Klee bis zu seinem Fortgang regelmäßig Gestaltungslehre für die Weberei. Die Aufgabenstellungen dafür vermerkte er detailliert in seinem Taschenkalender.

Den Studenten wurden Aufgaben gestellt, die sie in aufwendigen Hausarbeiten ausführten. Oft sahen diese Skizzen schon wie Textilentwürfe aus. Klee scheint sich in der Auswahl seiner Themen tatsächlich auf die Studenten eingestellt zu haben, denn Ludwig Grote schrieb später: *„Als er die Weberei betreute, traten textile Strukturen, horizontale und vertikale Teilungen auf. Die grundlegenden Prinzipien von Klees erster Formen- und Farbenlehre bleiben aber immer sichtbar und viele seiner Begriffe wurden weiter verwendet.“*

Gunta Stölzl besuchte offensichtlich 1927 in Dessau dann noch einmal den Unterricht von Klee. In ihrer Mitschrift, die 29 Seiten umfasst, wird deutlich, dass sie nun klare pragmatische Ziele vor Augen hatte: die Anwendung der Gestaltungslehre im eigenen Unterricht. Auch führte sie Hausaufgaben aus, von denen sich jedoch nur vier als Photographien erhalten haben.

In der Weberei gelang die Übertragung von Klees Formen- und Farbenlehre auf Textilentwürfe von Anfang an, da bei den Entwürfen ähnliche Gestaltungsprobleme gelöst werden mussten wie in Klees Unterricht. Viele der von Gunta Stölzl skizzierten Grundformen und ihrer Variationen wurden so zur Basis ihrer eigenen Entwürfe. So unterteilte sie die Fläche oft in geometrische Formen, meist durch Senkrecht-Waagerecht-Einteilungen, aber auch durch Diagonalen. Diese freien Arbeiten nehmen vorweg, was auch die Textilien von Gunta Stölzl auszeichnet: eine ausgewogene, doch spannungsreiche Aufteilung der Fläche und interessante Strukturen, dazu eine sichere Farbauswahl.

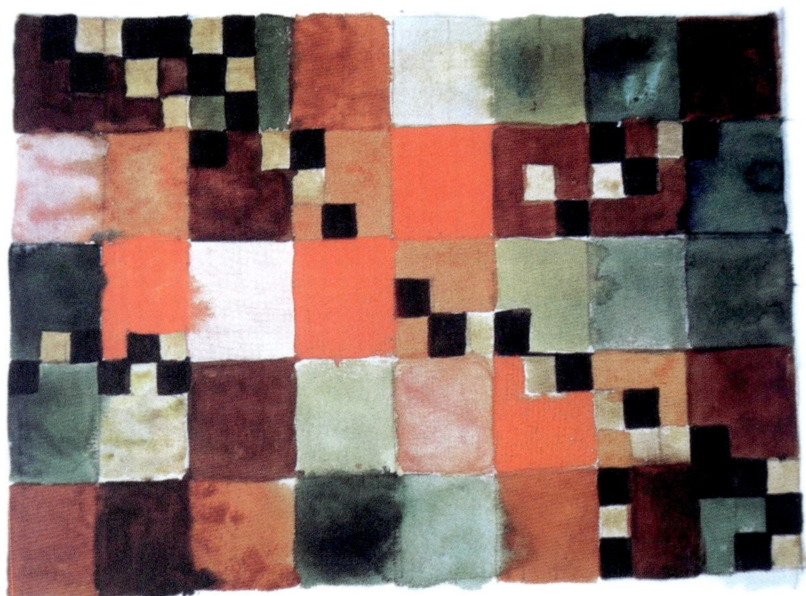

Farbstudie Quadrate, Bauhaus Weimar, Aquarell über Bleistift auf Papier, 35,5 × 22,8 cm, Privatbesitz

Es scheint eine lebendige Wechselbeziehung zwischen Paul Klee und der Bauhausweberei entstanden zu sein, die auch Gunta Stölzls Arbeit in hohem Maße bereicherte. Während der Bauhauszeit hielt Gunta Stölzl keine Eindrücke über Klee als Künstler fest. Im Rückblick würdigte sie ihn als einen Lehrer, dem sie *„vertiefte begrifflich durchgeklärte Probleme der Form, der Verhältnisse, der Farbwerte verdanke."* 1940 bekannte sie in einem Nachruf auf ihn, was er für ihr Leben und ihr Werk bedeutete:

„Lieber Klee,

Wir, eine Reihe von Menschen, die am Bauhaus in Weimar und Dessau lernend und lehrend wirkten, wir bekennen freudig: Wir haben Dich geliebt, wir haben Dich verehrt und wir waren stolz und glücklich, dass Du unter uns warst.

Wir waren begeistert und erfüllt, wenn uns von Zeit zu Zeit eine kleinere oder größere Ausstellung Aquarelle, kleine Ölbilder, die Wunderwelt Deiner erdichteten Formen und Zeichen erschloss. Das Geheimnisvolle Deiner Tafeln lag in dem ganz und gar sichtbar, sinnlich nachspürbar gewordenen reinen Ausdruck Deiner Farben und Formen, die als visuelle Erlebnisse sich in unsere Herzen senkten.

Der gefühlsstarke Reichtum Deiner Formen und die doch wieder äußerst strenge und konsequente Führung in Deinen Werken, hat unserer tätigen Phantasie einen hohen Maßstab gegeben. Dein Lehren bewegte sich nie eigentlich um das ‚Wie' der Darstellung, sondern nur um das ‚Was'. Du decktest die Zugänge zur Konzeption künstlerischer Arbeit auf.

In das Unbeschreibliche, in den um Formung ringenden Ausdruckswillen, in das Chaos des Ungeborenen, hast Du mit sicherer Intuition das Senkblei gelegt, damit sich an ihm in mannigfacher Weise Ordnung und Gliederung entfalten. Dieses Senkblei schafft Wertungen, Maßstäbe, die sich in der Folge zu selbstverständlichen Gesetzen entwickeln. Aus ihnen ergeben sich unerschöpflich spielend immer neue Zugänge, die dem Lernenden einen Begriff geben, von der unablässigen Bewegtheit künstlerischen Schaffens.

Du wirktest auf uns als Mensch und als Künstler gleich intensiv. Der Ernst, die Heiterkeit und Harmonie Deines Geistes lagen in allem realen Handeln ebenso klar, wie in den aufbauenden, formenden Kräften Deines erkennenden Geistes.

Eine unvergessliche Erinnerung sind uns die Musikabende im kleinen Kreis, wo Du, die Geige spielend am Klavier begleitet von Deiner Frau, uns Mozart, Gluck, Händel vortrugst. Die Beseeltheit dieses Musizierens, die uns die Welt zu verdoppeln schien, die sichtbare Malerwelt hinüberwechselte in die hö(h)rbare, der reinen Klänge, hat uns die Ganzheit Deiner Künstlernatur geoffenbart.

Wir danken Dir!"

DER EINFLUSS VON WASSILY KANDINSKY

Der dritte Bauhausmaler, der direkten Einfluss auf Gunta Stölzls Werk hatte, war Wassily Kandinsky. Bei Kerzenschein stellte er 1922, als er ans Bauhaus berufen wurde, im Oberlichtsaal seine großformatigen Gemälde in leuchtender Farbigkeit aus. Dann wurde getanzt.

Wir haben keine frühen Aufzeichnungen von Gunta Stölzl über Kandinskys Unterricht, doch in einem späteren Rückblick schreibt sie: *„Ich ging dann sofort in den Malkurs, den Kandinsky für ein paar auserwählte Schüler abhielt. Das Verhältnis der Schüler zu Wassily Kandinsky war sehr respektvoll. Wir bewunderten seine Klarheit und seine Logik. Er war sehr bestimmend. Was er sagte, war immer einsichtig und faktisch belegt."*

So hatte sie früh auch sein Buch *Über das Geistige in der Kunst* gelesen, das Ende 1911 erschienen war und zu dem sie ausführliche Aufzeichnungen hinterließ.

Darin setzt sie sich intensiv, oft stichwortartig, mit Kandinskys Gedanken auseinander. Im Mittelpunkt stehen Farb- und Formprinzipien, die kurz und knapp dargestellt werden. Auf diesem Wege versuchte Gunta Stölzl, Klarheit über Kandinskys Theorien zu gewinnen.

Sie notiert, dass *„der Künstler versucht, feinere Gefühle, die in unserem komplizierten Leben namenlos sind, zu gestalten. Die Theorie ist eine Laterne, die die Form von gestern beleuchtet. Die konventionelle Schönheit steht heute entgegen der inneren Schönheit oder ‚Hässlichkeit', welche auf alles Gewohnte verzichtet und nur innere Notwendigkeit andeuten will."*

Kurz fasst sie Kandinskys Auffassungen zu Cézanne und Picasso zusammen, um dann für sich ein Resümee zu formulieren: *„Streben zum Nichtnaturellen, zum Abstrakten, zur inneren Natur: Erkenne Dich selbst."*

Besonders plastisch sind ihre Ausführungen über die Farbe und ihre physische und psychische Wirkung, die

Kandinsky intensiv behandelte. Jede einzelne Farbe wird von Stölzl in ihrer Besonderheit vorgestellt, ihre Qualität und Aussage lebendig beschrieben. „*Die Farbe kann zugleich auf andere Organe des Körpers wirken, je direkter der Weg beim Einzelnen zur Seele ist, desto rascher und größer wird der Mitklang* [...] *sein wie bei einer guten, viel gespielten Geige.*"

Es folgt ein Kapitel über Formen- und Farbensprache und ihr Verhältnis zueinander, wobei die Gedankengänge wie stenographische Notizen vereinzelt sind. Zwei Sätze stechen heraus: „*Jeder Gegenstand versetzt die Seele in Vibration durch die Farbe, die Form und von beiden unabhängig das Wirken des Gegenstandes selbst – Wahl des Gegenstandes entspringt dem Prinzip der inneren Notwendigkeit.* [...] *Das Übersetzen ins Abstrakte kann einzig allein das Gefühl. Sollen wir nicht auf das Gegenständliche ganz verzichten? – Es gibt kein Muß in der Kunst.*"

Durch das Buch *Über das Geistige in der Kunst* war die Diskussion um das „innere Wesen" von Farben und Formen neu entfacht worden. In Gunta Stölzls Aufzeichnungen haben wir das seltene Dokument einer jungen Studentin, die sich dieses schwierige Buch auf ihre Weise zu eigen macht, indem sie einzelne Gedanken Kandinskys festhält, um dann aus dem hochkomplexen Text die für sie wichtigen Erkenntnisse eher intuitiv herauszufiltern.

Neben den theoretischen Ausführungen Kandinskys waren es vor allem seine Werke, die Gunta Stölzl faszinierten. Eine besonders eindrucksvolle Reihe von Aquarellen entstand nach der ersten Kandinsky-Ausstellung im Weimarer Bauhaus 1922. Die abstrakten Motive in ihren leuchtenden Farben inspirierten sie so sehr, dass sie wie im Rausch eine Reihe von Bildern malte, wie sie sich noch 1980 im Gespräch erinnerte. Einzelne Motive und Malweisen Kandinskys lassen sich in diesen Werken wiederfinden, es entstehen jedoch keine Nachahmungen Kandinskys und keines seiner Werke kann zum direkten Vergleich herangezogen werden.

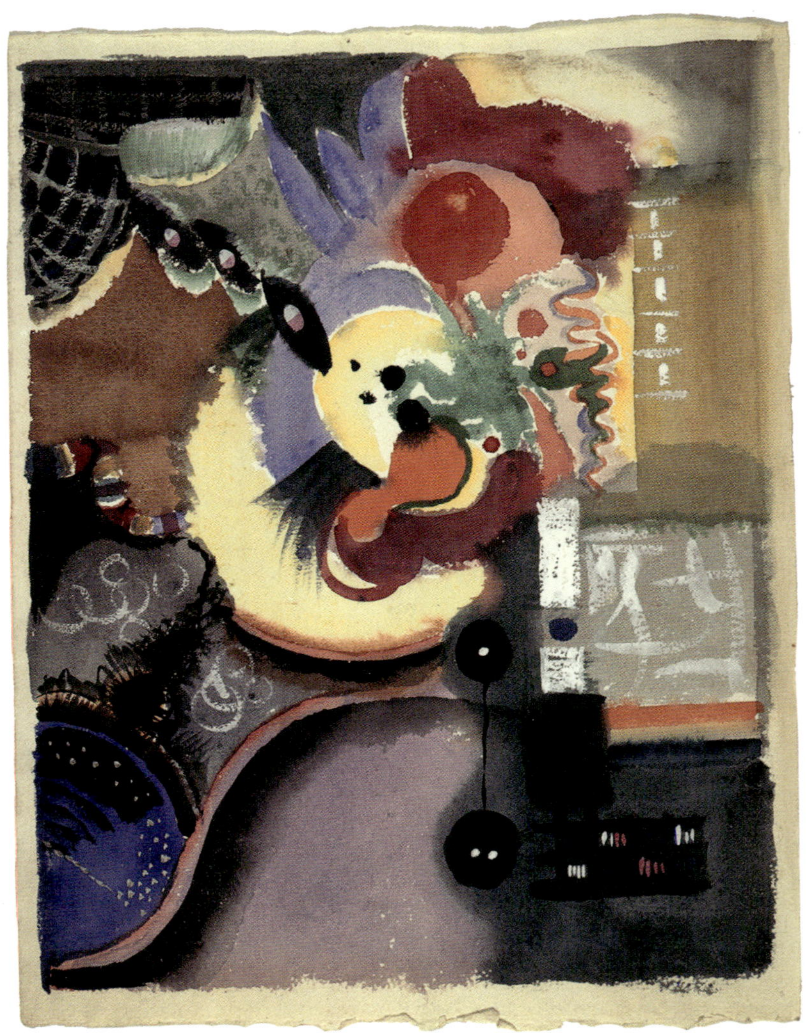

Ohne Titel, 1920, signiert: „Gunta 1920 Weimar“, Aquarell und Gouache auf Papier, 32 × 25,5 cm, Privatbesitz

Kandinsky forderte eine neue spirituelle Einheit, die nur erreicht werden konnte, indem auch die Bilderwelt neue Formen annahm und überholte Sehweisen abgelegt wurden.

Gunta Stölzl versuchte, mit ihren Bildern, auf künstlerischem Wege in die geistige Welt Kandinskys einzudringen, seine visuelle Sprache zu verinnerlichen, seine „Grammatik“ zu verstehen, nicht auf intellektuellem Wege, sondern durch tiefe gefühlsmäßige Einstimmung auf seine Werke.

In späteren Jahren nahmen am Bauhaus ebenso wie bei Kandinsky streng konstruierte, aber frei komponierte Arbeiten zu. Auch Gunta Stölzl verwendete jetzt Lineal und Zirkel und überdeckte Farbflächen mit strengen Strukturgittern oder scharfen Zickzacklinien, die mit dem Lineal gezogen wurden.

WERKSTATTARBEIT IN DER WEIMARER WEBEREI

Im Laufe des Jahres 1921 gingen die Frauenabteilung und die Werkstatt für Weberei ineinander über. Die künstlerische Leitung der Werkstatt lag bis April 1921 bei Itten, danach bei dem bis dahin jüngsten der Bauhausmeister, bei Georg Muche. Helene Börner wurde Werkmeisterin. Mit dieser Revision war der ganze Ausbildungsgang der Weberei neu organisiert worden. Jetzt wurde der Vorkurs zum vorbereitenden Semester. Erst nach erfolgreichem Abschluss, der von allen Meistern bewertet wurde, konnte der Schüler in eine der Werkstätten eintreten. Jede Werkstatt wurde von einem Form- und einem Werkmeister geleitet. Aus Anlass dieser Reform wurde 1921 der erste Lehrplan für Weber veröffentlicht und im Juli 1922 durch eine Prüfungsordnung für Gesellen ergänzt.

Anders als in anderen Werkstätten konnte man in Weimar in der Werkstatt für Weberei keinen Lehrbrief erwerben, da es keine zuständige Handwerkskammer gab. Es wurden jedoch von den Studierenden in Anlehnung an die sonst üblichen Ausbildungsziele Lehrlings- und Gesellenstücke gefordert.

Wie der Unterricht in der Weberei am Anfang ausgesehen hat, ist leider nicht genau überliefert. Ausgehend von den selbst gewählten Zielen der Frauenklasse war er mehr experimentelles Arbeiten und ein tastendes Suchen, eher eine Weiterführung von Ittens Vorkurs mit seinen Materialerprobungen, von Spöttern auch zur „*Frauenspaßarbeit*" degradiert.

Als textile Arbeiten gab es am Anfang Applikationen und Patchworkarbeiten, bei denen es vor allem auf die ästhetische Gestaltung ankam, weniger auf die technische Durchführung. Hier war eine Unterweisung nicht unbedingt erforderlich, da die Techniken den Studentinnen aus ihrer Schulbildung vertraut waren. Ungewöhnliche Materialien konnten jetzt – im Sinne von Ittens Vorkurs –

miteinander kombiniert werden, ein gravierender Unterschied zum sonst üblichen Unterricht.

Nachdem im Sommer 1920 die ersten Kontakte zur Webereiwerkstatt geknüpft waren, wurde die Technik des Webens in den Unterricht aufgenommen, offensichtlich ohne gründliche Unterweisung, dafür aber mit großer Neugier. *„Ermutigt und unterstützt von den Mädchen der Frauenklasse gingen wir im Herbst 1920 zu Gropius und baten ihn, daß er uns die Möglichkeit gäbe, auf diesen Webstühlen zu arbeiten. Gropius war einverstanden, und wir erreichten es, dort uns einzunisten* [...] *Wir waren etwa 5 Mädchen, die diesen Anfang machten. Alles Technische, die Funktionen des Webstuhls, die Möglichkeiten der Fadenverkreuzung, die Art der Fadeneinzüge, konnten wir uns nur durch Ausprobieren aneignen; da war viel Rätselraten bei uns armen Autodidakten, und manche Träne floß,"* schreibt sie im Rückblick nicht ohne Vorwurf, doch scheint sie die experimentelle Arbeit eher als Herausforderung angesehen zu haben: „[...] *nun begannen unsere ersten Entdeckungsreisen im Weben. Wir glaubten ja beinahe, das Weben erfunden zu haben, so unvoreingenommen, so unbeschwert vom traditionellen Handwerk manipulierten wir am Webstuhl."*

Als erste Techniken wurden die Gobelintechnik und das Weben leinwandbindiger Flachgewebe, später auch Knüpftechniken erprobt. Mit diesen Techniken konnten die Aufgaben aus Ittens Vorkurs in Textilien umgesetzt werden, Materialien und Farben wurden dabei mit großer Freiheit experimentell eingesetzt. Dieser Einfluss Ittens sollte bis 1923 dauern.

Gunta Stölzl erprobte die Weberei erstmalig in den Sommerferien 1920 mit einem kleinen unkonventionellen Gobelin, der übrigens eine für Anfänger erstaunliche technische Qualität aufweist. Er ist zugleich ihre erste Webarbeit am Bauhaus und hat den Charakter einer freien abstrakten Arbeit. Mit Garnresten erprobte sie spielerisch die Gobelintechnik – das Ergebnis ist eine ausgewogene

Komposition von gegenständlichen und abstrakten Motiven, die sich zudem durch eine ungewöhnliche Farbgebung und -mischung auszeichnet. Obwohl das Thema „Kuh“ wahrscheinlich den Anstoß zu diesem Gobelin gab, tritt es in dem fertigen Werk zugunsten einer freien abstrakten Flächenaufteilung zurück.

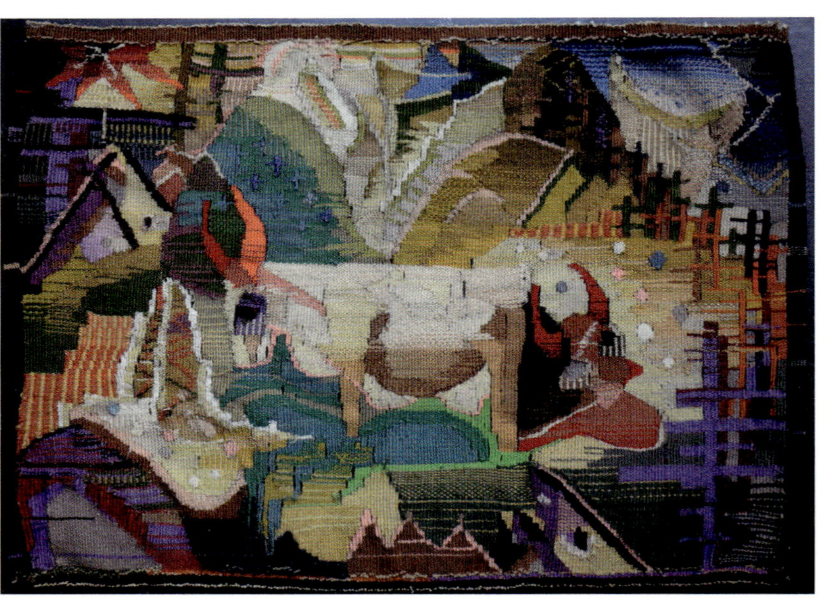

Kühe in Landschaften, Sommer 1920, Gobelin, Hinterseite (Vorderseite stark abgebleicht), Kette: Baumwolle, Schuss: Wolle, Feines Kammgarn und Mohair, 30 × 50 cm, Privatbesitz

Schon in Weimar war sie offen für ungewohnte Materialmischungen wie Seide und Viskose und später für neue Garne aus Zellophan, Kunstbast (auch Viscaband genannt) oder Papier.

Eine weitere Besonderheit der Weimarer Webwerkstatt war, dass Entwurf und Ausführung in einer Hand lagen, dass nicht Entwürfe die Hauptrolle spielten, sondern die praktische Arbeit am Webstuhl. Die zeichnerische Konzeption eines Gewebes konnte nur seine allgemeine Stimmung wiedergeben, nicht aber das endgültige Resultat.

In einem Aufsatz von 1975 schreibt Gunta Stölzl dazu: *„Die Lust zu weben – aus dem Material heraus zu gestalten*

– steigert sich von Beginn jeder Arbeit bis zum Ende. Voran geht der Entwurf. Das Thema kann lange in mir brodeln oder es ist plötzlich da [...] Der Papierentwurf ist [...] nur das Gerüst vornehmlich für Proportion und Form. Die Farbigkeit wird ja durch die Struktur allemal verändert: die Strukturen, feine und grobe, geben dem Teppich ein Oberflächenrelief, das die Leuchtkraft der Farbe intensiviert oder schwächt. [...] Damit will ich sagen, daß der Webvorgang immer schöpferisch bleibt, es ist nie ein mechanisches Ausführen. Darin liegt der große Unterschied zur traditionellen Tapisserie – dort wird ein Entwurf sklavisch ausgeführt und in beliebig vielen Exemplaren – also eine Reproduktionstechnik. Ich hoffe, daß in meinen Arbeiten der Puls noch zu spüren ist, das Glück des Webens, die Freude am Entstehen, das freie Spiel der Phantasie gebändigt durch die Technik des Webens.“

In diesem Text wird Gunta Stölzls Affinität zum Weben besonders deutlich. Anni Albers, Mitstudentin am Bauhaus, hielt Gunta Stölzl für den Inbegriff einer Weberin, denn *„sie hatte einen nahezu animalischen Instinkt für Textilien“*.

Anders als die Meister engagierte Gunta Stölzl sich leidenschaftlich für die Webwerkstatt. Unter ihrer inoffiziellen Leitung wurden technische Probleme in bemerkenswert kurzer Zeit gelöst. Durch ihre mehrjährigen künstlerischen Erfahrungen und durch ihre sensibilisierte Sicht auf Materialien kam sie bei gestalterischen Aufgaben zu erstaunlich reifen Ergebnissen – eine Pionierarbeit, die im Bauhaus kaum erwähnt wurde.

Auch die äußerst moderne Form des Unterrichts war den Studenten wohl kaum bewusst: Statt autoritärer Lehrformen lernten sie voneinander und arbeiteten im Team. Gunta Stölzl kam zugute, dass sie wenig Konkurrenz hatte und kaum Einspruch erlebte, da sie Neuland betrat und bald den Meistern der Weberei überlegen war.

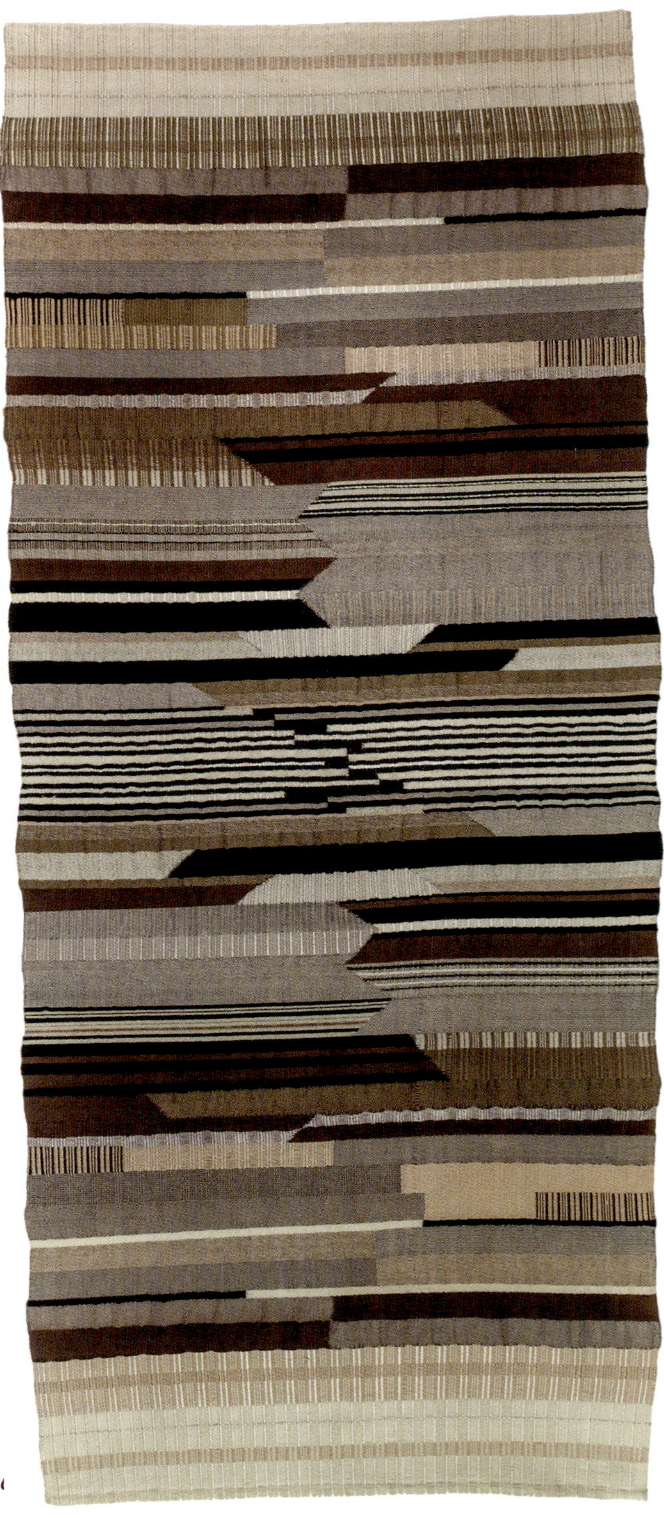

Wandbehang *Schwarz-Weiß*, 1923, Flachweberei mit gewendetem Schützen, Kette: merzerisierte Baumwolle; Schuss: weiße Kunstseide, schwarze, weiße und graue Schafwolle in verschiedenen Fadenstärken und goldig schimmerndem Metalldraht, 176,5 × 114,3 cm, Kunstsammlungen zu Weimar

Muches Einfluss auf die Weberei ist als eher gering einzuschätzen. Er scheint Textilien gegenüber große Vorbehalte gehabt zu haben, die im Rückblick fast verächtlich klingen. *„Ich selbst versprach mir, nie im meinem Leben mit eigener Hand einen Faden zu weben, einen Knoten zu knüpfen, einen textilen Entwurf zu machen. Dieses Versprechen habe ich gehalten. Ich wollte zur Malerei bereit sein, weil ich wußte, daß sie sich eines Tages erneuern würde.“*

Für Gunta Stölzl scheint die Zusammenarbeit mit Muche in den ersten Weimarer Jahren wenig problematisch gewesen zu sein, zumal er in technischen Fragen nicht kompetent war und seine Arbeit auf die Entwurfsberatung beschränkte. *„Man konnte in der Weberei unter der Leitung von Georg Muche ganz frei experimentieren. Ob man sich an einen Teppich wagte oder an ein Kissen, das lag im Belieben des Lehrlings.“* Offensichtlich respektierte Muche auch die Kraft und den Ideenreichtum der künstlerisch begabten Frauen, die zudem etwa in seinem Alter waren und deren Selbständigkeit er sah.

Seit 1920 wurde die Arbeit in den Werkstätten straffer organisiert, die Arbeitszeit auf täglich sechs Stunden festgesetzt. Dies hatte vorrangig wirtschaftliche Gründe, denn die Produkte sollten verkauft werden, um die Kosten des Bauhauses zu senken: so wurden an die experimentellen Studentenarbeiten schon die Anforderungen gestellt wie an verkaufsreife Ware, ein Anspruch, dem viele Arbeiten erstaunlicherweise entsprachen. Es entstanden jedoch immer wieder Produktionsprobleme, wie Muche 1920 zu Protokoll gab: *„Es ist bereits viel Material entnommen worden, fertige Arbeiten sind dagegen noch wenige eingeliefert. Es ist wichtig, dass die Meister um der zu schwierigen wirtschaftlichen Fragen des Bauhauses willen allenthalben darauf dringen, daß die Lernenden fertige Arbeiten abliefern.“*

In der Folgezeit war die Produktion der Werkstatt erstaunlich vielfältig. Gunta Stölzl webte unter anderem mit feinsten Seidengarnresten einen eleganten Kissenstoff, es entstanden aber auch große, gröbere Gobelins und Meterwaren.

In Zusammenarbeit mit Marcel Breuer, einem der ideenreichsten Studenten der Tischlerei, entwickelte Gunta Stölzl Bespannungen für Sitzmöbel. Für das wahrscheinlich erste Möbelstück Breuers, einen handgeschnitzten, thronartigen Sessel, *Afrikanischer Stuhl* genannt, webte sie 1921 Sitz- und Rückenbespannung in Gobelintechnik mit freier abstrakter Formgebung. *„Ich spannte die Kettfäden aus grobem Garn direkt auf den Stuhlsitz und Lehne durch feine Löcher und stopfte gobelinartig die Formen hinein.“* (Gunta Stölzl 1968)

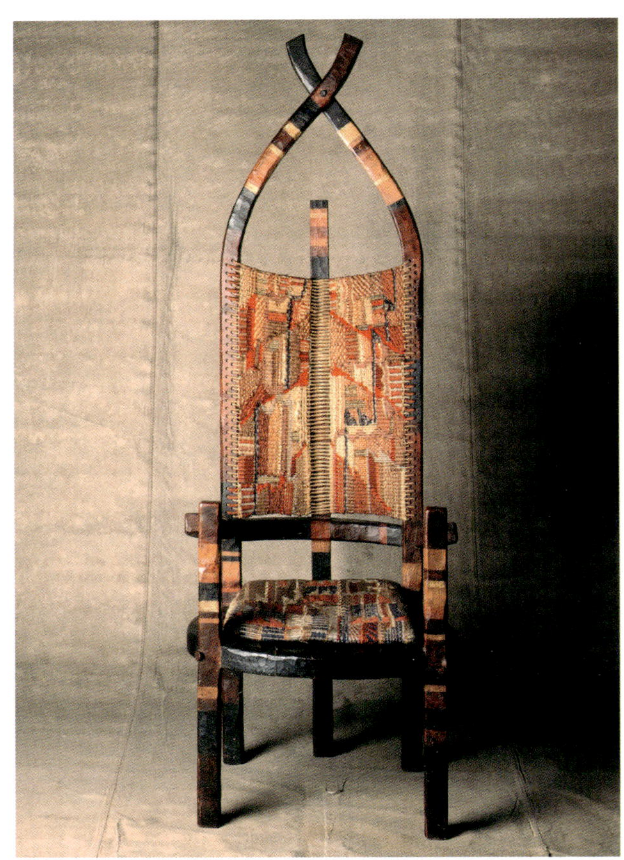

Afrikanischer Stuhl, 1921, bemaltes Eichen- und Kirschholz und Textilbespannung, 179,4 × 65 × 67,1 cm, Bauhaus-Archiv Berlin

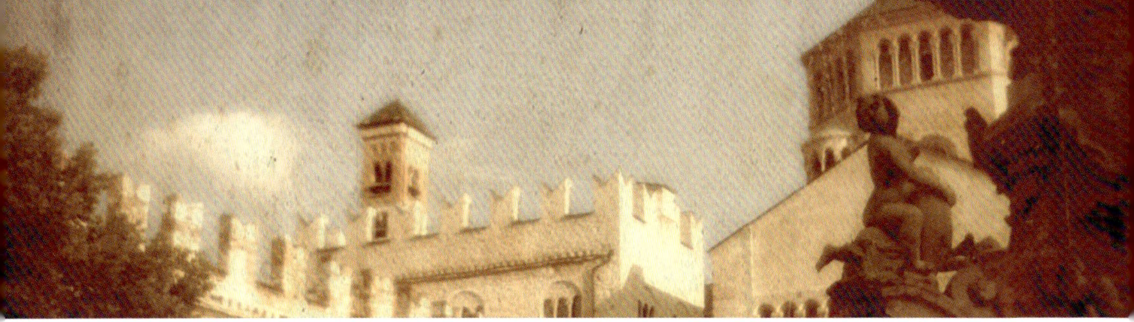

80 Jahre lang galt der *Afrikanische Stuhl* als verschollen, dann kam er ans Bauhaus-Archiv Berlin, wo er 2004 mit der Ausstellung *Der Afrikanische Stuhl. Meisterwerk des Bauhauses wiederentdeckt!* gewürdigt wurde. Es gibt keine Hinweise darauf, welchem Zweck dieses Möbelstück in seiner Entstehungszeit dienen sollte. Auch Breuer und Stölzl haben sich dazu nie geäußert. In der Broschüre zur Ausstellung gibt das Bauhaus-Archiv Hinweise zu einer möglichen Nutzung: ein „*Thron*" für den Bauhausdirektor als Meister einer „*Bauloge*", ganz im damaligen Selbstverständnis des Bauhauses. Weiter heißt es im Katalog: „*Nicht von der Hand zu weisen ist aber auch die Interpretation dieses Möbels als eine Art Hochzeitsstuhl, der damals engen Beziehung von Marcel Breuer und Gunta Stölzl Ausdruck verleihend.*" Gunta Stölzl selbst hat erstmals 1982 in einem Interview (Tonband im Getty Research Institute, USA) von ihrer Beziehung zu Marcel Breuer gesprochen. Die Bauhausweberin Martha Erbs, Breuers erste Frau, erwähnt sie in einem späten Brief an Gunta Stölzl.
Der *Afrikanische Stuhl* ist auch als ein Versuch zu sehen, die Sitzgewohnheiten des Menschen neu zu durchdenken und ungewohnte Formen zu erproben. Er ist eher ein Kunstobjekt als ein funktionales Sitzmöbel. Seine textile Bespannung jedoch wäre durchaus tauglich für den täglichen Gebrauch.

Als Hommage an den *Afrikanischen Stuhl* hat Ai Weiwei, einer der führenden chinesischen Konzeptkünstler, auf Anregung des Bauhauses Dessau 2009 eine chinesische Variante aus Bambus gefertigt, den *Bamboochair*, ein „*kulturelles Crossover*".

Ein weiterer Stuhl, 1921 von Breuer und Stölzl entworfen, weist dagegen die Merkmale eines funktionstüchtigen Gebrauchsstuhls auf. „*Die Bespannung war aus einzelnen Gurten in rot, weiß, blau und schwarz, die ich gewebt habe und dann auf dem Stuhl verflochten habe.*" Im *Bauhausbuch* von 1923 wurde der Stuhl als Lehrlingsarbeit Stölzls bezeichnet.

Der Stuhl nahm Breuers spätere Idee der gespannten Gurte vorweg und wäre für eine Serienfertigung geeignet gewesen. 1977 scheiterte jedoch der Versuch einer Neuauflage durch die Firma Tecta am Einspruch der beiden Urheber. Breuer schrieb dazu an Stölzl: „*Auch scheint es mir etwas komisch den Stuhl jetzt aufzuwärmen, man sollte ihn in ein Gebetbuch pressen.*"

Diese Arbeiten waren der Beginn einer fruchtbaren Zusammenarbeit der Weberei mit der Tischlerei, in deren Folge auch Bespannstoffe für moderne Latten- und Stahlrohrstühle aus durablem Material wie z. B. Eisengarn, einem mit Chemikalien verstärkten Baumwollgarn, entwickelt wurden.

Um die Arbeit in der Weberei vielseitiger zu gestalten, nahmen Gunta Stölzl und ihre Freundin Benita Otte an einem vierwöchigen Färbereikurs in der Färbereifachschule Krefeld teil. „*Seit 1922 konnten wir in unserer Färberei die Färbungen selbst entwickeln. Wir färbten sowohl mit Naturfarbstoffen wie Catechu, Cochenille, Waid, Indigo als auch mit Küpenfarbstoffen* [d. i. chemisch reduzierte Farbstoffe, I. R.] *und anderen. Die eigene Färberei war eine große Hilfe zu Experimenten mit der Farbe. Unsere ersten Webarbeiten waren ‚gemalte Stoffe', fein gegliedert, mit viel Schattierungen, einer üppigen Farbskala. Zeit spielte ja keine Rolle: ein Versuch das ‚Neue' zu leben und zu formen, war das einzig Dringliche* […] *Wir wurden an der Fachschule zwar ausgelacht, dass wir auch das Färben mit Naturfarbstoffen lernen wollten – das im 20. Jahrhundert! – aber man gab uns doch die nötigen Unterlagen.*"

Gunta Stölzl wollte unzeitgemäße Wege einschlagen, alte handwerkliche Verfahren aufgreifen – und dies auch am Bauhaus durchsetzen –, nur um zeitgemäßes Design realisieren zu können, eine Tendenz, die sich z. B. in den 1970er-Jahren wiederholte.

Im Herbst 1922 plante sie als Gesellenstück die Ausführung eines großen Knüpfteppichs. Der heute verschol-

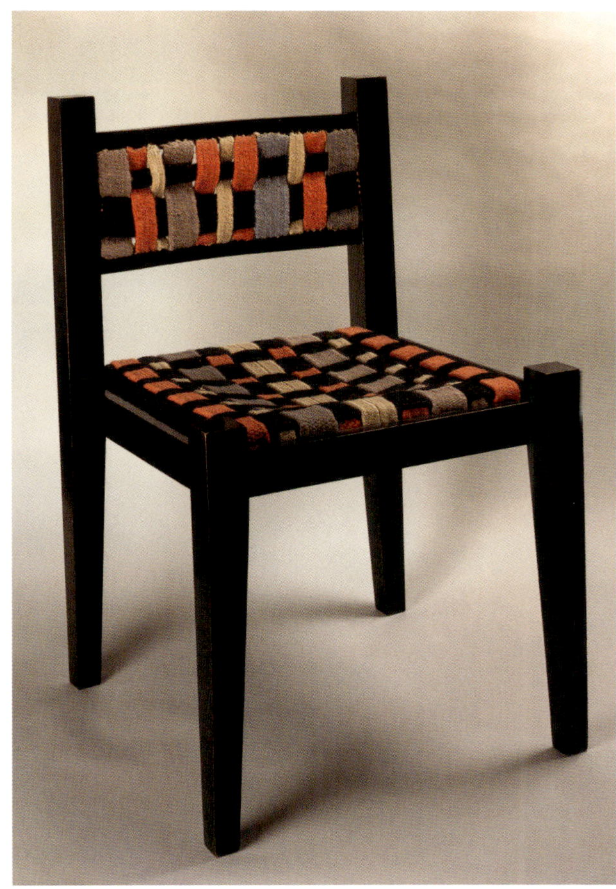

Stuhl mit farbiger Gurtbespannung, 1921, gewebte Gurte aus Wolle, miteinander verflochten, 75,5 × 49 × 49 cm, Klassik Stiftung Weimar

lene Teppich wurde in Smyrnatechnik geknüpft, bei der sich jede einzelne Fadenschlinge in einer anderen Farbe arbeiten lässt. So können ohne weiteres geschwungene, komplizierte Formen in einer dichten Fläche von Knoten erscheinen. Diese Technik hatte Gunta Stölzl von orientalischen Knüpfteppichen übernommen, jedoch ihre eigene freie Formensprache entwickelt.

Diese Arbeit wurde möglich durch den Auftrag eines Reeders, der die Aufstellung eines besonders großen Teppichwebstuhls nötig machte und das Bauhaus zwang, dafür Raum zur Verfügung zu stellen.

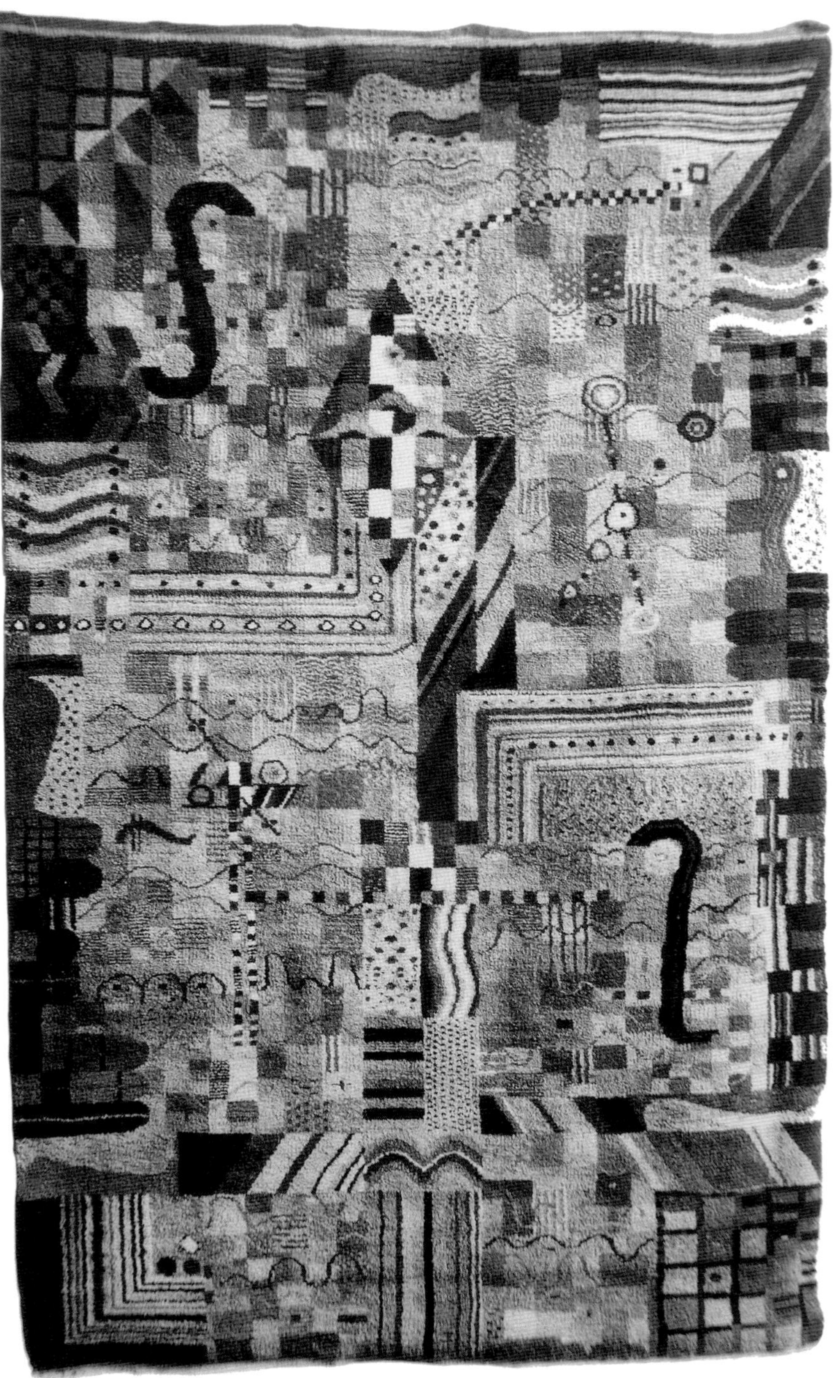

72

Der Teppich ist im *Bauhausbuch* von 1923 abgebildet und hier als Gesellenarbeit bezeichnet. Da man am Bauhaus keinen Gesellenbrief erwerben konnte, einigte man sich als Ausbildungsabschluss auf den Terminus „*Gesellenreife*".
Zunächst fertigte Stölzl nur eine kleine Bleistiftskizze als Entwurf an, denn die strukturellen Details entwickelte sie bei der Arbeit am Webstuhl. Der Teppich ist asymmetrisch aufgebaut, sein hervorstechendstes Merkmal sind jedoch die verschiedenartigen, auf geometrischen Formen basierenden Flächen, die wie in einer Collage aneinander grenzen. Darauf sind kräftige und feine graphische Zeichen gesetzt, sogar Zahlen kommen vor.

Lothar Schreyer schreibt zu diesem Teppich: „*Ich sehe in der Weberei die Gesellenarbeit von Gunta Stölzl, den fünf Quadratmeter großen handgeknüpften Smyrnateppich gleich der Frühlingswiese einer lichteren Welt erblühen.*" Obwohl die Mustergebung der Bauhausteppiche ungewohnt war, wurde sie von Kritikern durchgehend gelobt. Kunsthistoriker Fritz Wichert schreibt in einem Artikel im 1. Morgenblatt vom 23.10.1923 zu den Teppichen: „*Muster kennen die Leute des Bauhauses nicht, wohl geometrische Linien und Flächen. Aber eine Ordnung, die dekorativer Ausdruck im alten Sinne wäre, suchen sie zu vermeiden.*"

Für Gunta Stölzl wurden diese Textilien zu Ausdrucksmitteln, die die Kraft von Bildern hatten und ihnen gleichrangig waren.

Smyrnateppich, 1922/23, Gesellenarbeit, Smyrnaknoten, handgeknüpft 300 × 200 cm, Standort unbekannt, Foto: Bauhaus-Archiv Berlin, Bleistiftentwurf ist erhalten

KUNST UND TECHNIK – EINE NEUE EINHEIT

Im Frühsommer 1922 verstärkte das Bauhaus die Herstellung von Ausstellungsobjekten. Anfang 1923 fand eine Ausstellung in Zürich statt, auf der fast nur Textilien und Keramiken gezeigt wurden. Auf der Leipziger Messe war das Bauhaus vorwiegend mit textilen Einzelstücken vertreten.

Die ausgestellten Arbeiten fanden großen Anklang bei der Presse in ganz Deutschland, und auch Gunta Stölzls Freundin aus der Kunstgewerbeschulzeit in München, die Töpferin Berta Tappolet, schrieb begeistert: *„Das Bauhaus hat schon etwas Positives gearbeitet, das in alle Zukunft weist.* [...] *Ihr seid schon die Einzigen, die dem wieder nahe sind, das Material richtig verarbeitet ist, weisst Gunta wir freuen uns, dass Du am Bauhaus bist. Ihr macht den richtigen Weg.“*

Die erste große Selbstdarstellung des Bauhauses fand vom 15. August bis 30. September 1923 statt. Es wurde nicht nur eine große Ausstellung im Bauhaus geplant, sondern auch im „Haus am Horn“, einem vom Bauhaus gebauten und eingerichteten Musterhaus.

Die Webwerkstatt war mit vielen Exponaten in der Ausstellung vertreten: mit einem Teppich und einem Wandbehang für Gropius' Büro, mit Teppichen für das Haus am Horn und mit Gebrauchsstoffen wie zum Beispiel Bettüberwürfen. Gunta Stölzl arbeitete für die Wohnzimmernische des Hauses am Horn einen Teppich, daneben andere große Textilien. *„Gropius' Entschluss, im Sommer 1923 eine Ausstellung zu wagen, nimmt Gestalt an, es wird fieberhaft gearbeitet, buchstäblich Tag und Nacht. Der Erfolg war groß, Bauhausbühne, triadisches Ballett, nicht nur in Deutschland, sondern weit über die Grenzen. Er ebnete uns die Wege, unsere Arbeit in den Dienst der Gestaltungsprobleme der Industrie zu stellen. Das hieß für die Weberei, Textilien für den Innenraum zu kreieren, Möbelstoffe, Vorhangstoffe, – weg von den Bildillusionen am Webstuhl“*, schrieb Gunta Stölzl im Rückblick.

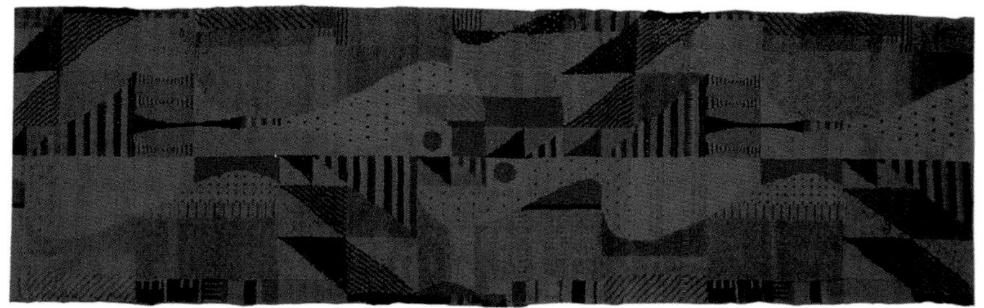

Handgeknüpfter Bodenläufer, 1923, Smyrnaknoten, Wolle auf Hanfkette, 505 × 100 cm, Bauhaus-Archiv Berlin

In der Tat wurden die Teppiche zu wichtigen Objekten des Innenraums im Haus am Horn. Sie waren die einzigen dekorativen Elemente, denn die berühmten Maler des Bauhauses hatten darauf verzichtet, ihre Bilder an die Wände zu hängen. Trotz des bildhaften, autonomen Charakters der Teppiche waren sie zu funktionalen Gebrauchsgegenständen geworden, die vom Publikum als neue Architekturelemente begeistert aufgenommen wurden: *„sie fanden auch außerhalb der bauhausmauern rasch anklang in ziemlich breiter öffentlichkeit – sie waren die leicht-verständlichsten, auf grund der materie die einschmeichelndsten produkte dieser wild revolutionierenden bauhauserzeugnisse*", schrieb Stölzl 1931.

Ein Augenzeugenbericht über den Erfolg der Teppiche stammt von der Schweizer Architektin Lux Guyer, die die Bauhausausstellung besucht hatte und ihrer Schwester in die Schweiz schrieb: *„Gestern in Weimar,* [...] *Das Bauhaus – es gibt Teppiche, 1, 2, 3 Stück sehr nett, besonders ein ungeheuer großer schöner Smyrnateppich, dick und schön in Farben, von Stölzl, ist das Gunda? Das beste Stück."*

Es gab eine Fülle von Textilien, die ausgestellt wurden, neben Einzelobjekten auch einfache Meterware, die ein weiteres Ziel des Bauhauses verdeutlichten: funktionale Produkte zu entwickeln, die einen eigenen ästhetischen Ausdruck besaßen. Dieses Ziel wurde von Gropius in seinem wegweisenden Eröffnungsvortrag zur Ausstellung *Kunst und Technik – eine neue Einheit* neu formuliert. Hier zeigte sich die veränderte Richtung – eine stärkere Hinwendung zur Industrie –, die Gropius in Zukunft verfolgen wollte.

Gropius hatte schon bei der Gründung des Bauhauses deutlich gemacht, dass er die Maschine als modernstes Mittel der Gestaltung bejahte und die Auseinandersetzung mit ihr suchte. In der Handwerksarbeit sah er jedoch ein gutes Mittel zur „*werklichen*" Schulung des Studenten, denn der Arbeitsvorgang blieb in der Hand des Ausführenden, er konnte in jeder Phase Einfluss auf die Gestaltung nehmen.

Für die Weberei bedeutete es, dass zunächst Handweberei betrieben werden musste, um Ideen zu entwickeln und Einsicht in die Technik zu gewinnen. Daneben sollte sich der Student jedoch zunehmend mit industriellen Methoden auseinandersetzen, um geeignete Entwürfe für die Industrie entwickeln zu können.

Kontroversen innerhalb der Werkstatt gab es jedoch ab 1924 darüber, ob die Erprobung mechanischer Webverfahren schon am Bauhaus durchgeführt werden, also ein entsprechender Maschinenpark angeschafft werden sollte, oder ob die gesamte Erprobung ausschließlich handwerklich bleiben sollte. Der damalige „Formmeister" der Werkstatt, Muche, plädierte für die Mechanisierung. Gunta Stölzl war dagegen der Meinung, dass zwar gründliche Kenntnisse der industriellen Methoden nötig seien, dass sich die Erprobung jedoch handwerklicher Techniken bedienen sollte: „*Da die mechanische Weberei heute noch nicht so weit entwickelt ist, daß sie alle Möglichkeiten der Handweberei aufnehmen kann, und eben diese Möglichkeiten für den schöpferisch sich entwickelnden Menschen notwendig sind, befassen wir uns vor allem mit der Handweberei; denn nur die Arbeit mit dem Handwebstuhl läßt so viel Spielraum, eine Idee von Experiment zu Experiment fortzuentwickeln, bis eine solche Verdichtung und Klärung entsteht, daß das Modellstück der Industrie übergeben werden kann und seine mechanische Herstellung möglich wird.*" Gunta Stölzl stellte also die vielseitige kreative Erprobung über die Erfahrungen der Studenten im Umgang mit Maschinen. „*Künstlerische und technische Ausbildung sollen ineinandergreifen, gleichzeitig behandelt werden. Weder dem Einen noch dem Anderen darf irgendein Vorrang eingeräumt werden – denn ein Ding ist nur dann gut, wenn sich alle seine Qualitäten miteinander messen können.“*

Die Frage nach den künstlerischen Qualitäten einer Textilie beschäftigte Gunta Stölzl in hohem Maße. Wo Gropius selbstverständlich den Künstler als neuen Formschöpfer sah, hatte sie immer wieder Zweifel, ob Weben überhaupt zu den Künsten gehöre und ob eine Weberin mit den gleichen kreativen Impulsen ringe wie andere Künstler. Das Problem lag vor allem in der Unterschiedlichkeit der Produkte aus der Weimarer Zeit: Da waren zunächst die Textilien, die fast ausschließlich nach künstlerischen Gesetzmäßigkeiten gefertigt wurden, die also ähnliche Aufgaben erfüllten wie gemalte Bilder. Meist wurden sie als Bildteppiche gefertigt, aber sie konnten zum Beispiel auch die Form eines Fußbodenteppichs annehmen. In diesen textilen Objekten drückte sich die neue abstrakte Formensprache der Zeit besonders deutlich aus.

Daneben gab es jedoch die einfachen Gebrauchstextilien und die Meterware, die vorrangig nach funktionalen Gesichtspunkten gefertigt wurden, die eine dienende Funktion im Raum hatten. Auch für sie mussten neue ästhetische Lösungen gefunden werden, weg von überladenen Mustern hin zu zurückhaltenden Strukturen, die die neuen Architekturformen ergänzten.

Unter den Studenten gab es zunächst Widerstände gegen eine Serienproduktion, auch wenn schon früh in Weimar Meterware vor allem für die Inneneinrichtung hergestellt wurde. Die Studentinnen sahen sich als Künstlerinnen, die die neue Formensprache für Textilien experimentell erproben wollten, und das war sichtbarer und vielseitiger in Unikaten möglich. Dennoch wurde besonders nach den Erfolgen der Ausstellung von 1923 verstärkt an Mustern für die Serienproduktion gearbeitet. Beide Richtungen der Weimarer Webwerkstatt, die der textilen Kunstwerke und die der Arbeit für die Serienproduktion, wiesen für sich neue, innovative Tendenzen auf, waren in ihren Zielen jedoch nicht vergleichbar. Erst in Dessau entschied sich das Bauhaus für eine Richtung: die Serienproduktion für die Industrie. So kam es, dass Gunta Stölzl im Rückblick 1930 die Arbeiten der Weimarer Zeit abwertete, wenn sie sagte: „*unsere ansprüche, die der bauhausweberei, haben sich im laufe der 10 Jahre natürlich reichlich oft gewandelt. die anfänge waren absolut tastend, man wollte nur den schönen, zwecklosen Stoff, man war glücklich, ein anderes ausdrucksmittel an stelle von aquarell und ölfarbe gefunden zu haben, mit dem sich wunderbar malen liess. natürlich kam man bald darauf, dass das gewebe kein bild sein kann, und versuchte, hinter die gesetzmäßigkeiten eines gewebes zu kommen, allerdings immer noch eines gewebes, das den raum schmückt, das die wand belebt mit seinem reichtum an farbe und form*".

Durch Texte wie diese ist später der Eindruck entstanden, in Weimar wären nur freie Arbeiten produziert worden. Tatsächlich war die Werkstatt seit 1921 stetig ausgebaut worden mit dem Ziel, einen Produktionsbetrieb zu schaffen. Es gab immer Angestellte, die Bestellungen ausführten. Es gab schon vor 1923 eine gut ausgestattete, gut funktionierende Produktionshandweberei, die vor allem nach der Ausstellung von 1923 einen starken Auftragseingang von Einrichtungshäusern und Möbelfabriken hatte, mit Musterrechten des Bauhauses an etwa 900 Webmustern. Es wurden schon viele Strukturstoffe entwickelt, wie sie erst für Dessau bekannt und als typisch angesehen wurden.

1924 bekam Gunta Stölzl von Johannes Itten den Auftrag, in Herrliberg bei Zürich für das Mazdaznanzentrum eine Webwerkstatt – die *Ontos Werkstätten* – einzurichten, eine erste selbständige Aufgabe, die sie mit Begeisterung aufnahm. In der Zeit vom 1. Januar bis zum 1. September entstanden Handweberei, Smyrnateppichknüpferei und Gobelinwerkstatt, die zunächst auch von Gunta Stölzl geleitet wurden.

Die Bauhausweberei scheint in dieser Zeit trotz guter technischer Einrichtung mit Problemen gekämpft zu haben: es fehlte vor allem Material, um die vielen Aufträge für die Produktion von Meterwaren zu erfüllen. Daneben mangelte es aber auch an Hilfskräften, denn offensichtlich wollten die Studenten diese Arbeiten nicht übernehmen, obwohl sie ihr Studium über die Mitarbeit an der Produktion oder über sogenannte Entwurfsgelder teilweise finanzieren konnten. Helene Börner hatte zudem Schwierigkeiten im Umgang mit den Studentinnen. So ist in ihrer Personalakte vermerkt: *„Börner sagte, es bestehe großer Hang zu Phantasiebindungen* […] *wenn sie ermahne, werkliche Grenzen einzuhalten, gebe es starke Opposition bei Schülern. Unter solchen Umständen könne ernsthafte Werkarbeit nicht möglich sein. Es müsse festgestellt werden, inwieweit Schülerinnen über technische Fragen (Bindungen usw.) theoretisch und praktisch überhaupt unterrichtet seien."* Offenbar übernahm Helene Börner diesen Technikunterricht nicht.

Es darf jedoch nicht unterschätzt werden, dass sie die organisatorische Leitung der Werkstatt bis zum Ende des Bauhauses in Weimar innehatte und für die Abwicklung der Bestellungen sorgte, ebenso wirtschaftliche Fragen erfolgreich klärte. In den ersten sechs Monaten des Jahres 1924 produzierte die Webwerkstatt Stoffe im Wert von 14.600 Mark und verkaufte für ca. 6.000 Mark. Die Werkstatt konnte auch so erfolgreich arbeiten, weil ein Verwandter von Helene Börner, Kurt Mielke, dort unentgeltlich arbeitete, Webrahmen baute und beim Produktionsprozess half.

Im Herbst 1924 kam Gunta Stölzl vom Mazdaznanzentrum aus Herrliberg ans Bauhaus zurück, besuchte aber zunächst vom 24. September bis 15. November zusammen mit Benita Otte den Fabrikantenkurs der Seidenwebschule in Krefeld, der normalerweise anderthalb Jahre dauerte. Sie belegten besonders Bindungslehre und Materiallehre und gaben ihre Kenntnisse nach ihrer Rückkehr an die Studenten weiter.

Walter Gropius hob die wirtschaftlichen Erfolge der Weberei besonders hervor: „*Einige Muster der Weberei werden schon nach der Frühjahrsmesse im Auftrag der Firma Gerson – Berlin fabrikmäßig (Vogel-Chemnitz) vervielfältigt. Für die Erzeugnisse der Weberei ist heute schon überall lebhaftes Interesse. Die Preise konnten im Laufe der letzten Monate wesentlich herabgesetzt werden bzw. brauchten sie trotz starker Erhöhung der Spinnstoffpreise nicht erhöht zu werden. Größere Firmen in Düsseldorf und in Köln bewerben sich um die Alleinvertretung in ihrem Bereich. Andere Artikel der Weberei, zum Beispiel wollene Schals, sind ebenfalls jetzt so weit, dass sie maschinell hergestellt werden können. Die Verbindungen sind vorhanden, sowohl nach der Seite des Absatzes wie nach der Seite der Produktion. Die Weberei kann als die bestgerüstete Handweberei in Deutschland bezeichnet werden.*“

Die positive Bilanz der Webereiwerkstatt konnte jedoch nicht darüber hinwegtäuschen, dass das Bauhaus in Weimar vor allem aus politischen Gründen angefeindet wurde.

Wandbehang, 1923, nach Helene Nonne-Schmidt, Flachweberei, teilweise mitgewendetem Schützen, Wolle, Kunstseide und andere Garne, 138 × 100 cm, Kunstsammlungen zu Weimar, Kopie 1925 von Helene Börner

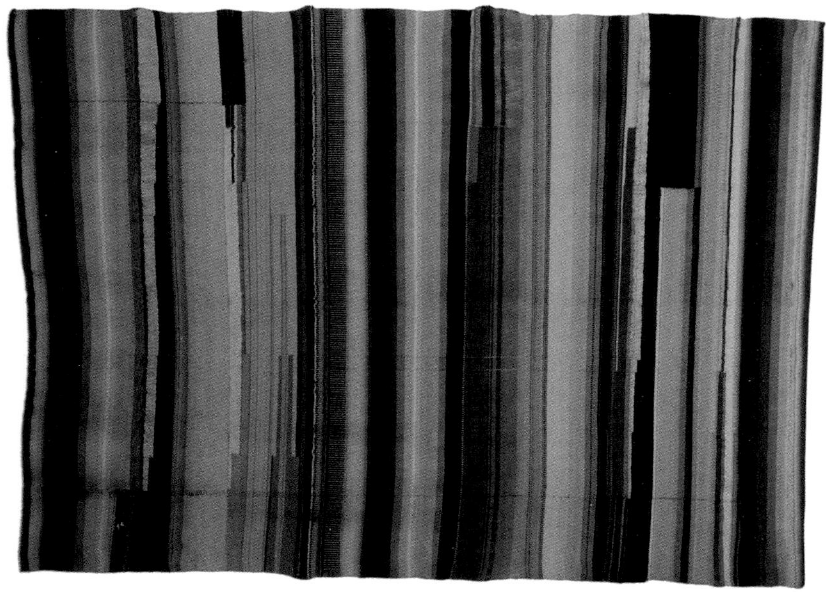

Anfang 1925 wurde das Staatliche Bauhaus in Weimar aufgelöst, fast alle Webgeräte und Werkzeuge mussten in Weimar bleiben, auch Helene Börner schied als Lehrkraft aus. Über die schuleigenen Textilarbeiten sollten sich Gropius und der Direktor der Weimarer Staatlichen Kunstsammlungen Wilhelm Köhler einigen. „*Dabei wurden vier Webarbeiten (darunter zwei von Gunta Stölzl) sowohl von Gropius (für die neue Schule in Dessau) als auch von Dr. Köhler für das Museum beansprucht. Da eine Einigung nicht zustande kam, einigten sich Gropius und Köhler dahin, dass die fraglichen vier Webarbeiten von Frl. Börner kopiert werden sollten – damit beide Parteien die Arbeiten besäßen. Die Kopien sind tatsächlich ausgeführt worden* […].“ Es trägt groteske Züge, dass Gunta Stölzl ab April 1925 als Werkmeisterin am Bauhaus Dessau arbeitete, während ihre Vorgängerin und Lehrerin ihre künstlerisch äußerst innovativen Arbeiten kopierte.

Wandbehang mit gewendetem Schützen, 1923, Kette: Baumwolle, Schuß: Wolle, stumpfe und glänzende Viscose und Baumwolle, 260 × 112 cm, Schule für Gestaltung, Basel

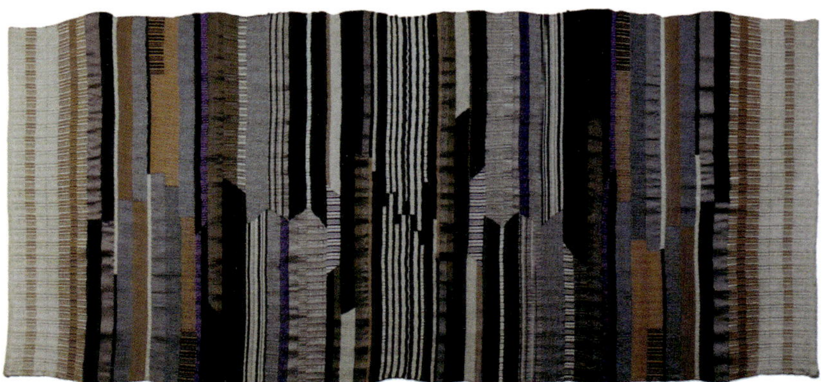

Eine der nachgewebten Arbeiten, der große *Wandbehang mit gewendetem Schützen* von 1923, befindet sich noch heute in Weimar, das Original in der Textilsammlung der Schule für Gestaltung, Basel (CH).

2009 tauchte aus einem Nachlass ein drittes, leicht schadhaftes Exemplar auf, mit gleicher Grundstruktur, jedoch mit leicht veränderter Farbigkeit und Streifengestaltung.

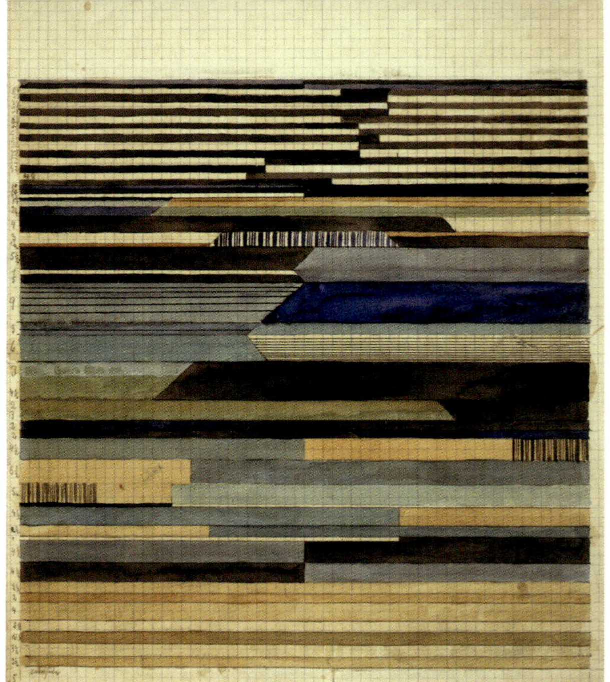

Entwurf für einen Wandbehang mit gewendetem Schützen, 1923, Aquarell, Bleistift und Tinte auf Papier, Entwurf d. unteren Hälfte, Bauhaus-Archiv Berlin

Unter dem Namen *Martha Erbs* findet sich in den Bauhausalben von 2008 die Schwarz-Weiß-Abbildung eines vierten Exemplars, was genaue Werkvergleiche erkennen lassen.

Diese Arbeit Gunta Stölzls, zu der sich der Entwurf erhalten hat, muss damals also auch bei Besuchern des Bauhauses großen Anklang gefunden und zu Varianten inspiriert haben.

Noch heute fasziniert diese klar konstruierte Arbeit einerseits durch die Schlichtheit des Streifenaufbaus, andererseits durch die lebendigen Unterbrechungen der Streifen, die auch auf Klees Unterricht verweisen. Die Farbigkeit ist raffiniert: Schwarz-Weiß-Kontraste und Beige-Braun-Töne dominieren, fein dosiert finden sich auch blaue und violette Streifenpartien.

Die Muster der Ober- und Unterkanten wurden für Meterwaren verwendet und sind in einer Decke von 1923 überliefert. Besonders gute Details aus Einzelstücken dienten öfter als Anregung für neue Produktionen.

LEBEN AM BAUHAUS WEIMAR

„War die Arbeit das Wichtigste? Ich glaube heute noch, daß das Leben das Wichtigste war. Es war übervoll an Eindrücken, Erlebnissen, Begegnungen, Freundschaften. Freundschaften, die Jahrzehnte überdauerten. Die schönen Abende bei Feiningers, wo musiziert wurde und wir auch noch mit dem Bauhaus sympathisierende Weimaraner oder Künstler, die dort wohnten, kennenlernten. Ich erinnere mich an ein Fest dort, mit Goulaschkanone. Nachdem die immer Hungrigen gespeist waren, wurde getanzt, der schönen Böden wegen barfuß", schrieb Gunta Stölzl im Rückblick.

Wie schon das erste Semester zeigte, spielten Feste am Bauhaus und auch für sie eine besonders große Rolle. *„Die Feste waren seit Beginn und blieben all die Jahre hindurch das Barometer des Bauhauses."* Auch kleine Treffen wurden mit großen Gefühlen zum Fest, wurden als Gesamtkunstwerk verstanden und genossen, wobei die Bauhäusler dem Ideal der Arbeits- und Lebensgemeinschaft besonders nahe kamen. Hierfür ist die Feier eines fertigen Werkstücks ein Beispiel, wie es Lothar Schreyer in seinen Erinnerungen festgehalten hat:

„Wenn eine besonders schöne Arbeit fertig war, feierte dies die Werkstatt. Als Ida Kerkovius in der Weberei ihren ersten großen Teppich beendet hatte, feierten wir dies in meiner kleinen Wohnung unter dem Dach im alten Haus der Frau von Stein am Park. Der vier Quadratmeter große ernst-schöne Teppich füllte fast das ganze Zimmer. Wir hatten ihn mit brennenden Kerzen umrahmt und hockten ringsum am Boden und freuten uns mit frohen und leisen Gesprächen, während unter dem Fenster der Brunnen rauschte."

Euphorische, idealisierende Darstellungen der Feste dominierten, aber nicht alle Abende verliefen harmonisch. Schon 1920 zeichnen sich Auseinandersetzungen ab, die Stölzl im Tagebuch zu analysieren versuchte:

„Weimar schwere Kämpfe ich komme gerade recht. Es begann mit dem ersten Bauhausabend von Else Lasker-Schüler der Abend selbst wundervoll rein orientalisch jüdisch. Den Anstoß zu dem großen Kampf gab das herausfordernde Benehmen einzelner Juden am Abend einigen Schülern gegenüber und überhaupt die ganze Aufmachung die gar nicht dem Bauhausgeist entsprach sondern ebenso banal war wie jede derartige Darbietung in einem Konzertsaal. Ich denke nicht an die Ausschmückung des Saales die im ganzen sehr gut war, sondern nur an die Form wie die Weimarer Bürger empfangen wurden und daß wir einfach an die Wand gedrückt waren als arme Bauhäusler. Zuerst sah es beinahe aus, als ob der Kampf in Antisemitismus ausarten würde, die Gefahr ist überwunden, obwohl natürlich die Rassenfrage im Mittelpunkt ruht, aber die Bauhausidee muß darüber stehen."

Bauhäusler und Gäste (um 1922), Fotograf unbekannt; links: Oskar Schlemmer (2. v. o.), unter ihm Tut Schlemmer. Mitte v. o.: Felix Klee, Gunta Stölzl, Werner Gilles, unten liegend: Carl Schlemmer; rechts v. o.: Josef Hartwig, Willi Baumeister, Gelatine-Silber-Druck, Bauhaus-Archiv, Berlin

Gunta Stölzl berichtet von langen Auseinandersetzungen und offenem Streit mit verwundenden Worten. Sie schildert die Vorurteile der Schüler, die Itten aus Wien gefoglt waren, einzelnen jüdischen Studenten gegenüber – sie nannten sie Verbrecher und *„Wühlwurm"*. Gunta Stölzl versucht, den Angegriffenen gerecht zu werden und ihre Haltung zu verstehen, wie immer ausgleichend und mit dem Wunsch nach Harmonie. Sie war eine der ersten, die kritisch zu den rassistischen Auseinandersetzungen am frühen Bauhaus Stellung nahm, während in der Presse erst gegen Ende der Weimarer Zeit darüber berichtet wurde.

Anstoß erregten die Bauhausstudenten allerdings von Anfang an, schon allein durch ihre äußere Erscheinung und durch ihr oft auffälliges Verhalten in der Öffentlichkeit. Dazu trug vor allem die mönchsartige Gewandung einiger Studenten um Itten bei, während Gunta Stölzl sich eher einfach und unauffällig kleidete, beeinflusst auch durch die Jugendbewegung. Den berühmten „anstößigen" Bubikopf hatte sie erst zur Dessauer Zeit.

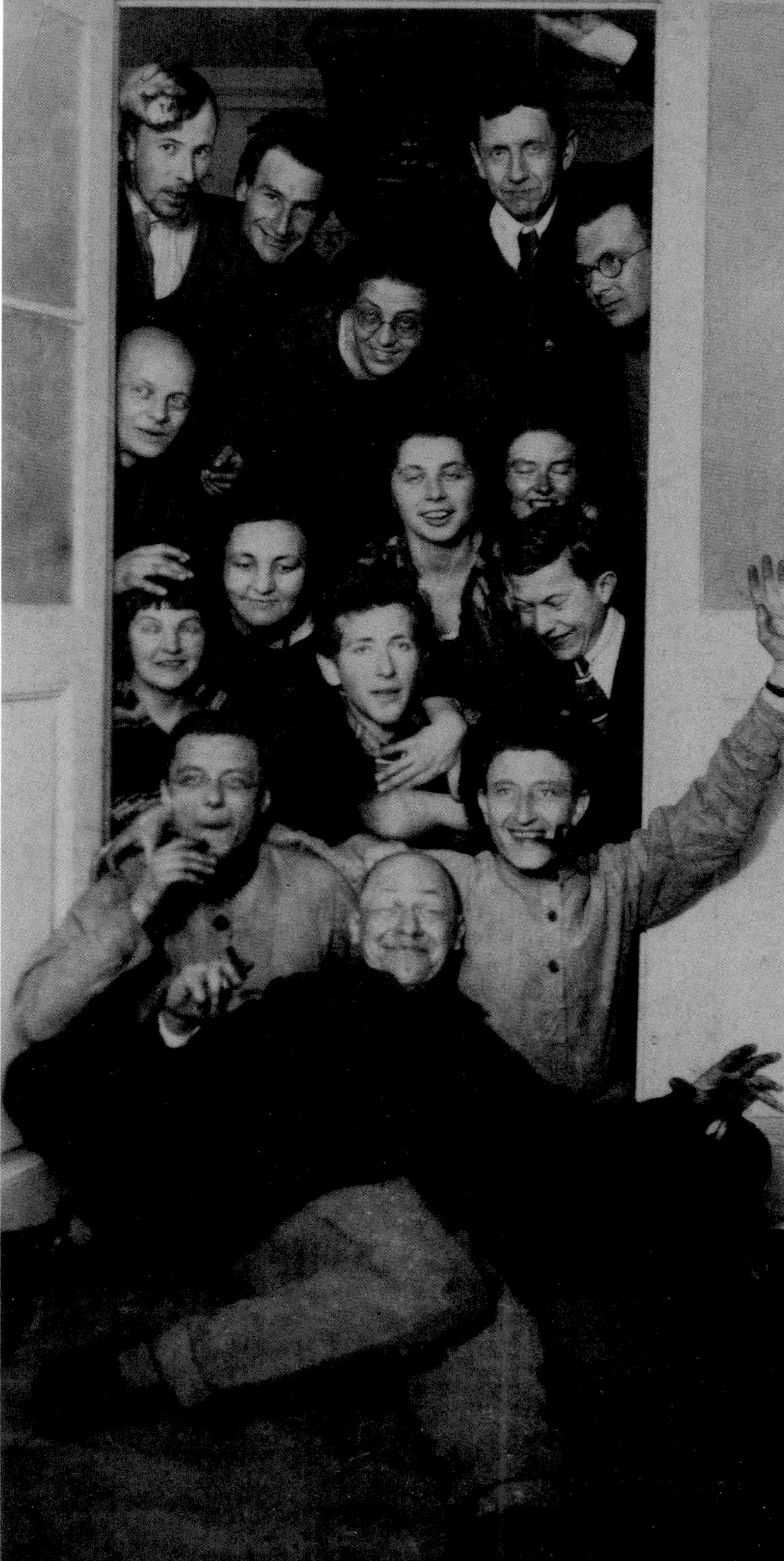

Aus heutiger Sicht wird leicht übersehen, dass die wirtschaftliche Lage der Bauhausstudenten in jeder Beziehung schwierig war. Für Kleidung war kaum Geld vorhanden, und so wurden alte Kleidungsstücke verändert oder Kleidung selbstgeschneidert. „*Die Männer kamen meist noch im Soldatenrock, dem wir Mädchen rasch einen zivilen Anstrich gaben, etwa durch Färben und Kragenabschneiden.*“

Auch Gunta Stölzl nähte für ihren Freund „*tausend tausend Stiche*“, um seine Uniform zu ändern, oder sie fand für ihre Kunstgewerbeprodukte Liebhaber, die ihr im Tausch dafür Kleidung anfertigten.

Die fortschreitende Inflation hatte zur Folge, dass die Bauhausstudenten überall nach Einnahmequellen suchten, nicht nur mit der Produktion im Bauhaus selbst, sondern auch außerhalb. Offensichtlich versuchten auch Weimarer Bürger – entgegen der allgemeinen Stimmung – die Studenten zu unterstützen, wie ein Brief an Gunta Stölzl vom März 1920 belegt: „*Eben komme ich von Frau Brecht, meiner entzückenden Dame, habe […] Aufträge entgegengenommen. Außerdem bot sie an, ganz von sich nur und begeistert, für Beziehungen zu sehr guten Berliner Geschäften einzustehen, alles gern für uns zu tun.*“

Besonders problematisch gestaltete sich die Versorgung der Studenten mit Nahrungsmitteln, auch wenn eine Kantine vorhanden war. Im März 1920 „*hat die Kantine heut plötzlich nicht gekocht, kein Holz, keine Kohlen mehr*“. Es fehlte an Lebensmitteln, auch wenn versucht wurde, durch Gemüseanbau eine gewisse Grundversorgung zu sichern, die dem von Itten propagierten Vegetarismus entgegenkam. Er bestimmte bis etwa 1922/23 das tägliche Bauhausleben, und eine Zeitlang kochte die Küche nur vegetarische Gerichte.

Die Küche hatte nicht immer einen professionellen Koch, und so kochten Gunta Stölzl und ihre Freundin Lis Abegg eine Zeitlang für die Kantine. 1923 wurde eine Küchenkommission gegründet, bestehend aus Gunta Stölzl,

Dörte Helm und Benita Otte. Noch 1924 sorgten die weiblichen Studenten für die Küche und versuchten, die bescheidenen Mahlzeiten zu verbessern.

Für Oskar Schlemmer war, sicher wie für die meisten Männer damals, die freiwillige Mitarbeit der Frauen in der Kantine offensichtlich eine weibliche Selbstverständlichkeit: „*Einiges Schöne: zum Beispiel die Kantine, in der mit Mithilfe von Schülerinnen (zum Teil unter freiwilligem Verzicht auf künstlerische Produktion) nach Mazdaznan-Rezepten (vegetarisch-naturgemäß) gekocht wird, für Schüler und Meister. Freitisch für einen Teil der ersteren. In diesem Zusammenhang ‚die Siedlung'. Ein Stück schön gelegenes Land, auf dem Obstbäume und Gemüse gepflanzt werden sollen* [...] *Schön ist, daß die Mädchen diese wirtschaftliche Notwendigkeit am bereitwilligsten einsehen und sich aus freien Stücken zu Dienstleistungen verpflichten.*"

Obwohl Gunta Stölzl so stark in die Kantinenarbeit involviert war, erwähnt sie die Arbeit in Briefen oder Tagebüchern nicht. In ihrer Bescheidenheit, aber auch mit ihrem Verantwortungsgefühl für die Gemeinschaft hielt sie diese Arbeit offensichtlich für ganz selbstverständlich, war sie seit Pfadfinder- und Kriegszeiten auch gewohnt. Die männlichen Bauhausmitglieder scheinen die Hilfsbereitschaft wohl selbstverständlich hingenommen zu haben – ein Zeichen für die noch ganz klaren Rollenzuweisungen von Mann und Frau. Es ist interessant, dass Gunta Stölzl auch in Rückblicken nie ihre engagierte soziale Arbeit erwähnt, wohl aber die wenig gehaltvollen Suppen oder den Hunger, der manchmal von den Meistern gestillt wurde, bei Gropius mit „*sein(em) unerschöpflichen Vorrat an Erdnüssen, in großen Schalen aufgestellt*", bei Feininger mit „*Goulaschkanone*"; das Tanzen, um den Hunger zu vertreiben oder einen „*Kessel mit Würstchen, denn die Bauhäusler waren immer hungrig.*"

Die Wohnsituation war in Weimar selbst für die Bauhausstudenten offensichtlich unproblematisch. Viele Familien waren aus wirtschaftlichen Gründen auf Vermietungen von Zimmern angewiesen, und so wohnte Gunta Stölzl zunächst in verschiedenen Häusern zur Untermiete.

1922 scheint sie endlich ein Atelier im Bauhausgebäude bekommen zu haben. Dazu die Eltern: *„Wie sehr freuen wir uns, daß Du im Atelier wohnst. Wir hätten es schon nimmer geglaubt, nachdem die Aussichten dafür so schlecht waren. Du musst aber auch zu heizen kaufen, sonst ist es entsetzlich kalt dort oben."*

Ausflüge in und um Weimar spielten bei den Studenten und auch bei Gunta Stölzl eine große Rolle. Ein Tagebucheintrag soll für viele ähnliche Aufzeichnungen stehen:

„Heute waren die Hallenser da, Wolf, Schulz und Hess und es war ein sehr fröhlicher Tag und wir hatten viel erlebt [...] *Morgens in Belvedere – ein herrliches Schloß mit wundervollem Park. Dann im Goethemuseum. Ein ganz geschlossenes Leben spiegelt sich da drinnen Kultur und Geschmack, – Dinge, die wir ganz verloren haben –, die wir darum aber ganz neu ganz für uns schaffen müssen sind da und strahlen Ruhe und Einheit aus. Vielleicht war ich so im Banne dieser Schönheit, daß ich traurig war, daß das nicht mehr unser Besitz ist, aber jetzt erfüllt mich wieder viel mehr der Drang daran selber zu schaffen, daß es ja viel schöner ist mit aufzubauen als in einem Höhepunkt zu leben wo alles Äußere schon gegeben ist. Auf zum Werk –"*

DER NEUANFANG IN DESSAU

Nach der erfolgreichen Ausstellung von 1923 stieg die Anerkennung des Bauhauses, auch im Ausland. Die Schülerzahl wuchs, auch die Zahl der Aufträge.

„Es wuchs aber auch die feindliche Stimmung gegen uns“, schreibt Gunta Stölzl.

„Trotz Gropius’ Feingefühl, Wendigkeit etc. gelang es ihm nicht, die Katastrophe abzuwenden. Im Herbst 24 wurde allen Meistern gekündigt. Bleiben wir zusammen? Welche Stadt wird uns aufnehmen?“

Grund für die Kündigung der Bauhausverträge war, dass die inzwischen rechte Mehrheit im thüringischen Landtag einem Verbleib des Bauhauses in Weimar nicht länger zustimmte. Gropius bemühte sich in ganz Deutschland um eine Stadt, die das Bauhaus aufnehmen könnte, und noch am 16. Januar 1925 war der Ort ungewiss, wie Schlemmer schrieb: *„Unterdessen prügelt sich der Landtag von Thüringen um das Bauhaus – wiewohl wir hier endgültig fertig sind, auf alle Fälle. Aber das Bauhaus ist eine Art lustige Witwe, und es mehren sich die Freier. Die Schönste bekommt’s […] ganz ungewiß also wohin wir ausschlagen werden.“*

Schon zwei Wochen später war die Entscheidung gefallen: Das Bauhaus geht nach Dessau.

Dessau war eine sozialdemokratisch regierte Stadt, die sich durch fortschrittliche Industrien wie die Junkers Flugzeugwerke auszeichnete. Der damalige Bürgermeister Hesse wollte nun die kulturelle Entwicklung seiner Stadt fördern und war bereit, das Geld für einen Schulneubau bereitzustellen, ebenso für Wohnhäuser der Meister.

Oskar Schlemmer beschrieb seine ersten Eindrücke von Dessau: *„Verpflanzung des Bauhauses nach Dessau/Anhalt, eine kleiner als Weimar scheinende, aber größer seiende Industriestadt, zwei Stunden von Berlin, zehn Minuten von der Elbe, ein fürstlicher Prinz, etwas Tradition, die sich besonders dem Theater gegenüber verpflichtet fühlt und sich* *nun zu dieser Tat entschlossen hat. Das Bauhaus wird neu gebaut, ebenso Häuser mit Ateliers für die Meister – was nun alles recht und gut wäre, wenn nicht Gropius die Gelegenheit wahrgenommen hätte, die Führung an sich zu reißen und nun die Sonne seiner Gnade mit unterschiedlicher Strahlenstärke auf sein Volk scheinen zu lassen …"*

Schon am 31. März 1925 wurde das Bauhaus in Weimar aufgelöst und der Umzug nach Dessau organisiert, die Werkstätten wurden provisorisch in einem ehemaligen Versandhaus untergebracht. *„Webstühle in einem Fabriksaal aufgestellt, wir konnten nur wenige von Weimar mitnehmen. Dessau –* […] *Bubikopf – keine Ateliers – kein geselliges Beisammensein möglich –"*, notierte Stölzl stichwortartig.

Gunta Stölzl wohnte wieder zur Untermiete und fühlte sich in Dessau nicht wohl. Ihrem Bruder schrieb sie am 10. September 1925 nach Bergzabern: *„Dessau ist eine abscheuliche Stadt und nur die Gewohnheit wird es mit sich bringen, daß man es hier aushält."* Dass diese Einstellung Dessau gegenüber auch von anderen Bauhäuslern geteilt wurde, zeigt ein Brief von Schlemmer an seine Frau vom April 1926: *„Nein, die Romantik kannst lange suchen hier. Morgens sagte Gunda: ‚Ist es nicht scheußlich, dieses Leben?'"*

Oskar Schlemmer war im Frühling von Weimar nach Dessau gekommen; er wurde für Gunta Stölzl ein enger Freund. Zu seiner Familie hatte sie herzlichen Kontakt, wie auch die Briefe von Ehefrau Tut Schlemmer bezeugen.

Da Schlemmers Frau und Kinder noch nicht mit nach Dessau umgezogen waren, unternahm er mit Gunta Ausflüge in die nähere Umgebung. Dazu Schlemmer: *„Gestern war 1. Mai und kein Arbeitszwang, kein Unterricht. Bin in der Früh um sechs mit Gunda nach Wörlitz herausgefahren, eine starke Stunde, sehr schön und amüsant in Wörlitz."*

Wörlitz mit seiner Parklandschaft wurde zum Lieblingsziel für viele Bauhäusler, auch für Paul Klee. Um auf die Dauer Fahrtkosten zu sparen, investierte Gunta Stölzl ihr Geld in ein Fahrrad. *„Da augenblicklich meine finanzielle*

Backe stark abgenutzt ist infolge eines Radkaufes, habe ich also wenig Hoffnung [auf andere Unternehmungen, I. R.], *aber ein Rad ist für diesen erbärmlichen Landstrich Stickstoffdünger der Seele.“*

Gunta Stölzl versuchte, die für sie deprimierende Atmosphäre von Dessau zu ändern, indem sie Pläne machte: „[…] *und manchmal werde ich nach Berlin fahren, das ist doch eine herrliche Stadt, so um einen Sonntag dort zu verbringen, es ist einfach interessant im Chaos, hier plätschert es wie der Tod* […] *Ich bin sehr hungrig nach allem. Hier sitze ich nur in meinem rotplüschmöblierten chambre und wenn ich nicht fachsimple, dann gehe ich in das Proletenkino – außer dem Schlemmer habe ich keine Seele hier – die Mädchen aus der Werkstatt sind alle sehr nett und ich stehe sehr gut mit ihnen, aber Mädchenzirkel sind immer langweilig.“*

Es fällt auf, in welch kritisch nüchternem, aber auch ironischem Ton Gunta Stölzl ihre neue Lage sah, und auch die Kritik an *„Mädchenzirkeln“* fällt zum ersten Mal. Dies ist umso erstaunlicher, als eine Reihe von alten Weimarer Studentinnen mit nach Dessau ging – unter ihnen Gertrud Arndt, Marie Helene Heimann, Lis Beyer, Anni Albers, Ruth Hollos und Helene Schmidt Nonné. Die neue Einstellung dieser Mädchengruppe gegenüber kam wohl auch daher, dass Gunta Stölzl jetzt ihre offizielle Rolle als Ausbilderin sah und Distanz fühlte.

Manche Dessauer Bürger scheinen von Anfang an dem Bauhaus gegenüber distanziert gewesen zu sein, vor allem, was die Lebensformen der Bauhäusler anging. So erinnerte sich Gunta Stölzl: *„Es waren Sitzungen angesagt. Um 11 Uhr sollte die erste Sitzung sein. Um 9 Uhr kam Herr Muche an die Haustür meines Zimmers. Meine Zimmervermieterin machte den schmalen Spalt auf, legte die Kette vor und Herr Muche mußte mir also in diesem Spalt mitteilen, daß die Sitzung auf 1 Uhr verschoben sei. Eine Stunde später kam Breuer – die gleiche Zeremonie, Türe auf – Kette vor ‚Gunta die Sitzung ist erst um 3 Uhr‘. Eine Stunde später* *kam Albers, gleiche Zeremonie, Kette vor. ‚Die Sitzung ist erst um 4 Uhr.' Die Lady knallte die Tür zu, sagt: ‚Hab alles mit angehört. Mit welchen von den dreien sind sie verlobt?' Das ist nur ein kleines Beispiel, wie wir die Stimmung in der Bevölkerung von Dessau vorfanden. Dazu wäre noch zu sagen, daß man uns auf allen Gassen nachrief: ‚Bubikopf, Bubikopf, Bubikopf.'"*

Im April 1925 wurde Gunta Stölzl mit vierteljährlicher Kündigungsfrist als Werkmeisterin ans Bauhaus verpflichtet. Sie erhielt jetzt 325 Mark Besoldung monatlich, ihr offizieller Vertrag wurde allerdings erst im Juli ausgestellt. Sie war einerseits froh, nun, mit 28 Jahren, relativ fest am Bauhaus angestellt zu sein, andererseits sah sie sich in ihrer neuen Rolle außerordentlich eingeengt: „*So ein richtiger Beruf ist langweilig, das Leben kommt dabei zu kurz. Ich komme mir schon wie ein stilisierter Bürger vor …*"

Dabei war der Wunsch nach einer festen Arbeitsstelle in den letzten Bauhausjahren gewachsen. Ihre neue Stelle in Dessau war allerdings – wie sich später herausstellte – alles andere als sicher. Gunta Stölzl erhielt einen sehr viel schlechteren Arbeitsvertrag als andere Bauhausmeister und wurde geringer entlohnt.

Eine ihrer Freundinnen, Benita Otte, hatte inzwischen eine Stelle an der nicht allzu weit entfernten Kunstgewerbeschule Burg Giebichenstein in Halle an der Saale erhalten, und die beiden besuchten sich zunächst jeden Sonntag. Gunta Stölzl hielt deren Stelle für besonders attraktiv: „*Die Otte ist nun in Halle sehr günstig angestellt, es gefällt ihr sehr gut, man trägt sie dort auf Händen ob ihres Bauhausstempels*", schrieb sie ihrem Bruder 1925.

Aber auch diese Arbeitsidylle erwies sich als trügerisch, die Arbeit war unbefriedigend, wie ihr Benita Otte in mehreren Briefen offenbarte. Anders als in offiziellen Stellungnahmen in Vorträgen und Artikeln waren die persönlichen Einschätzungen ihrer Arbeit sowohl bei Gunta Stölzl als auch bei Benita Otte sehr kritisch, obwohl beide immer engagierte Lehrerinnen blieben.

DIE WEBEREI IM BAUHAUS DESSAU

Nachdem im November 1925 Richtfest gefeiert worden war, konnte das neue Bauhausgebäude im Oktober 1926 bezogen werden. Gunta Stölzl berichtete ihrem Bruder über den Umzug ins neue Atelier: *„Aber morgen zieht meine Werkstatt um und natürlich freuen wir uns alle, es wird alles gut gehen, ich bin überhaupt sehr einträchtig mit meinen Leuten, es geht uns gut, wir haben zahlreiche Aufträge und das macht uns Spaß, wir haben jetzt auch mehr Ruhe an einer Sache länger zu arbeiten.“*

Dieser – trügerischen – Ruhe vorangegangen waren lange Auseinandersetzungen um die Ausstattung der neuen Werkstatt. Da aus Weimar nur vier Webstühle mitgenommen werden konnten – die übrigen waren Privatbesitz von Helene Börner –, mussten sich die beiden Verantwortlichen für die Webwerkstatt, der Meister der Form, Muche, und die neue Werkmeisterin Gunta Stölzl um die Anschaffung von Webgeräten kümmern. *„Ich war schon Anfang des Jahres auf der Suche nach den für uns geeigneten Webstühlen zu verschiedenen Firmen gereist, um Webstühle zu bestellen. Das war damals schon nur mehr vorwiegend ein Exportartikel für die sogenannten unterentwickelten Länder. Ich konnte auch einen großen Jacquardstuhl anschaffen.“*

Georg Muche scheint seinerseits – und offensichtlich ohne Absprache – auf die Suche nach Webstühlen gegangen zu sein, und er ist wohl auch eher für den Ankauf des Jacquardwebstuhls verantwortlich, um den es schon bald heftigen Streit gab.

„Muche kam am Samstagabend mit Lastauto von Berlin mit sieben Webstühlen, die er dort gekauft hatte, zum Entsetzen der armen Gunda viel zu teuer bezahlt. Muche: er will nicht länger Kaufmann sein. Klagt sehr über seine Tätigkeit: ‚Mode‘ will er privat machen“, schrieb Schlemmer im Juni 1925.

Offensichtlich war Muches Interesse an der Weberei schon seit langem gering, er lehnte dort jede praktische Arbeit ab. Zudem fehlte ihm die Sachkenntnis, mit den gekauften Geräten umzugehen. Gunta Stölzl ihrerseits hatte sicher Probleme, sich neben den organisatorischen Aufgaben zusätzlich in neue, komplizierte Webtechniken einzuarbeiten, zumal Muche ihr fast die gesamte Verantwortung überließ. Ihrem Bruder schrieb sie im September 1925: *„Meine Arbeit ist immer noch sehr unbefriedigend, das Einrichten geht nicht so schnell und ich komme zu gar keiner eigenen Arbeit. Ich bin verantwortliches ‚Mädchen für Alles' und selbstverständlich sind die Fehler sichtbarer als die Leistung. Ich habe zwar noch die Illusion, daß es in einem halben Jahr besser geht, – einstweilen besteht meine Tätigkeit aus Buchführung, Bestellungen, Aufmontieren, Nägel einschlagen, Schraubenbohren und Leute anlernen, alle Dummheiten des einzelnen zu meinen eigenen hinzuzählen."* Dazu kam ein großer Zeitaufwand für Sitzungen, die in Dessau außerordentlich zahlreich wurden.

Die Auseinandersetzungen zwischen der Webwerkstatt und Georg Muche wurden jedoch nicht beigelegt. Ausgelöst durch die Anschaffung der Jacquardwebstühle, deren vielseitige Möglichkeiten auch Gunta Stölzl später nutzte, wurde Muches gesamter Unterricht in der Webwerkstatt in Frage gestellt, ein für das Bauhaus erstmaliges, revolutionäres Verhalten, das über die Weberei hinaus für große Verwirrung sorgte.

Gunta Stölzl muss sich aus diesen Querelen weitgehend herausgehalten haben: Sie erwähnte die Auseinandersetzung mit Muche weder in ihren Briefen noch in späteren Rückblicken, sie nannte nur allgemeine Probleme, und auch Muche erwähnte Gunta Stölzl in diesem Zusammenhang später nie – sie scheinen sich gegenseitig respektiert zu haben. Gunta Stölzl war zudem persönlich zu loyal, um Muches Position gezielt anzustreben. Umso selbstbewusster reagierten die Studentinnen, indem sie Gunta Stölzl als Nachfolgerin von Muche wünschten. *„Die We-*

berei verlangt, daß Gunta Stölzl als Leiterin fungiert und anerkannt wird", schreibt Ise Gropius, und sah die Aktion als „*neuen Sturmlauf gegen die Meister*", was darauf hinweist, dass es auch in anderen Werkstätten ähnliche Auseinandersetzungen gab, die Gropius offensichtlich zu strengerem Handeln veranlassten. Dazu Schlemmer in einem Brief an seine Frau: „*Klee-Unterricht soll im Sommer keiner sein. Die Weberei wünscht aber ‚formalen Unterricht'. Darauf bittet Gropius Muche, ihn der Weberei zu erteilen. Diese lehnt den Unterricht von Muche ab, und – zwei Fliegen mit einem Schlag – erklärt Muche als ‚für die Werkstatt entbehrlich'. Das Schreiben war, scheint's in sehr schroffem Ton; Gunda ist nicht beteiligt, es geht von der Weberei allein aus. Die Weberei ist zum Äußersten entschlossen: hat die Schülerschaft im Hintergrund und betrachtet es als prinzipiellen Fall, ob sie überhaupt noch etwas zu sagen hat.*"

Und kurze Zeit später: „*Gunda nicht recht froh. Die Weberei will nicht, daß Muche die Weberei kaufmännisch und technisch leitet. Er will auch nicht*".

Aus dieser Aussage wird deutlich, dass Muche keineswegs nur als Meister der Form fungierte, wie es in seiner offiziellen Stellenbeschreibung hieß, sondern sich in hohem Maße vor allem um kaufmännische Aspekte kümmern musste, die schon in Weimar 1923 sichtbar geworden waren und in Dessau zunahmen. Die Betreuung künstlerischer Belange wird nicht erwähnt. So ist auch erklärlich, dass sich Kompetenzen überschnitten und es zu Spannungen kam.

Gropius stand wohl eher auf der Seite Muches, beklagte allerdings seinen Mangel an Durchsetzungsfähigkeit. In dem Tagebuch seiner Frau Ise wird diese Tendenz sichtbar: „*In der Weberei sehr schlechte Stimmung. Es scheint daß Stölzl doch fort muß. Nachdem der Webmeister da ist, zeigt sich, daß die von Muche eingekauften Webstühle doch viel brauchbarer sind, wie von der Weberei behauptet wird; aber die einzelnen lehnen es ab, auf Muches Aufforderung hin mitzuarbeiten.*"

Noch bis in den Sommer 1926 hinein zogen sich die Auseinandersetzungen. Die Weberei gab ihre Forderung nach Gunta Stölzl als Leiterin nicht auf: „*eingabe der weberei über ihre arbeit und die nächsten ziele. zwischen den zeilen zu lesen, dass muche abgeschüttelt werden soll. darauf besprechung mit muche; er erklärte sein fiasko in geschäftlicher beziehung. g. (Gropius) sehr ernst mit ihm geredet, da er unter allen umständen seine abteilung in die hand bekommen muß, was bis jetzt nicht der fall ist.*"

Oskar Schlemmer beschrieb die Auseinandersetzungen um die Weberei in seinem Tagebuch ausführlich: „*Gestern Sitzung. Fünf Minuten vorher wird eine Erklärung der Schülerschaft abgegeben, daß sie geschlossen hinter der Sache der Weberei stehe. Muche wollte, bevor er die Konsequenz zöge, die Stellung der Meister kennenlernen. Kandinsky, Moholy, Breuer verurteilten die Form der Webereiattacke. Die anderen sagten nichts, oder jedenfalls nichts für Muche. Heute wird die Weberei und die Schülervertretung geladen, wo ihnen die Unmöglichkeit ihres Vorgehens dargelegt werden soll. Sie sind so wütend, daß es vermutlich sehr schief für Muche ausgehen wird. Gropius ist sehr sachlich nach beiden Seiten.*"

Im Mai bahnte sich dann die Entscheidung an: „*muche hat den entschluß gefaßt im herbst für den nächsten april seinen vertrag zu lösen. bis dahin soll stölzl die leitung der weberei übernehmen und muche will sich den ausstellungs- und anderen angelegenheiten widmen.*"

Erst am 15. Juni 1926 findet sich folgende Eintragung im Bauhaus-Tagebuch: „*Der Weberei wird offiziell mitgeteilt, daß anstelle von Muche, der sich anderen Aufgaben am Bauhaus widmen wird, Frl. Stölzl die Leitung der Weberei übernehmen wird.*"

Gunta Stölzl scheint sich in der gesamten Zeit des Aufbaus der Weberei bis zur Erschöpfung mit Planungs- und Organisationsfragen beschäftigt zu haben: „[…] *davon bin ich am abend so …* [unleserlich] *müd, daß ich auch keinen spaß mehr habe an irgend welchen zusammenkünften, die übrigens hier sich auch sehr selten ereignen. Es gibt keine ateliers und die möblierten Zimmer sind häßlich und man darf sich auch meistens nicht besuchen. Und dann sind wenige leute überhaupt hier, die mich interessieren!*", schreibt sie ihrem Bruder im September 1925.

Von der Arbeit in der Werkstatt berichtet sie jedoch trotz aller Querelen nur Positives: „*Es geht mir in der Arbeit jetzt ganz gut, ich glaube, der November ist ein günstiger Monat, ich habe solche Lust etwas zu machen und arbeite jeden Tag an Entwürfen. Mit der Werkstatt ist es jetzt auch viel günstiger, habe einen tüchtigen Weber, der alles sehr gut anpackt und auch die anderen unterweist, so daß ich jetzt wieder zu eigenen Sachen komme.*"

Die Zahl der Studentinnen in der Werkstatt war allerdings gering, sodass sie sogar ihrem Bruder schrieb: „*Wenn Du ein nettes Mädchen triffst, das Lust hat zu weben und so zu arbeiten, dann schick es doch her, wir haben wenig Leute noch und ich könnte gut noch ein paar Mädchen oder auch Burschen gebrauchen.*"

Blick durch den Webstuhl, Foto: Lux Feininger, 1927, Fotocollage im Bauhaus-Archiv Berlin

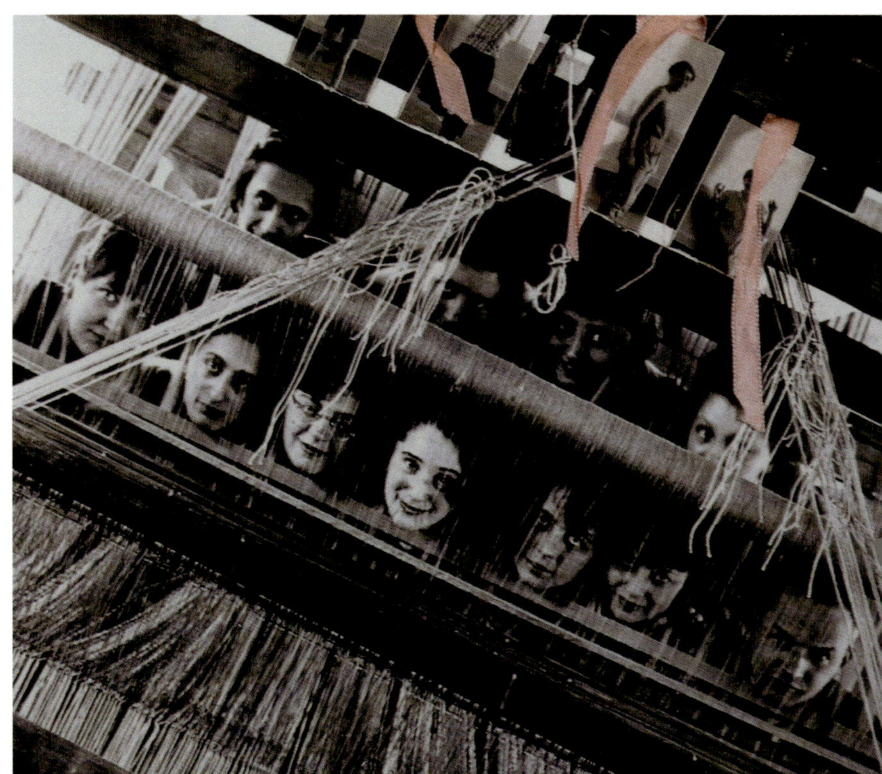

Der Umzug von Weimar nach Dessau hatte viele Veränderungen in der Webwerkstatt nach sich gezogen, die von Gunta Stölzl in erheblichem Maß initiiert und vorangetrieben worden waren: *„mit dem übergang nach dessau bekam die weberei wie alle anderen werkstätten und abteilungen neue gesündere voraussetzungen, die verschiedensten webstuhlsysteme – kontermarsch – schaftmaschine – jacquardmaschine – teppichknüpfstuhl konnten angeschafft werden, dazu alle zur einrichtung der webstühle nötigen apparaturen – eine eigene färberei. gründliche technische und theoretische schulung (ausbildung von gesellen) wurde festgelegt."*

Auch der Umfang der theoretischen Inhalte nahm in Dessau zu, wie ein Plan von 1930 zeigt: *„bindungslehre, materiallehre, stoffanalyse, färberei.* [...] *der studierende wird durch diesen unterricht vertraut mit dem einfachen handwerkszeug des webers. seine eigene aufgabe bleibt es, dieses richtig zu gebrauchen* [...] *weben ist aufbauen, konstruieren von geordneten gebilden aus ungeordneten fäden."*

Wie schon in Weimar vertrat Gunta Stölzl auch jetzt die Ansicht, dass trotz starker Industrialisierung der Weberei die Ausbildung zum Weber auf der Handweberei basieren sollte – auch heute noch wird dieser Ausbildungsweg in den meisten Hochschulen gewählt.

Ihre Begründung: *„wir stellen die stoffe auf handstühlen her. prinzipiell ist kein unterschied zwischen dem handstuhl und der maschine. das system der verkreuzung, also der webvorgang selbst ist derselbe, nur das tempo ist ein anderes. da wir in der hauptsache pädagogisch arbeiten ist unsere pädagogik aufgebaut auf der produktion. der handwebstuhl hat viel mehr möglichkeiten als die maschine. wir glauben, dass es richtiger ist, von der fülle auszugehen, um zur beschränkung zu gelangen als umgekehrt. der lernende kennt noch nicht seine grenzen. er soll zuerst das grosse ganze erfassen, erst eine möglichst breite basis bekommen* [...] *unser ziel: nicht der handgewebte stoff, sondern nur das muster für die maschinelle herstellung. auch in der in-*

dustrie wird experimentiert auf handstühlen aus ökonomischen gründen.“

Auch ihre fortschrittlichen Webereistudenten, die wie Gunta Stölzl der Industriearbeit gegenüber aufgeschlossen waren, verteidigten den Handwebstuhl. Wie Otti Berger glaubte auch Anni Albers, dass der schöpferische Handwerker wieder zum Pionier werden kann: als experimentierender Außenposten einer Industrie, die selbst segmentär und mit zunehmender Spezialisierung experimentiert.

Im Herbst 1925 wurde im Bauhaus eine GmbH gegründet und Gunta Stölzl schrieb ihrem Bruder: *„Nun spielt die wirtschaftliche Seite des Bauhauses hier eine viel entscheidendere Rolle, alles muß sich rentieren, d. h. muss einen Geldwert haben, allerdings scheint die Sache auch mehr Aussichten hier zu bekommen, was die Ausnutzung der Arbeit betrifft* […] *Es wird jetzt die GmbH gegründet, bestehend aus Sommerfeld, Gropius und Syndikus (Personalunion) und dem Bürgermeister von Dessau. Die GmbH kauft den Werkstätten die Erzeugnisse ab, übernimmt Reklame und Auftragsgeschäfte und vom Gewinn der GmbH bekommt das Bauhaus irgend einen Prozentsatz, der Einzelne erhält Bezahlung von Arbeit und Entwurf, bei Vervielfältigung eine Lyzenz* [sic!]. *Besonders ideal ist dieses kapitalistische Unternehmen nicht, es ist alles wie draußen auch.“*

Die Produktionswerkstatt des Bauhauses hatte jedoch nicht den Charakter einer einfachen Fabrik, in der Massenware produziert wurde, sie blieb eine exklusive Bildungs- und Arbeitsstätte, in der ausgewählte Entwürfe realisiert wurden, wenn auch in größeren Mengen.

Im Januar 1926, bald nach dem Umzug in den Neubau, untersuchte Gropius die Werkstätten auf ihre Effektivität hin, vor allem was Produkte anbelangte, die von der Industrie vervielfältigt werden konnten, und er machte der Weberei heftige Vorwürfe, dass noch immer eine *„ausgesprochen kunstgewerbliche Unikatstätigkeit“* herrschte. Er wünschte Einzelrapporte, die in Meterware hergestellt werden konnten: *„eine zusammenstellung solcher rapporte,* *die ich seit jahren anstrebe, ist bis heute nicht erfolgt. ich muß sie von der weberei fordern. erst die sorgfältige durcharbeit nach dieser linie hin bringt die verwertungsmöglichkeit von freien einfällen einzelner. die zusammenstellung dieser dinge ist aufgabe der leitenden personen der werkstatt. in der weberei sind drei leitende personen, die zusammen diese arbeit zweifellos zur lösung bringen könnten.*"

Gropius schlug vor, Musterbücher mit Möbel- und Vorhangstoffen in unterschiedlichen Farbtönen zusammenzustellen, um Aufträge hereinzuholen, vor allem bei Architekten, die in der wirtschaftlich schlechten Zeit am ehesten originelle Stoffe suchten: „*solange keine fabrikanten gefunden werden können, die muster übernehmen und maschinell herstellen, wäre handbetrieb mit produktivarbeiten, ähnlich wie in weimar wirtschaftlich durchaus durchführbar.*"

gegenüber v. l. n. r.: **Josef Albers, Hinnerk Scheper, Georg Muche, László Moholy-Nagy, Herbert Bayer, Joost Schmidt, Walter Gropius, Marcel Breuer, Wassily Kandinsky, Paul Klee, Lyonel Feininger, Gunta Stölzl und Oskar Schlemmer**

Gunta Stölzl nahm offensichtlich Gropius' Kritik als Herausforderung an und verstärkte die Entwicklung und Produktion von Meterwaren für den Verkauf. Durch die starke Ausrichtung auf finanzielle Effektivität war es schwierig, Lehre und Produktion im Gleichgewicht zu halten.

Die Studenten übten deshalb Kritik an der Verbindung von Produktionswerkstatt und Versuchsarbeit, denn ihnen blieb oft kaum Zeit für eigene Experimente.

Gunta Stölzl selbst sah die Verbindung beider Werkstätten, von Lehrbetrieb und Produktionsräumen, stets positiv. So schreibt sie im Rückblick 1937: „*Noch ein besonders günstiger Umstand war die Produktivität der Werkstatt. Lehr- und Produktivwerkstatt waren räumlich nicht getrennt. Durch die Aufträge, die in der Produktivwerkstatt ausgeführt werden, teils von Angestellten, teils von Schülern, wurde der Studierende sehr bald vor konkrete Aufgaben gestellt und erhielt so von Anfang an das richtige Maß für Arbeitsleistung in handwerklicher Hinsicht, Verantwortung gegenüber Material und Handwerkszeug. Jede Nachlässigkeit, jeder Fehler wirkte sich ja auf alle Kameraden aus – und führte somit auf die einfachste Weise zur Selbst-*

erziehung. Die Produktivität der Werkstatt hat sowohl das Gebiet, Kalkulation von Gewebe, wie Kalkulieren eines handwerklichen Betriebes überhaupt in die ganz reale Sphäre des Schülers gerückt und ihm damit eine Praxis vermittelt, wie es wohl selten einer Schule gelingt [...] *Durch die Verbindung der Weberei mit den anderen Werkstätten des Bauhauses* [...] *konnten größere Aufträge, z. B. Einrichtung eines Hauses, einer Schule, Vortragssäle etc. gemeinsam bearbeitet werden – so bekam der Schüler den Blick für das Ganze und damit die richtige Einstellung zum Detail. Diese glückliche Verbindung konnte es auch verhindern, daß der Einzelne sich zu sehr in sein Gebiet verbohrte. Seine Leistung musste der Gesamtheit angemessen sein und sollte in sich vollendet, sich einfügen – nicht hervorstechen. Dies bedeutet noch lange nicht Unterdrückung des Persönlichen, sondern Ordnung und Disziplinierung des eigenen Vermögens.*"

Anonym, Bauhausmeister auf dem Dach des Bauhausgebäudes, Dessau 1926, Gelatine-Silber-Druck, Foto Bauhaus-Archiv Berlin

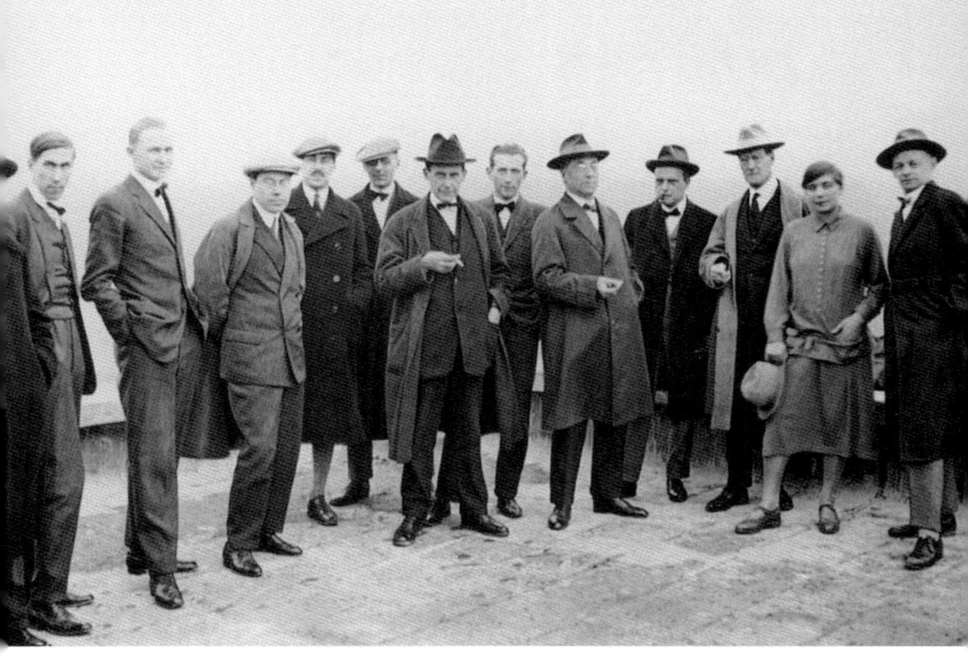

Am 1. April 1927 übernahm Gunta Stölzl auch vertraglich die Gesamtleitung der Weberei, die sie inoffiziell schon seit Juni 1926 geleitet hatte. Von nun an war sie allein verantwortlich für die gesamte Abwicklung der Weberei, unterstützt vom Webmeister Kurt Wanke. Sie war zuständig sowohl für die Anschaffung von Geräten und Material als auch für die Ausarbeitung neuer Unterrichtsmaterialien und Lehrpläne. Außerdem war sie sowohl für die technische Qualität der produzierten Stoffe als auch für die Aktualität des Designs verantwortlich, für die Versuchswerkstatt und die Entwicklung von Textilentwürfen für Messen, Architekten und die Industrie. Dazu kamen Kalkulations- und Verwaltungsarbeiten – insgesamt ein Pensum, das kaum zu schaffen war, angesichts auch des hohen künstlerischen Anspruchs, den sie nach wie vor in den Produkten verwirklicht sehen wollte.

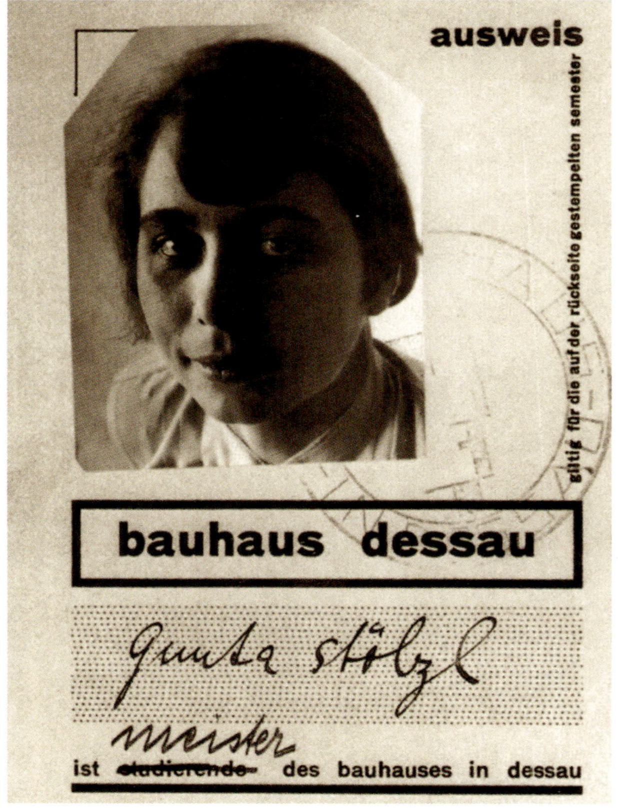

Bauhaus-Ausweis von Gunta Stölzl, 1927, Bauhaus-Archiv Berlin

Mit der Ernennung zur Meisterin wurde die Vielseitigkeit und Flexibilität Gunta Stölzls, ihre große künstlerische, technische und pädagogische Begabung auch offiziell anerkannt – insgesamt entsprach sie damit Gropius' Vorstellung vom *„Jungmeister"*, der die Bauhausausbildung konsequent durchlaufen hatte. Sie war keine enge Spezialistin, sondern kompetent und professionell in allen Bereichen ihres Berufes. Ihren Arbeitsvertrag allerdings verdankte sie dem Protest der weiblichen Studierenden: zum ersten Mal folgte eine Frau einem Mann als Meister. *„Auf dem Gipfel ihrer Karriere"*, schreibt Monika Stadler, die Tochter, in ihrem Buch, *„strich Gunta Stölzl das Wort ‚Studierende' auf ihrem Bauhausausweis resolut durch und ersetzte es handschriftlich durch das Wort ‚Meister'. Sie hatte diese außergewöhnliche Position aus eigener Kraft und durch das Votum der Angehörigen ihrer Werkstatt erreicht, nicht etwa durch Berufung, und entgegen dem Zaudern und Zagen der Bauhausmeister, die – wie die neuere Forschung zeigt – niemals erwogen hatten, eine Frau in ihr Kollegium aufzunehmen. Folgerichtig betrachtete sie sich selbst als ‚Meister'."*

Was Gunta Stölzl offensichtlich nicht wusste: Obwohl sie gerade als Jungmeisterin eingestellt und die Werkstatt gut ausgerüstet war, hatte Gropius immer wieder, auch noch 1927, überlegt, die Weberei aufzulösen. Allein der Gedanke, dass dann fast alle Frauen das Bauhaus hätten verlassen oder in andere Werkstätten gehen müssen, hielt ihn davon ab. Die fehlende Wertschätzung und Anerkennung der textilen Produkte von Seiten etlicher Bauhausmeister hing wohl auch mit einem Mangel an Sachkenntnis zusammen: Die technische Raffinesse und Qualität von schlicht wirkenden Geweben erschließt sich oft nur dem Fachmann, selten dem Laien, der sie vielleicht als simpel einschätzt. Gerade diese schlichten Textilien aber boten die besten Voraussetzungen für eine Umsetzung in mögliche Industrieprodukte, was Gunta Stölzl schnell erkannt hatte.

Sie versuchte, einer geringen Wertschätzung der Arbeiten durch eine Steigerung der Qualität entgegenzuwirken. Dennoch blieb sie als einzige Frau gegenüber den anderen Meistern beruflich immer schlechter gestellt. Sie erhielt eine geringere Bezahlung und hatte auch keinen Anspruch auf Pension, während Muche noch immer vom Bauhaus bezahlt wurde. Ihrem Bruder schrieb sie im November 1927: „*wegen meiner finanziellen stellung habe ich auch nur ärger, alle haben diese beamtenerhöhung bekommen, nur ich nicht. das ist eben mein vertrag, im april weigere ich mich aber strikte, die sache so zu unterschreiben, im augenblick muß ich aber einfach den dummen spielen.*"

Offensichtlich hatten ihre Proteste im März 1928 Erfolg, denn sie schrieb: „*mein gehalt ist endlich nun auch aufgebessert und ich kann damit zufrieden sein.*"

Noch 1926 beschrieb auch Gunta Stölzl – entsprechend der Zuweisung durch die Meister – die Weberei als das spezielle Arbeitsgebiet der Frau und wurde damit von ihnen wohl weniger angefochten: „*Das Spiel mit Form und Farbe, gesteigertes Materialempfinden, starke Einfühlungs- und Anpassungsfähigkeiten, ein mehr rhythmisches als logisches Denken sind allgemeine Anlagen des weiblichen Charakters, der besonders befähigt ist, auf dem textilen Gebiet Schöpferisches zu leisten.*"

Je mehr jedoch Gunta Stölzl sich in Dessau mit der technischen Weiterentwicklung von Textilien beschäftigte, desto stärker kam ihr „logisches Denken" in Äußerungen zu ihrer Arbeit zum Ausdruck. Ihre Texte gewannen an Abstand und Sachlichkeit.

Sie entwarf für die Weberei ein „*grundsätzlich anderes Programm*", das sich auch in den systematisch erarbeiteten Ausbildungsplänen niederschlug. „*lehr- und arbeitsziel ist eine gesetzmässige entwicklung von form, farbe und material auf dem textilen gebiet, einerseits auf das freischöpferische einzelstück handwerklicher herstellung gerichtet, andererseits auf das modellstück für industrielle vervielfältigung.*"

Gunta Stölzl arbeitete 1926 einen dreijährigen Lehrvertrag aus, der zur Gesellenprüfung führte. Damit waren die Studierenden endlich den übrigen Werkstätten gleichgestellt. Wer eine halbjährige Probezeit bestanden hatte, konnte in der Lehrwerkstatt ausgebildet werden. Die Ausbildung begann 18 Monate in der Lehrwerkstatt, sofern eine halbjährige Probezeit erfolgreich bestanden worden war: „*nach anderthalbjähriger tätigkeit in der lehrwerkstatt muß eine prüfung in der handweberei und in der färberei abgelegt werden. nach erfolgreicher prüfung kann die aufnahme in die versuchs- und modellwerkstatt der weberei erfolgen.*" Die Gesellenprüfung konnte nach weiteren eineinhalb Jahren vor der Webereiinnung in Glauchau abgelegt, danach das Bauhausdiplom erworben werden.

Dieser Plan – auf dem noch Muche als Leiter firmiert – zeigt, wie straff und professionell Gunta Stölzl den Unterricht jetzt strukturierte. Sie arbeitete einführende Kurse für die Bereiche Bindungslehre und Materiallehre aus, von denen sich einige Originalhefte erhalten haben. Sie zeigen, wie intensiv sie jetzt technische Zusammenhänge durchdachte und in technischen Zeichnungen niederlegte. Die Unterlagen, die sie noch von ihrem Kursus in Krefeld 1922 besaß und von denen ein Arbeitsheft erhalten geblieben ist, modernisierte sie.

Daneben benutzte sie für ihren Unterricht in Dessau gute Fachbücher, zum Beispiel *Die deutsche Webschule* von 1902, die sie bis zum Lebensende aufbewahrte.

Durch die Intensivierung der Bindungslehre wurden neue, experimentelle Entwürfe für die industrielle Produktion entwickelt. Die Webtechnik stand im Mittelpunkt, aber auch die Erprobung neuer Materialien wie Viscaband, Zellophan, Cellulosedraht, Bast, Papiergarn.

Oft wurde eine Kette von verschiedenen Studierenden bearbeitet oder ein Stoff in verschiedenen Farbstellungen hergestellt. Gestalterische Themen wurden systematisch erforscht und Stoffe intensiv auf ihren Gebrauchsnutzen hin untersucht – ein Stoff von Anni Albers für die von

Hannes Meyer am Bauhaus neu geplante Gewerkschaftsschule Bernau sogar in den Laboren der Zeiss-Ikon-AG in Berlin.

Die Studenten arbeiteten in Gruppen und versuchten gemeinsam, Gesetzmäßigkeiten der Form mit den Herstellungsverfahren zu verbinden und Arbeitsstrategien zu entwickeln, wobei die älteren Studenten Impulse und Beiträge zum neuen Konzept der Weberei gaben.

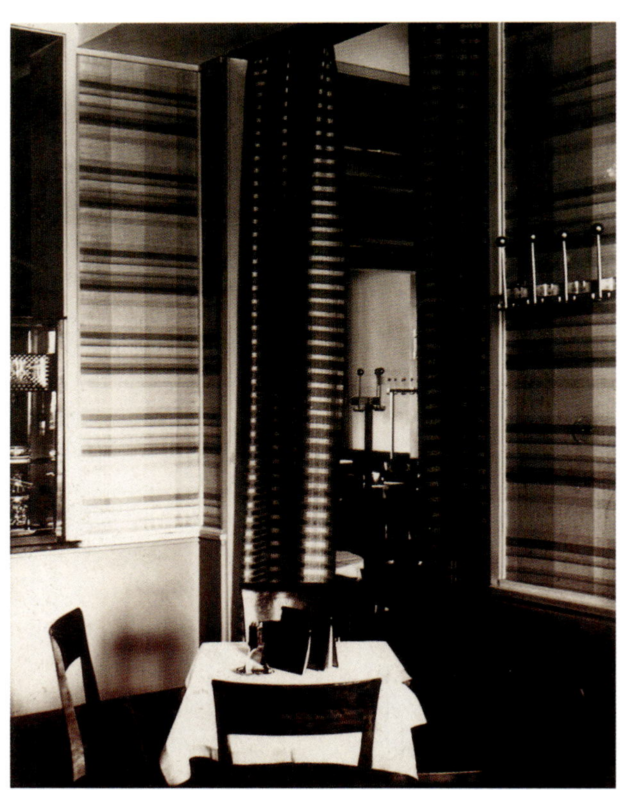

Wandbespannung und Vorhänge im Café *Altes Theater*, Dessau 1927, Foto: Bauhaus-Archiv Berlin

Ein Beispiel für die Ausführung eines Gemeinschaftsprojekts ist die zeitgemäße Ausstattung eines öffentlichen Raums: 1927 webte die Bauhauswerkstatt Vorhänge und Wandbespannungen für das Theatercafé in Dessau. Durch die raffinierte Mischung verschiedener Streifen ist der Eindruck des Cafés modern und elegant, ein avantgardistischer Raum, der die Bauhausgedanken in hohem Maße repräsentiert.

Für die Auswahl von Textilien für Ausstellungen oder Messen wurden Gremien gebildet, die die geeigneten Produkte bestimmten und ihre Qualität überprüften. Paul Klee war oft Mitglied dieser Gremien und schrieb seiner Frau bewundernd: *„Dann war wieder einmal Kritik an Webstoffen; es war eminent viel Neues vorgelegt und manches besonders Gute. Außerordentlich fleißig können Frauen sein."*

Durch die Gremienauswahl wurde eine gewisse einheitliche Wirkung der Ausstellungen erreicht, die allerdings schon durch die Suche nach einer gemeinsamen Formensprache im Unterricht gewährleistet war.

Es wurden nun gemeinsam Musterbücher für die Industrie hergestellt, ebenso Verkaufsmuster und Kollektionen. Sie wurden ohne Namensnennung der Entwerfer veröffentlicht, was manchen Studenten missfiel.

Wandbespannung unter Verwendung von Cellophanfäden 1930/31, Foto: Walter Peterhans, Bauhaus-Archiv Berlin

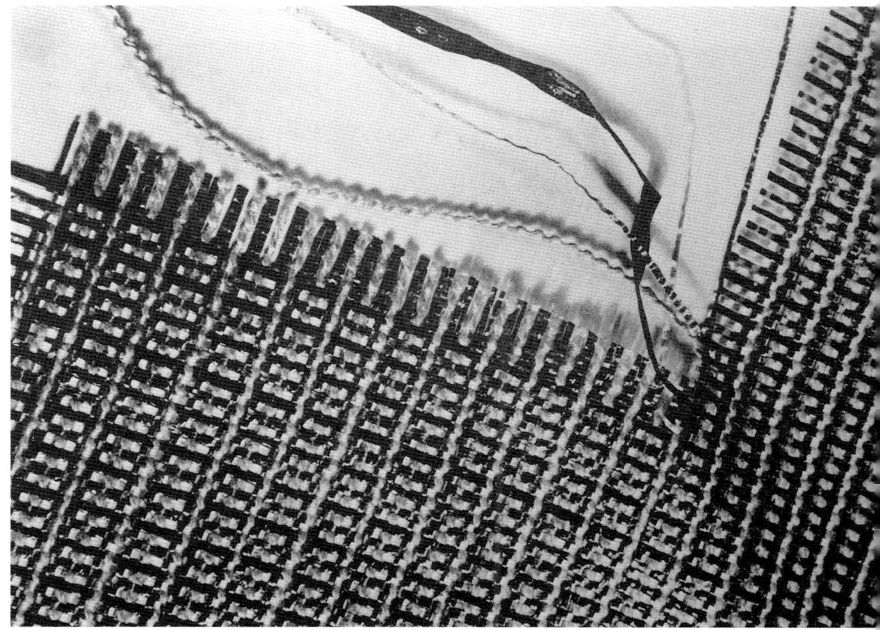

Einige dieser Muster wurden in den Bauhauszeitschriften als Fotos mit allen Details veröffentlicht, sodass Interessenten und Kunden einen genauen Einblick in Materialwahl, Qualität, formalen Aufbau und Preis bekamen. Diese Informationen konnten jedem interessierten Weber außerhalb des Bauhauses Anregung geben, die Stoffe nachzuweben – so trugen derartige Veröffentlichungen auch zur Verbreitung des Bauhausstils bei.

Es war das besondere Verdienst von Gunta Stölzl, dass sie, flexibel und offen für neue Ziele, den Weg zum Industriedesign vollzog, auch wenn dieser Begriff damals noch nicht verwendet wurde. Ein Schritt in diese Richtung war auch die Einführung von Betriebsbesichtigungen, um die Studenten mit den Erfordernissen der Industrie vertraut zu machen. Eine lange, ständig ergänzte Liste mit Firmen ist überliefert, deren Standorte über ganz Deutschland verteilt waren. In einigen Firmen wurden auch Betriebspraktika durchgeführt.

Dennoch war die Webwerkstatt kein starres Industrielabor; vielmehr wurden die unterschiedlichen Begabungen der Studenten gefördert und unterstützt. Die technische Entwicklung von Prototypen für die Industrie schloss keineswegs die schöpferische Arbeit aus: Durch feste Rahmenbedingungen wurde die Kreativität sogar stärker herausgefordert.

Deshalb sah Gunta Stölzl in dem straffen Programm in Dessau nichts Einengendes, es diente der Disziplinierung und Konzentration. *„Zudem war dieses Programm ja nichts Feststehendes, sondern wie alle gesunden und lebendigen Dinge in dauernder Umwandlung begriffen."*

Die experimentellen Grundlagen zum Beispiel aus der Vorlehre waren als Stimulierung nötig, um eine neue Sichtweise zu erlangen. Individuelle Einzelstücke und Serienstoffe konnten sich dabei nebeneinander entwickeln. Nur durch ein vielseitiges, flexibles Unterrichtsangebot war es möglich, die Studenten so umfassend zu fördern.

Diese Ausbildung war abhängig von einer vielseitigen Lehrerpersönlichkeit, wie Gunta Stölzl sie verkörperte. Ihre Begeisterungsfähigkeit und Vitalität, ihre Ernsthaftigkeit, waren für die Studenten beispielhaft, und sie war für diese unbestritten ein Vorbild. Anni Albers, die sie zeitweise am Bauhaus vertrat, hielt sie sogar für den Inbegriff einer Weberin. Sie glaubte, dass Stölzl *„viel mehr ein Textilmensch war, als ich es jemals gewesen bin"*. Gunta Stölzl ihrerseits schätzte die rationale, intellektuelle Planung in Anni Albers' Textilentwürfen.

Sie förderte die Studierenden intensiv und erkannte gute Leistungen an, wie Diplome oder Gutachten zeigen. Es ist bemerkenswert, wie viele Leistungen auf unterschiedlichen Unterrichtsgebieten genannt werden, z. B. im Diplom von Ruth Hollos von 1930. In einem Empfehlungsbrief für Otti Berger aus dem gleichen Jahr bestätigte sie ihre hohen künstlerischen Fähigkeiten, aber auch ihre pädagogische Begabung, die sie als Mitarbeiterin unter Beweis gestellt hatte.

Mit dem Wechsel nach Dessau wurde sichtbar, was sich schon seit 1925 im Bauhaus abgezeichnet hatte: die stärkere Hinwendung zur Architektur. Einfache funktionale Textilien sollten sich unauffällig dem Innenraum einfügen. Gunta Stölzl betonte diese neue Sicht von Textilien sehr – auch um die Fortschrittlichkeit der Dessauer Erzeugnisse hervorzuheben – *„allmählich trat eine wandlung ein, wir fühlten, wie anspruchsvoll diese selbständigen einzelstücke seien, decke, vorhang, wandbehang. der reichtum von farbe und form wurde uns zu selbstherrlich, er fügte sich nicht ein, er ordnete sich dem wohnen nicht unter. wir suchten uns zu vereinfachen, unsere mittel zu disziplinieren, materialgerechter zweckbestimmter zu werden. damit kamen wir zu meterstoffen, die eindeutig dem raum, dem wohnproblem dienen konnten, die parole dieser neuen epoche: ‚modelle für die industrie'"*.

Die Zeit nach dem ersten Weltkrieg brachte eine Vereinfachung der Haushaltsführung. Es gab immer seltener

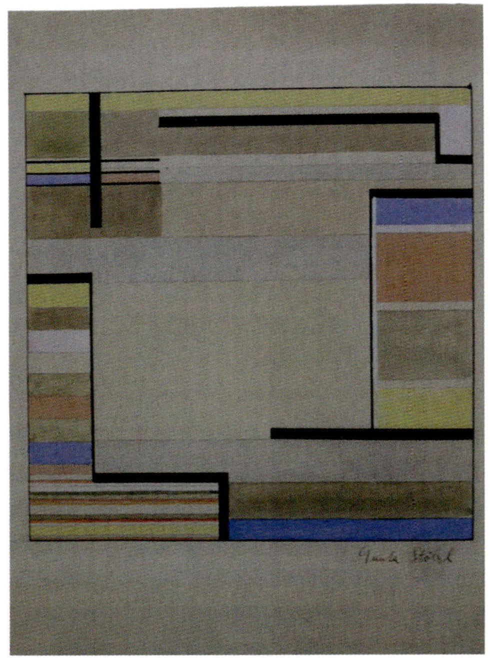

Entwurf für einen Bodenteppich, um 1926, 20,5 x 20 cm, Bauhaus-Archiv Berlin

Hausangestellte, die Haushalte wurden kleiner und sollten leichter zu führen sein. Diesem Aspekt trugen die neuen Stoffe Rechnung. Auch die moderne Architektur verlangte neue Textilien: große Glasflächen brauchten Licht- und Sichtschutz, Wände erhielten abwaschbare Bespannungen und schalldämpfende Textilien. Praktische Möbelstoffe wurden gesucht, die unterschiedlichen Anforderungen genügen sollten.

Man darf jedoch nicht übersehen, dass in Dessau neben den funktionalen, standardisierten Serienstoffen immer auch die gestalterisch anspruchsvollen Einzelwerke produziert wurden, die durchaus auch funktionalen Ansprüchen entsprachen, wie z. B. Fußbodenteppiche oder Wandbehänge. Ihre Formensprache war für ihre Zeit fortschrittlich, ja revolutionär. Gunta Stölzl selbst hielt bis zum Ende der Bauhausarbeit an diesen Produkten fest. Hier konnte sie noch vielfältiger als bei Meterware ihre künstlerischen Vorstellungen mit den technischen verbinden.

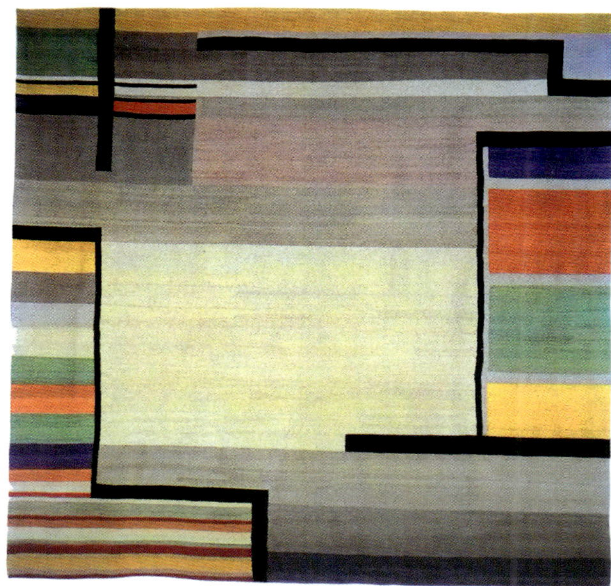

Gewebter Teppich Nr. 137a durch Christopher Farr aus dem Jahr 1999 nach einem Teppichentwurf aus dem Jahr 1926/27 im J. Paul Getty Museum

Von einem besonders raffinierten Teppichentwurf existieren drei Varianten, die dem Kunden zur Auswahl vorgelegt werden konnten. In der Stölzl-Ausstellung in Hamburg 1998 präsentierte die Firma Christopher Pfarr aus London zwei ausgeführte Nachwebungen, eine in Smyrnatechnik, eine in Flachweberei, deren Ästhetik noch heute überzeugt.

Die Integration der Textilien in den Raum war selbstverständlich und der modernen Architektur entsprechend, so bei den Bettdecken für den Prellerbau in Dessau, die perfekt für die Bettnische entworfen waren, oder bei Möbelstoffen für die neuen Stuhl- und Sesseltypen, z. B. von Marcel Breuer, bei dem Sitzmöbel und Bezugsstoff eine gelungene Einheit bildeten.

Der Historiker Christoph Stölzl, ein Neffe von Gunta Stölzl, sagte dazu 2009: *„Der Brückenschlag zwischen moderner Kunst, Architektur und Massenproduktion, in allen anderen Abteilungen eher Bekenntnis als Realität, war bei den Stoffen Ende der 20er Jahre gelungen.“*

Bettdecke, 1926, Doppelgewebe, Zellwolle, Baumwolle, Aluminiumplakette „Bauhaus Dessau“, 246 × 141 cm, verschollen (Ausschnitt)

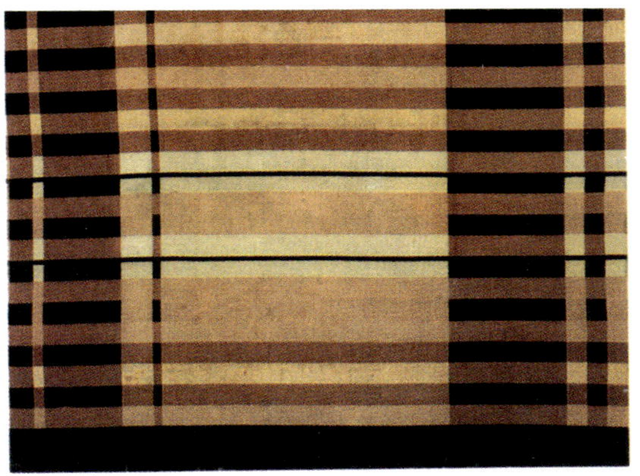

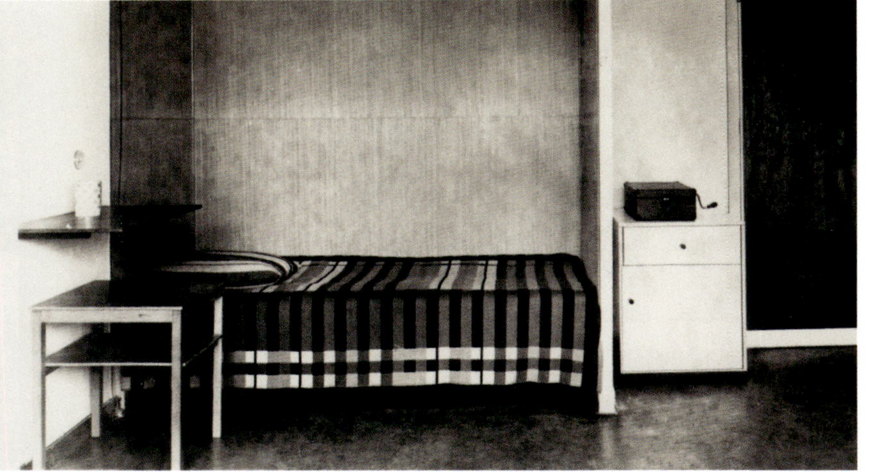

Atelier im Prellerhaus Dessau mit Bettdecke von Gunta Stölzl, Foto: Walter Peterhans um 1929, Bauhaus-Archiv Berlin

Neben ästhetischen Lösungen war auch perfektes technisches Können Voraussetzung für diese Produkte. „*Nicht Jammer über Mechanisierung, sondern Freude über Präzision* […] *Wenn die Künstler von heute Maschine und Technik lieben und die Organisation, wenn sie das Präzise statt des Vagen, Verschwommenen wollen, so ist es die instinktive Rettung vor dem Chaos und die Seele sucht nach Gestaltung unserer Zeit* […] *Impulse der Gegenwart und des heutigen Menschen zu formulieren, ihnen eine Gestalt zu geben, die beispiellos und einzigartig ist.*“ (Oskar Schlemmer)

DIE ÄRA HANNES MEYER

Am 4. Februar 1928, zwei Jahre vor Ablauf seines Vertrages, bat Walter Gropius den Magistrat der Stadt Dessau um seine Entlassung – er wollte zum 31. März ausscheiden, um sich wieder ganz seinen eigenen architektonischen Aufgaben widmen zu können. Als Nachfolger schlug er den Schweizer Architekten Hannes Meyer vor, der seit 1927 in der Bauabteilung des Bauhauses arbeitete.

Gunta Stölzl war von Gropius' Weggang sehr getroffen, sie sah darin das Ende der Bauhauszeit: „[...] *aber eines tut uns allen leid, daß das bauhaus das wir liebten nun einfach zu ende ist, ob das neue begeisterung, liebe erwecken kann – muß sich erst zeigen ich hoffe natürlich – gleichzeitig traure ich um alles vergangene – naja –.*" Gunta Stölzl war skeptisch, was den Fortbestand des Bauhauses anging, obwohl „*ihre Werkstatt gut in Schuss war*".

Sie war Hannes Meyer gegenüber vertrauensvoll und offen und fühlte sich von ihm akzeptiert – er dagegen muss der Arbeit der Weberinnen gegenüber eher kritisch und ablehnend eingestellt gewesen sein. Am Ende seiner Amtszeit schrieb er in einem offenen Brief an den Bürgermeister Hesse: „*Man bewohnte die gefärbten Plastiken der Häuser. Auf deren Fussböden lagen als Teppiche die seelischen Komplexe junger Mädchen. Überall erdrosselte die Kunst das Leben.*" Hannes Meyer trat am Bauhaus für ein gänzlich funktional ausgerichtetes Programm ein, das von sozialem Pragmatismus geprägt war. „*Vergleichen wir das Bauhaus mit einer Fabrik. Wollen wir uns nach den Bedürfnissen der Außenwelt richten, mithelfen an der Gestaltung neuer Lebensformen, oder wollen wir eine Insel sein?*" Meyer bevorzugte das kollektive Arbeiten und wollte die Kurse der Werkstätten zugunsten einer noch engeren Verbindung zur Architektur umstrukturieren. Die Massen und nicht die Luxuswelten sollten die Formensprache bestimmen.

In seiner radikalen, polarisierenden Sicht übersah er, dass die Webwerkstatt schon seit langem praktische, funktionale Gebrauchsstoffe herstellte, die ebenso industriell für den Massenbedarf hätten produziert werden können. Dennoch scheint nicht nur Hannes Meyer mit der Webwerkstatt üppige textile Kunstwerke als Einzelprodukte verbunden zu haben, sondern auch ein Teil der Studenten. So schreibt Lena Meyer-Bergner, seine spätere Frau, im Rückblick:

„Ich trat in die Weberei ein, als Hannes Meyer ans Bauhaus kam. Ich erinnere mich, daß er sich nicht auf die Arbeit an der Bauabteilung beschränkte, sondern sich bemühte, Kontakt aufzunehmen zu allen Werkstätten. Wir Weberinnen vereinigten uns also eines Tages in einem Atelier zu einer Diskussion mit Hannes Meyer. Und damals wurde zum erstenmal die Frage nach dem Strukturstoff gestellt. Bis dahin hatte man die reichlich bekannten Bauhausstoffe fabriziert, dekorative Stoffe, Gobelins, Teppiche – rein formale Gebilde. Und nun wollte man auf einmal anfangen, Strukturstoffe zu machen, und statt Teppichen – Bodenbeläge. Es gab eine hitzige Diskussion, aber wir neuen – im Unterschied zu den alten Bauhäuslern – worunter man im allgemeinen Weimaraner verstand – akzeptierten sofort die neue Idee. Und von da an entwickelte sich der Strukturstoff, dessen Gipfelleistung der wissenschaftlich geprüfte Stoff für die Wandbespannung in der Aula der Schule des ADGB in Bernau war.“ Er war übrigens von der erfahrenen Weberin Anni Albers entwickelt worden.

In der Tat wird hinter dieser Kritik eine heftige Diskussion um die zukünftigen Ziele der Webwerkstatt sichtbar, die sich vordergründig zwischen den *„alten Weimaranern“* und den *„Neuen“*, in Wirklichkeit aber zwischen Menschen abspielte, die eine unterschiedliche Auffassung von Ästhetik hatten. Während Gunta Stölzl nach wie vor eine tiefgehende Auseinandersetzung mit ästhetischen Gesetzmäßigkeiten verlangte und die Anwendung von Farb- und Formprinzipien in einer Textilie für unerlässlich hielt, meinten die jungen Studenten, im Sinne Hannes Meyers, vorrangig funktionale Aspekte berücksichtigen zu müssen. Hierin sahen sie den wirklichen Fortschritt im Textildesign.

Manche Bauhäusler – wie z. B. Gertrud Arndt – meinten bissig, dass die Vorliebe für Strukturstoffe auch auf einen Mangel an künstlerischer Begabung der Studenten zurückzuführen sei.

Diese Kritik gilt sicher nicht für Otti Berger, eine begabte junge Studentin, die viele funktionale Gebrauchsstoffe entwickelte, jedoch die Ästhetik nie vernachlässigte. Über Zweck und Pflegeleichtigkeit eines Stoffes wurde jetzt jedoch stärker nachgedacht als über seine ästhetische Wirkung.

Otti Berger verlegte den Schwerpunkt ihrer Arbeit auf die Analyse des Gebrauchsnutzens von Textilien, sah konsequent die Funktion im Mittelpunkt und übte später an ihren frühen Produkten herbe Kritik: *„seit drei jahren ist die parole im bauhaus: gebrauchsstoffe, kein stoffbild sondern funktion. gestaltung durch struktur! über dieses wort eben sind wir gestolpert. nach drei jahren arbeit sind wir dahin gelandet, dass wir zwar keine stoffbilder, dafür aber ein gebilde von fäden als gebrauchsstoff gestalten, bloss statt des verhassten wortes ornament, das schlagwort struktur gebrauchten* […] *unsere möbelstoffe sie sind nur aus spielerei mit struktur entstanden, nicht durch die klare überlegung der funktion!“*

Auffallend ähnlich formulierte Gunta Stölzl ihre Ziele in diesen Jahren. Sie erkannte allerdings als erfahrene Designerin die Subjektivität der Urteile allen ästhetischen Objekten gegenüber, wie sie 1931 schrieb: *„gebrauchsstoffe unterliegen zwangsläufig exakten technischen forderungen: reißfestigkeit, scheuerfestigkeit, elastizität, dehnbarkeit, lichtdurchlässigkeit oder undurchlässigkeit, farbenechtheit, lichtechtheit u.s.w. wurden systematisch behandelt je nach der funktion eines stoffes. die gestaltungsanforderungen, der anspruch an die schönheit, die wirkung eines stoffes im raum, die griffigkeit lassen sich weit weniger objektiv umreißen“.*

Trotz großer Ähnlichkeit in der Auffassung kam es zur Kritik an Gunta Stölzl, die wohl vor allem auf einen Generationskonflikt zurückzuführen war. Die Studenten wollten sich emanzipieren und durch eine neue Bezeichnung ihres Berufsfeldes als Designer neue Standpunkte entwickeln. Sie warfen Gunta Stölzl vor, industriefeindlich zu sein, vor allem aber die ästhetische Dimension zu stark zu betonen. Dabei war es Gunta Stölzl, die eine fortschrittliche Arbeit erst möglich gemacht hatte, sei es z. B. durch Experimente mit modernen Materialien oder auch durch wissenschaftliche Vorträge und Exkursionen.

Die Professionalisierung der Arbeit wurde unter Hannes Meyer intensiviert, die Zahl der Mitglieder der Weberei stieg auf etwa 19. Die Produktion der Werkstätten verdoppelte sich nahezu, es wurden Lizenzverträge abgeschlossen, z. B. am 1. Juli 1930 der einjährige Vertrag zwischen der Bauhausweberei und der Firma Polytex, einer Textilfabrik. Außerdem wurden Muster an die Deutsche Werkstätten-Textil GmbH Dresden und die mechanische Weberei Pausa Stuttgart geliefert.

Die wissenschaftlich begründete Gestaltung industrieller Prototypen in der Weberei wurde – mit Meyers Zielen weitgehend übereinstimmend – intensiviert. Durch den Vertrag mit der Firma Polytex, erhielten die Studentinnen die einmalige Gelegenheit, in jeder Phase der Produktion, vom Entwurf über technische Details bis hin zur Kostenberechnung und Verschickung einbezogen zu werden.

Gunta Stölzl, die die Arbeit in der Webwerkstatt in erster Linie als pädagogische Aufgabe sah, war mit Recht stolz darauf, dass die Industrie die Fähigkeiten ihrer Absolventinnen erkannte und ihnen verantwortungsvolle leitende Posten anbot. Es gehört sicher zu ihren wichtigsten Leistungen, dass sie sich den neuen Entwicklungen der Textilindustrie nicht verschloss, sondern sie bewusst aufgriff und auch in den Unterricht integrierte.

Teil der Ausbildung waren auch Ausflüge, die nicht nur Textilien betrafen: *„jetzt war ich 3 tage mit meinen 19 leu-*

ten in berlin u. wir haben uns herrliche teppiche und stoffsammlungen angesehen u. waren in guten theatern … die dreigroschenoper und die verbrecher, herrliche regie und beides gute stücke."

Allerdings klagte Gunta Stölzl immer wieder über Arbeitsüberlastung: „*man schimpft schon reichlich viel über h.meyer und pius* [Walter Gropius, I. R.] *ist nicht leicht zu vergessen. aber wir haben alle so viel zu tun, dass keine gefahr ist u. leider fast – nicht der gute sauerteig um zu revolutionieren.*"

Der Tagesablauf war streng, ein fester Stundenplan regelte den Tag: Unterrichtsbeginn war um 7.00 Uhr, Ende gegen 21.00 Uhr. 1927 schrieb sie ihrem Bruder: „[…] *obwohl meine Zeit immer beschränkter wird und meine arbeit mit der werkstatt sich wie ein summender kreisel um mich dreht – das ist kein angenehmes gefühl, vor allem, weil es meist leere arbeit ist, beamter und lehrer und kaum selbstschaffend* […] *mir frisst es nur den sogenannten besseren menschen weg.*" Auch die endlosen theoretischen Diskussionen in den Meisterratssitzungen, in denen die Zielsetzungen des Bauhauses immer wieder neu formuliert wurden, sah sie als Zeitverschwendung an.

Ihre Kritik dehnte sich im Laufe der Jahre auf die Bauhausleitung aus. Sie stand den geforderten Reformplänen zunehmend kritisch gegenüber, auch wenn sie selbst immer wieder überarbeitete Pläne abgab, die viel Zeit und Kraft verbrauchten: „*sonst ist im hause immer noch dicke luft, man versucht das programm wieder ein bisschen umzublättern, vielleicht auch neue leute zu bekommen – ich bin skeptisch. die leitung ist zu begrenzt (parteisekretär) – dafür geht es gropius ausgezeichnet – hat große aufträge und blüht sozusagen auf, während wir absterben. das absterben ist nach innen gemeint, äußerlich stehen wir ganz gut da.*"

Die äußeren Erfolge der Weberei nahmen in der Tat zu, auch dank der vielen Kontakte, die von Hannes Meyer und auch von Gunta Stölzl geknüpft wurden.

Jacquardwandbehang *5 Chöre*, 1928, Baumwolle, Wolle, Kunstseide, Seide, 229 × 143 cm, St. Annen-Museum der Hansestadt Lübeck

Die Jahre 1928 und 1929 waren eine besonders produktive Zeit: Weihnachten 1928 fand eine Verkaufsausstellung im Bauhaus statt, im März 1929 wurde die Leipziger Frühjahrsmesse ein großer Erfolg. Von April bis Mai stellte das Gewerbemuseum Basel neue Bauhausstoffe aus; im Juni ging eine Ausstellung nach Stockholm. Ende 1929 wurden 300 Meter Spannstoff an die Gewerkschaftsschule Bernau geliefert, die Hannes Meyer zu dieser Zeit baute. Ebenso wurde die Produktion der gesamten textilen Ausstattung dieses Hauses von der Werkstatt übernommen, so die Bettdecken, Bettvorleger und Wandbespannungen. 60 Meter Wandbespannung lieferte die Werkstatt auch an die Württembergische Metallwarenfabrik.

Im gleichen Jahr verkaufte das Bauhaus Gunta Stölzls *Jacquard-Wandbehang* (längere Zeit fälschlich *Jacquard Fünf Chöre* genannt) an das Museum für Kunst- und Kulturgeschichte Lübeck.

Dieser Wandbehang kann als ihre reifste und bedeutendste Jacquardarbeit gelten, die nur nach langer Erfahrung realisierbar war.

Um 1926 begann sie mit der Arbeit am Jacquardwebstuhl, an dem sich für größere Mustervielfalt jeder einzelne Kettfaden heben und senken lässt. Für diese aufwendige Technik beschäftigte sie sich intensiv mit der Materie, vor allem mit der umfangreichen Fachliteratur, aus der sie viele komplizierte Skizzen für den Unterricht nachzeichnete. Experimente auf dem Jacquardwebstuhl waren sehr aufwendig, da für jedes Muster Karten zur Programmierung geschlagen werden mussten und der Einzug der Kette mühevoll war. Deshalb setzte die Jacquardtechnik eine durchdachte und gut geplante Entwurfsarbeit voraus. Gunta Stölzl sah, dass man mit Hilfe dieser Technik hochwertige, zeitgemäße Stoffe herstellen konnte, die mit ihrer Programmierung modernen Industriestoffen entsprachen.

Auch der *Jacquard-Wandbehang* war für eine Serienproduktion geeignet, und Gunta Stölzl plante diesen Wandteppich in größerer Auflage. Er entsprach damit der

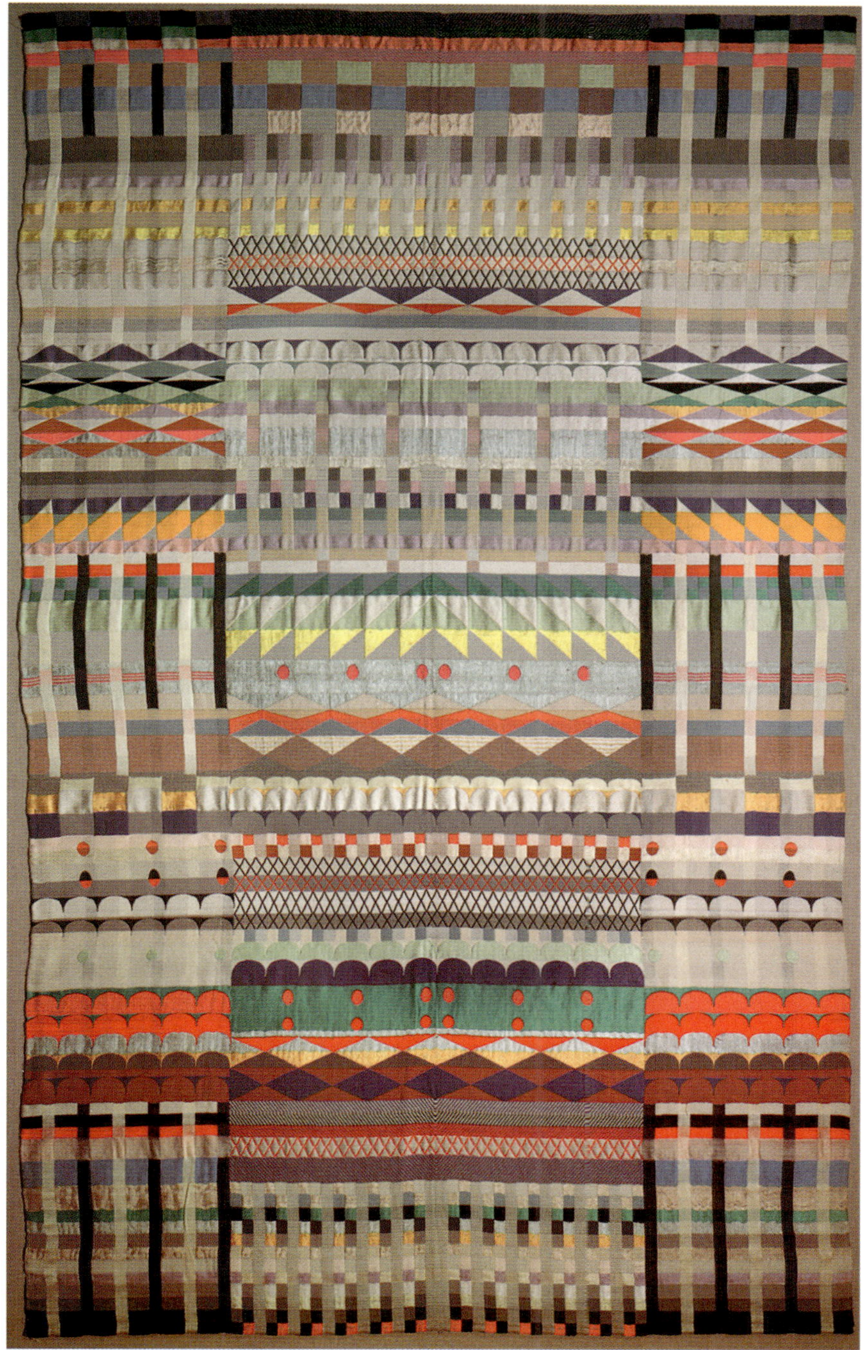

Tendenz des Dessauer Bauhauses, *„in die Breite zu wirken"*. Wir wissen nicht, wie oft der sicher teure Teppich gewebt wurde, aber ein zweites Exemplar wurde an einen Industriellen aus der Textilbranche verkauft und gilt heute als verschollen.

Der außergewöhnliche Wandbehang stellt jedoch nicht nur technisch einen Höhepunkt in Gunta Stölzls Werk dar, sondern beeindruckt auch durch seine hohen Entwurfsqualitäten.

„Stölzls Wissen um Licht- und Farbeffekte und die Sorgfalt, mit der sie die abstrakten Formen anordnet", schreibt Sigrid Wortmann Weltge 1993, *„machen ‚5 Chöre' zu einer nie versiegenden Quelle optischen Vergnügens – ein Jacquardmuster von höchster Raffinesse."*

Der Wandbehang zeichnet sich durch eine reiche Anzahl von unterschiedlich dünnen Garnen aus, deren Materialien vorher wohl kaum zusammen in einem Werk verwendet wurden: Wolle, Seide, Viskose – sog. Kunstseide – und Baumwolle, alle mit unterschiedlichen Struk-

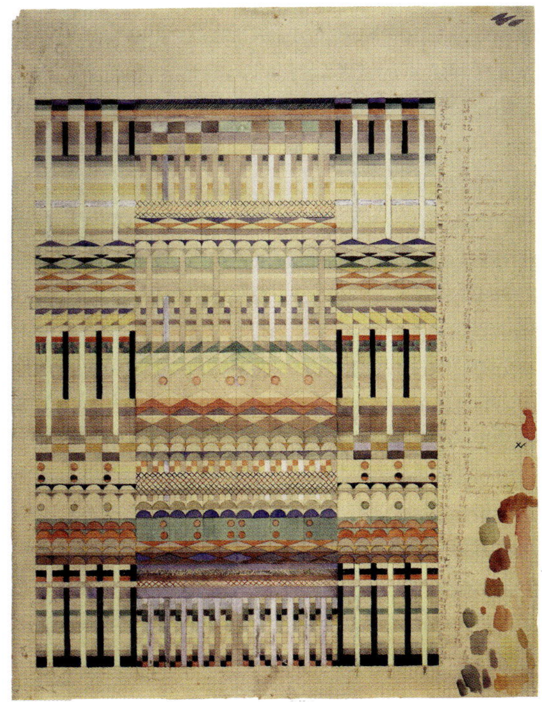

Entwurf für Jacquardwandbehang, 1928, Aquarell über Bleistift auf kariertem Papier, 61 × 47 cm, Bauhaus-Archiv Berlin

turen. Dazu kommt eine differenzierte Farbpalette, sodass ein feingliedriger, aber bunter Gesamteindruck entsteht. Die Kette wird dabei wie ein Gobelin partienweise ganz bedeckt.

Für ein solches Werk waren viele zeichnerische Vorarbeiten nötig. Es existiert noch eine Reihe von sorgfältigen, feinen Entwurfsskizzen, die schon exakte Angaben für die spätere Ausführung enthalten.

Ausgehend von Details des Wandbehangs hat Gunta Stölzl Gebrauchsstoffe entwickelt, von denen zwar Photographien existieren, jedoch nur noch zwei Gewebeproben für einen Vorhangstoff.

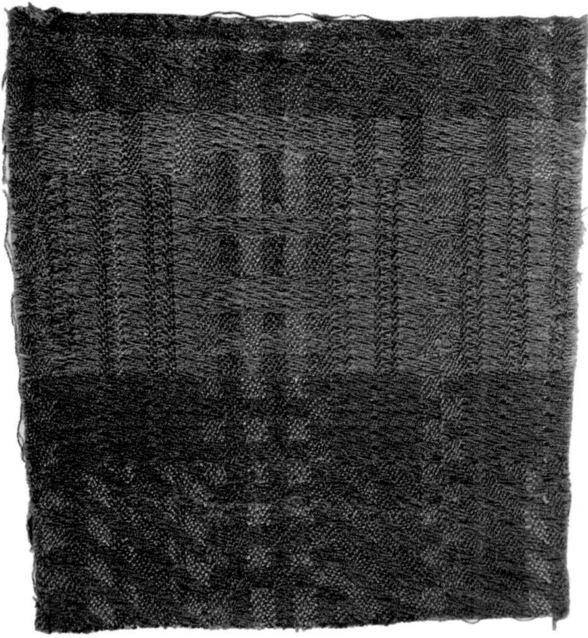

Musterstück Jacquardgewebe, Bauhaus Dessau, um 1928, merzerisierte Baumwolle, Wolle, Kunstseide, 12 × 14 cm, Stiftung Bauhaus Dessau

Erhalten geblieben sind mehrere Jacquardentwürfe. Gerade in dieser Serie wird die Variationsbreite ähnlicher Grundmuster und der delikate Umgang mit Farbzusammenstellungen sichtbar, der die späten Arbeiten auszeichnet.

Entwurf für Wandbehang in Jacquardtechnik, 1927/28, signiert „Gunta Stölzl". Rückseitig nachträglich irrtümlich „Stölzl 1928/29", denn das Muster taucht bereits Anfang 1928 in einer Collage auf.

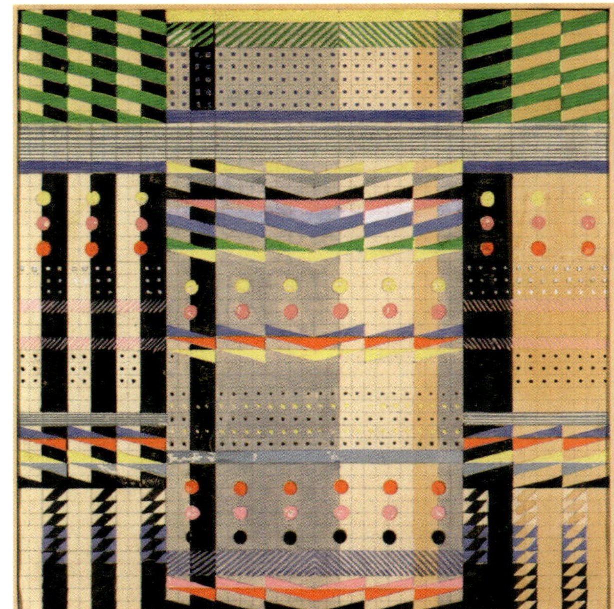

Sie zeigen, dass das anfängliche „*Spiel mit Form und Farbe, […] ein mehr rhythmisches als logisches Denken*", das Gunta Stölzl noch selbst 1926 als allgemeine Anlage des weiblichen Wesens genannt hatte, nunmehr einem streng logischen Denken in mathematisch konstruierten Systemen gewichen ist.

Dennoch warb sie weiterhin um die Anerkennung des Gobelins als autonomes Kunstwerk und sah in der Bildweberei einen wichtigen Zweig der Textilgestaltung, die zur gleichen Zeit in Frankreich mit neuer Bildsprache eine Blüte erlebte.

Sie schrieb dazu: „*wir müssen neue Wege gehen, die heutige bildwirkerei steht noch am anfang. sie muß sich ihr selbständiges daseinsrecht erst erobern, die zukunft wird entscheiden, ob sie lebendiges glied einer kommenden architektur sein kann und sich damit ihre funktion in der menschlichen gesellschaft schafft.*"

1927/28 entstand der *Schlitzgobelin Rot-Grün* als Wettbewerbsarbeit für eine Wanderausstellung mit modernen Bildwebereien, die der Landeskonservator Dr. Ludwig Grote organisierte. Die internationale Ausstellung wurde in vielen Städten gezeigt und in ausländischen Veröffentlichungen berücksichtigt, z. B. in einem Bildband, herausgegeben von der Künstlerin Sonia Delaunay.

Der Gobelin ist ein besonders ausdrucksstarkes, aber auch umstrittenes Werk aus der Dessauer Zeit, Beispiel einer neuen Auffassung von Bildweberei. Virtuos setzte

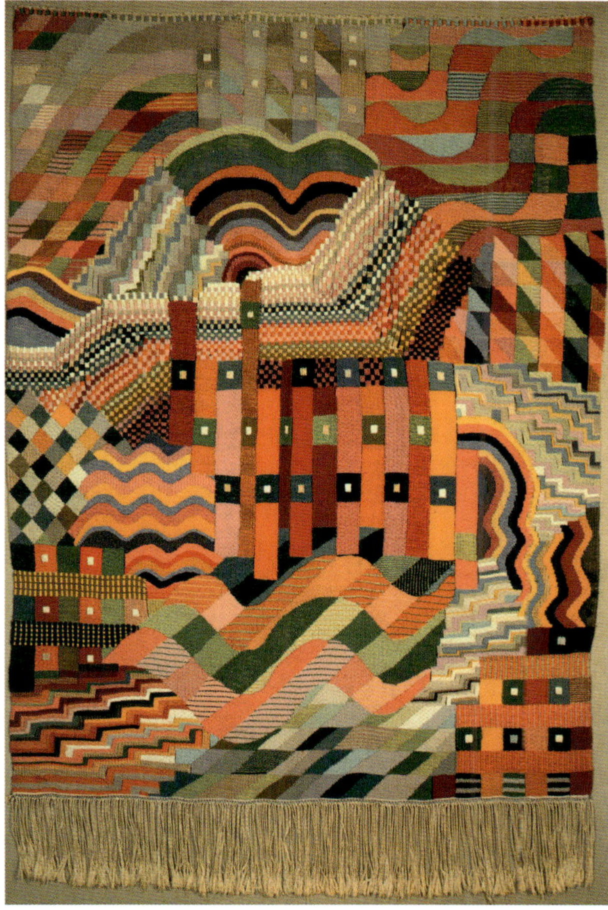

Schlitzgobelin Rot-Grün, 1927/28, Wandbehang in Gobelintechnik, Baumwolle, Wolle, Seide, Leinen, 150 × 110 cm, Bauhaus-Archiv Berlin

Stölzl sowohl in den Vorarbeiten als auch im Werk selbst ihre vielseitigen Erfahrungen ein und schuf selbstbewusst und fast *„übermütig“* (Anni Boerneuf) ein Kunstwerk, nicht als textile Umsetzung eines zeitgenössischen Gemäldes gemeint, *„sondern eine Erkundung der eigenen Möglichkeiten des Webens“*. Dabei treibt sie die *„Musterung der Muster ohne Angst vor dem Dekorativen“* auf die Spitze. *„Stölzls Gobelin ist nicht nur spekulativ – er ist dialektisch.“* (Annie Bourneuf 2009)

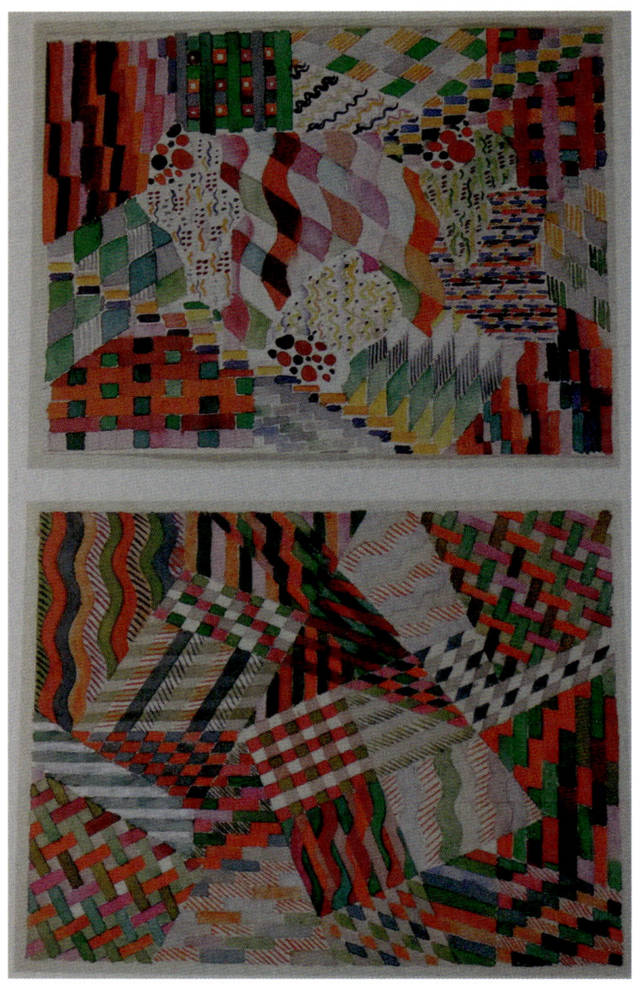

Entwurf für *Schlitzgobelin Rot-Grün*, 1927, Aquarell und Deckweiß über Bleistift auf Papier, 31 × 24 cm, Privatbesitz

Von der Presse wurde der *Wandteppich Rot-Grün* schon zur Entstehungszeit äußerst unterschiedlich beurteilt. Während die *Dresdener Nachrichten* 1931 schreiben, dass Gunta Sharon-Stölzl „*in einem leuchtend farbigen Behang außerordentlichen Geschmack in der gefährlichen Buntheit bewahrt, da sie dabei Einheitlichkeit des Gesamtklanges erreicht*", steht im *Dresdener Anzeiger*: „*Es folgt aus letzter Zeit ein bedenklich farbenfroher Versuch, im Wandbehang den frühen Kandinsky zu interpretieren. Er schwört gefährlich die Zeit von Klimt herauf.*"

Am heftigsten ist die Kritik der *Sächsischen Staatszeitung*, sicher aus politischen Gründen: „*Frau Sharon-Stölzl verkörpert den schwächsten Punkt der Ausstellung, Unruhe, Grellheit und beinahe Disharmonie der Farben kennzeichnen ihre Hauptarbeit, an dem außerdem der Mangel an schöpferischer Phantasie auffällt.*"

Der *Wandbehang Rot-Grün* ist seit den siebziger Jahren von Designern wie ein Steinbruch benutzt worden: Viele Firmen übernahmen seine Motive und setzten sie in Ausschnitten für eine breite Palette von Produkten ein, die von Seidendruckstoffen über Strickwaren und beschichteten Taschen bis hin zu Topflappen führten – ein Zeichen für die Faszination, die der Wandbehang bis heute auf Designer ausübt.

LEBEN AM BAUHAUS IN DESSAU

Seit dem Umzug nach Dessau waren die kulturellen Aktivitäten des Bauhauses noch anspruchsvoller geworden und richteten sich stärker an die Außenwelt. Die improvisierten, spontanen Ereignisse waren gut geplanten Veranstaltungen gewichen. Fortschrittliche Themen wurden als Vorträge angeboten und internationale Gäste eingeladen.

1927 wohnten sowohl Hannes Meyer als auch Gunta Stölzl im Haus von Schlemmer, dessen Familie noch nicht in Dessau lebte. So war ein ständiger privater Kontakt gegeben, und das Gemeinschaftsgefühl wuchs. Tagelang wurden große Feste vorbereitet, bei denen Gunta Stölzl ihre vielseitigen Talente einsetzen konnte – ein willkommener Ausgleich für die zunehmend rationeller und anstrengender werdende Arbeit in der Weberei.

Für das Abschiedsfest des Bauhaus-Gründers inszenierte Schlemmer seine Aufführung *9 Jahre Gropius*, bei der auch Gunta Stölzl mitwirkte. Wie in einer Chronik wurden die vergangenen neun Jahre dargestellt. Als Abschiedsgeschenk bekam Gropius eine Mappe mit Texten und Bildern. Gunta Stölzls Beitrag war eine originelle Collage aus ihrem Portrait und ihren wichtigsten Textilwerken, darunter bereits frühe Jacquards.

An fast allen Festen beteiligte sich Gunta Stölzl aktiv, sie fühlte sich für das Gelingen mitverantwortlich und unterstützte Schlemmer bei den Vorbereitungen. Für das *Weiße Fest*, ein Faschingsfest unter dem Motto *„vier Fünftel Weiß und ein Fünftel Farbe, diese gedippelt, gewerfelt und gestreift“* wurde wochenlang vorbereitet. *„Es wird fast jeden Tag zwei oder drei Uhr nachts“*, schreibt Schlemmer. *„Trotzdem kommt eigentlich nicht viel zustande. Aber vielleicht wird das Fest besser, als man denkt. Die Weberei, oder Gunda eigentlich, macht schöne Kuchen, schöne Blumen, Eier. Alles schafft.“* Es wurde ein großer Erfolg, ebenso das *Schlagwörterfest*, bei dem Gunta Stölzl einen eigenen Auftritt hatte. *„Also: Gestern war ‚Das Schlagwörterfest‘ und es* *war wohl ganz gut* [...] *Gunda war ein Dienstbote mit einer weißen Schürze, darauf ‚Die soziale Frage', hinten ‚Angestelltenversicherung' und ‚Liberté, Egalité, Fratellinité' (Fratellinis sind zur Zeit in Berlin, die Clowns).*"

Der Erfolgsdruck bei der Vorbereitung der Feste wurde allerdings im Laufe der Zeit größer, zumal das Bauhaus von außen zunehmend angefeindet wurde. Offensichtlich sank auch die Bereitschaft vieler Bauhäusler, sich aktiv an den Vorbereitungen zu beteiligen.

Dennoch wurde schon Ende 1928 ein neues Fest geplant, das „*metallische fest, ‚glocken, klingel und schellen' fest.*" Wieder war die Planung aufwendig, die Vorbereitungszeit lang. In der Einschätzung des Erfolges gingen die Meinungen allerdings weit auseinander. Während Schlemmer begeistert von „*Räumen metallischer Lust*" sprach und die Lokalpresse das Fest des Bauhauses als „*Höhepunkt der Saison*" (*Dessauer Zeitung*, 11.02.1929) bezeichnete, schrieb Gunta Stölzl lapidar: „*unser fest war nichts, zuviel aufwand u. zu wenig geist.*"

Ein Foto ist überliefert, das Gunta Stölzl zusammen mit Walter Beck und dem Ehepaar Schlemmer zeigt, wahrscheinlich aufgenommen auf dem *Metallischen Fest*, denn in der geheimnisvollen Beleuchtung blitzen viele metallische Elemente auf. Mit dem Kapellmeister Walter Beck verband Gunta Stölzl eine seit Jahren bestehende offene und unkonventionelle Beziehung, die auch noch nach 1929 als herzliche Freundschaft andauerte.

In diesen Dessauer Jahren bedauerte Gunta Stölzl vor allem, dass ihr wegen der vielen Arbeit Ruhe und Muße fehlten: „*hier ist immer viel los – und man ist innerlich so eingespannt in das tempo des hauses, dass man eigentlich zu gar keiner eigenen arbeit kommt, manchmal ist das unerträglich und eben besonders die letzten wochen. ich weiss noch keinen ausweg – meine zeit wird völlig von der organisation aufgefressen.*"

Sie genoss jedoch das Gemeinschaftsleben: „[...] *unter so vielen menschen und einer nicht kleinen zahl von näher-*

stehenden, zeitweise habe ich eine pension u. zeitweise ein nachtlokal das gut geht und das macht eben auch spass."

Finanziell hatte sich ihre Situation nach Protesten seit dem Frühjahr 1928 gebessert, auch wenn sie immer noch nicht fest angestellt war.

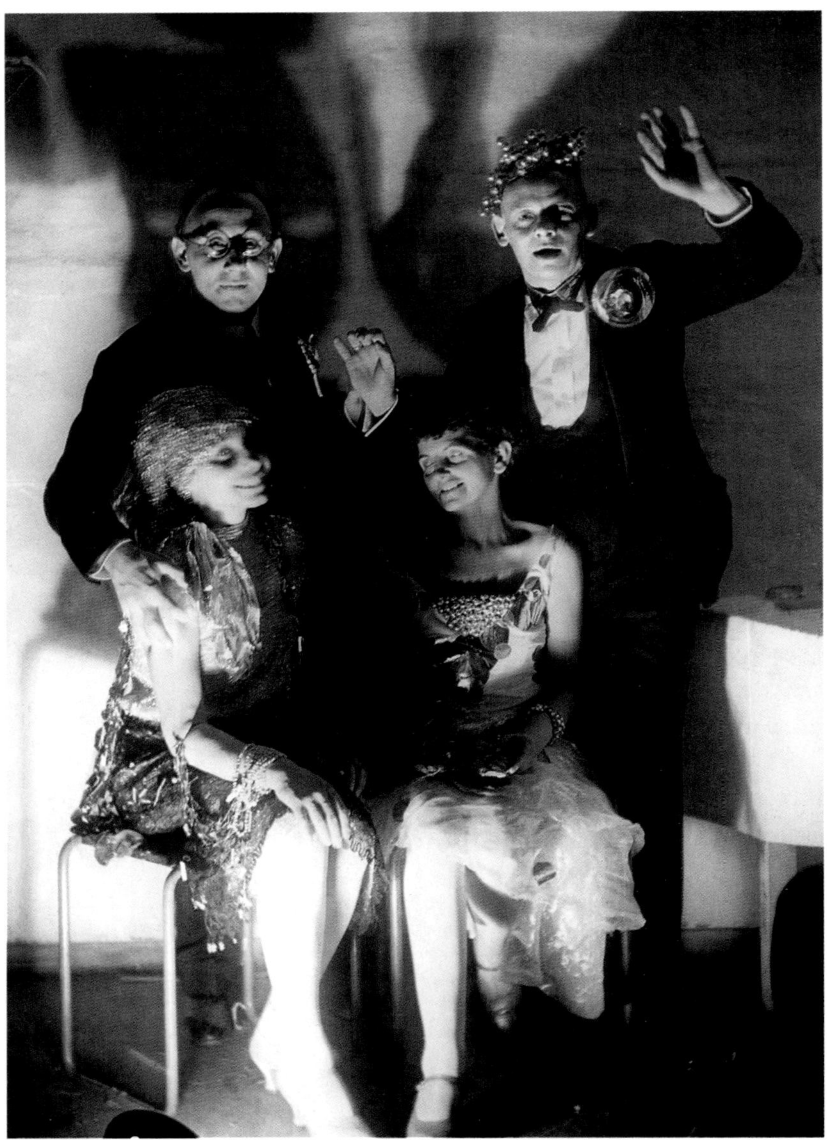

Wichtig waren ihr Freizeitaktivitäten: Fahrten in die Umgebung, dann nach Halle zu ihrer Freundin Benita Otte, vor allem aber nach Berlin, das mit seinem umfangreichen Kulturangebot lockte: „*nächsten samstag komme ich wieder nach berlin, da gibt gropius ein fest und ich freue mich sehr. berlin ist eben doch herrlich. man fährt wirklich nie umsonst hin, man kann sich ganz vollpumpen mit guten dingen, ausstellungen, museen, kino theater.*"

Reisen spielten auch weiterhin eine große Rolle in Gunta Stölzls Leben und wurden trotz aller Arbeitsüberlastung eingeplant. München und Egghalden mit dem Haus ihrer Eltern besuchte sie regelmäßig. 1926 reiste sie in den Sommerferien in die Bretagne. Noch im Herbst träumte sie der Zeit als „*Souvenier de France*" nach. Im Sommer 1927 fuhr sie wiederum nach Frankreich, diesmal in die Normandie und an den Atlantik, mit ihrem Freund Walter Beck. Schlemmer nahm regen Anteil an ihrer Reise und begleitete sie mit witzigen Kommentaren: „*geniessest du schon der liebe und des meeres wellen?? schwimmst du schon im meer der gefühle, der austern und des kaviars? hat dir corbusier schon die händ geküßt? führst du webmuster mit dir? … meilleurs saluts a toi et a monsieur beck. ich wünsche natürlich briefe, die sich im atlantischen gewaschen haben. ich wünsche detailliertеste berichte, wie warm das badwasser, was für seetiere, was ihr esst, wie ihr geniesst, was ihr anhabt, in welchen 3/4tels takt man lebt. möglichst mit aquarellen unterstützt, die du ja nachweislich gut malst, seewasseraquarelle. man muß ein bild riechen, sagte whistler.*"

In der Tat hielt Gunta Stölzl viele ihrer Eindrücke in schönen Reiseskizzen fest. Besonders eindrucksvoll fand sie Südfrankreich: „*ich war im sommer so ganz unendlich begeistert von diesem stück erde – du müsstest avignon – arles – nìmes – marseilles bereisen, ich habe ja nur so einen kleinen abstecher in die provence gemacht, – 3 tage nur und doch unvergessliches gesehen.*"

linke Seite
Walter Beck und Gunta Stölzl (links) mit Oskar und Tut Schlemmer auf einem Bauhausfest (wahrscheinlich *Metallisches Fest* 1929), Foto: Privatsammlung

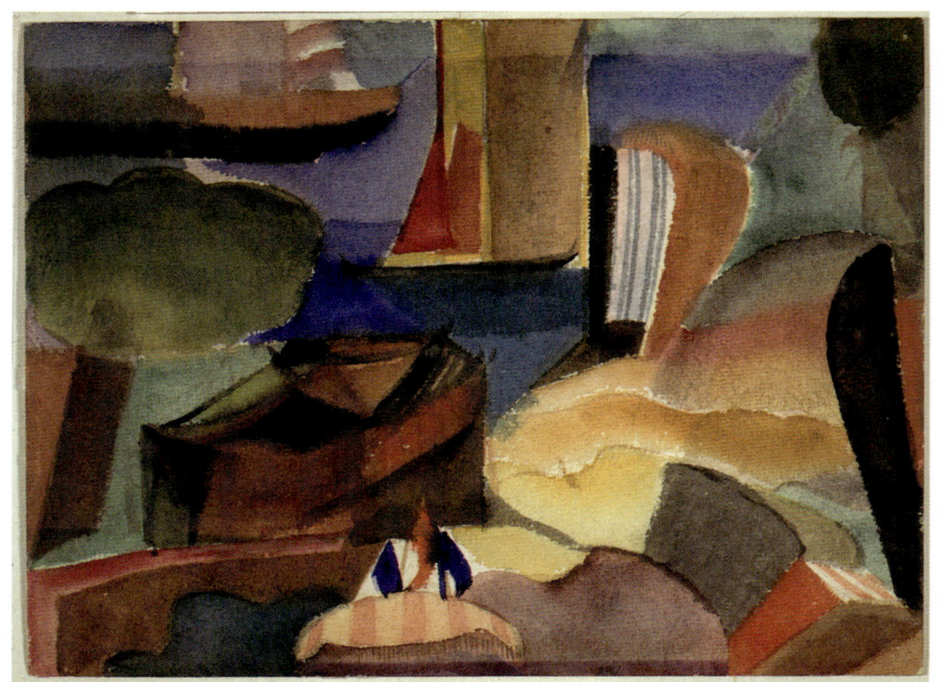

Normandie, 1926, rückseitig beschriftet: „G. St. 1926 Dessau Reise Normandie“, Aquarell auf Papier, 19,5 × 28,8 cm, Privatbesitz

Gunta Stölzl formulierte ihre Begeisterung in langen Texten, und Walter Beck schrieb einmal bewundernd: *„Du hast ihnen imponiert durch deine klare Art zu formulieren: ein richtiger Bauhausmensch.“*

Beck und sie sahen sich aber selten, und als Lebenspartner scheint er nicht infrage gekommen zu sein. So schrieb Schlemmer aus Dessau an Gunta Stölzl in die Weihnachtsferien: *„beck, der arme, verlassene frug nach deiner adresse, die ich aber nicht einmal genau wußte* [...] *wer ist dir sonst alles nachgereist? wieviel sind um dich, wieviel weinen dir blutige tränen nach? wieviel wissen nicht, ob blau oder rot*“.

Die lockere Atmosphäre am Bauhaus förderte flüchtige Bekanntschaften, brachte aber auch Enttäuschungen. Obwohl sie, wie Schlemmer schreibt, *„ihre männer mit halstüchern umstrickt“* und sie offensichtlich auch viele Erfolge hatte, waren die Beziehungen nicht von Dauer, und sie sehnte sich immer wieder nach einem Lebenspartner. Schlemmer tröstete sie schon 1925: „[…] *wen liebst du z. zt. am sehnsten?* […] *und nun lepp woll. weine nicht so sehr, s'kommt a zeit bist wieder froh. es gibt herrliche männer, sag ich dir, du tätest staunen*".

In jenen Dessauer Jahren des Bauhauses war die Diskussion um die freie Liebe ein wichtiges Thema, und Gunta Stölzl nahm sie auch mit ihren Freundinnen auf, die eine gegensätzliche Auffassung vertraten. Mit Benita Otte kam es zu heftigen Auseinandersetzungen darüber, seit diese mit ihrem späteren Ehemann Heinrich Koch – Leiter der fotografischen Abteilung auf Burg Giebichenstein –, befreundet war. Immer wieder versuchte Benita Otte, ihre eigenen moralischen Prinzipien zu erklären und damit Einfluss auf Stölzls unkonventionelle Einstellung zu ihren Beziehungen zu nehmen.

Gunta Stölzl blieb eigenwillig und wollte nicht gegängelt werden. Dennoch schrieb sie ihrem Bruder im April 1928: *„mein ganz persönliches leben krankt daran, dass ich keinen mann habe – ja das ist schon so – das ist ja nun nur meine schuld – aber so leicht lässt sich eben der mensch nicht deixeln."*

MOSKAU UND DIE FOLGEN

Im Mai 1928 fuhr Gunta Stölzl zum internationalen Architektenkongress nach Moskau, ein Ereignis, das ihr Leben grundlegend veränderte.

Vorbereitungen zu einer Reise nach Russland hatte sie schon 1927 getroffen, nachdem sie am Bauhaus einen russischen Architekten kennengelernt hatte.

„[…] *ich fange an russisch zu lernen und möchte nächstes frühjahr oder sommer nach moskau. studenten der techn. hochschule und einer art bauhaus in moskau* [die Wchutemas, russische Abkürzung für die Höheren Kunsttechnischen Werkstätten I. R.] *haben uns besucht. es waren herrliche kerls dabei und ich bin so ziemlich schwer verliebt* […].“

Sie plante die Moskaureise mit zwei Bauhäuslern, Peer Bücking und Arieh Sharon, auch wenn sie Zweifel hegte: „[…] *nun ist die russlandreise wieder näher gerückt. ich kann ohne weiteres das visum bekommen. es kommen zwei bauhäusler mit, wir werden ende april fahren – ich hoffe urlaub zu bekommen. manchmal bin ich recht unschlüssig, ob ich das tun soll, von der sprache verstehe ich sozusagen noch nichts – wenig zeit zum lernen – und kennen tue ich dort ja auch keinen menschen – der architekt, der das bauhaus hier besuchte, hat mir öfters geschrieben, aber jetzt schon monatelang nicht mehr – also diese platonische liebe habe ich diesen winter genügsam ausgekostet und möchte mehr realität. das ist überhaupt die nackte stelle in meinem leben und ich halte das schlecht aus – warum auch – mit der arbeit ist das leben schließlich noch nicht rund – das andere ist viel, viel kostbarer* […]“.

Seit sie persönliche Kontakte nach Russland hatte, war auch ihr Interesse an russischer Kultur und den neuen Entwicklungen in der Kunst erwacht. Nun setzte sie sich mit sozialistischen Ideen auseinander und verteidigte sie ihrem Bruder gegenüber, der offensichtlich Bedenken gegen eine Russlandreise hegte: „*ich war der meinung ich hätte dir längst geschrieben, dass und warum ich nach moskau will. das warum zu erklären ist schon schwieriger. es interessiert mich das land und vor allem die menschen. es ist doch das einzige land wo die revolution praktisch immer weiter und weiter sich auswirkt, das einzige land wo man alles aufbietet ein neues leben zu schaffen. es interessiert mich wirklich nur der osten, als geistige erneuerung – alles was ich von dort höre lockt mich – auf allen künstlerischen gebieten sehe ich erstaunliche leistungen, die wir nie erreichen können. kein ästhetizismus, sondern primäres einsetzen aller kräfte. ich bin sehr erstaunt, dass du misstrauisch bist? Warum? ich will vor allem das bauhaus in moskau sehen, dann die kinohochschule auch das alte russland, museen etc. ich habe einen freund dort, sodass für das zimmer gesorgt ist – auch wird er mir vieles zeigen können, was mit neuem bauen zusammenhängt. von dir wußte ich nur, dass du auch eine verbindung mit russland hast* […] *das hätte ich natürlich auch gern mitgenommen.*"

Ihre Begeisterung für Russland ging so weit, dass sie in Erwägung zog, Kontakte zu knüpfen, um später dort arbeiten zu können. Ihrem Bruder schrieb sie: „[…] *auf mein deutschtum lege ich nicht so großen wert – das weisst du ja. ich habe wenig nationale ehrgeize, mich interessiert nur der mensch.*" Skeptisch wie der Bruder reagierte auch die Freundin Lis Abegg mit der Frage: „*Was willst Du in Moskau, hast Du nicht eher Heimweh nach den heimatlichen Bergen?*"

Gunta Stölzl in ihrer spontanen, unvoreingenommenen Haltung sah jedoch keine Probleme, sich neuen Ideen – auch Hannes Meyers radikalen Vorstellungen – zu nähern, ohne sich vereinnahmen zu lassen.

Auf der Reise nach Moskau lernte sie Arieh Sharon näher kennen und verliebte sich in ihn. Sharon war schon 1926 als Student ans Bauhaus gekommen. Er stammte aus Galizien, war Jude und hatte zuvor sechs Jahre in Palästina in einem Kibbuz gelebt und gearbeitet. Auch er hatte als

Jugendlicher einer ähnlichen Organisation wie dem Wandervogel angehört, einer zionistischen Bewegung, die eine Veränderung der Welt u. a. durch praktische Arbeit in der Landwirtschaft propagierte und diese in Palästina zu verwirklichen suchte.

In seinem Kibbuz hatte Sharon schon einfache Behausungen errichtet und auch Beton gegossen. Seit frühester Jugend wollte er Häuser bauen – sein Vater hatte in Polen eine Ziegelfabrik besessen. Da das neue Land Architekten brauchte, hatte er von seinem Kibbuz ein Jahr Urlaub bekommen, und auf sein Drängen hin erlaubte Gropius ihm, nach dem Vorkurs und einer abgekürzten Lehrzeit in den Werkstätten, direkt in den zweijährigen Kurs der Bauabteilung des Bauhauses einzutreten – als einer von nur sieben Architekturstudenten.

Offensichtlich schätzte Hannes Meyer, der den Baukurs leitete, die Arbeit Sharons, denn 1928 übertrug er ihm den Posten des leitenden Architekten beim Bau der Bundesschule des Allgemeinen Deutschen Gewerkschaftsbundes in Bernau bei Berlin.

Zum Abschluss der Russlandreise hielt Sharon vor der Moskauer Universität einen Vortrag über das Bauhaus und seine Ziele. Sharon und Stölzl sahen durchaus kritisch, dass viele Ergebnisse der Kunst und Architektur in Russland auch konservativ oder folkloristisch ausfielen. Andererseits gingen in diesen Jahren berühmte Architekten wie Le Corbusier und Neutra nach Russland, weil moderne Architektur dort meist unvoreingenommen akzeptiert wurde.

Auf einer Postkarte an die Familie Schlemmer schilderte Gunta Stölzl ihre Eindrücke: *„moskau herrliche stadt – immer sonne. – wo bleibt dein genossliches herz? – meines nährt sich hier in den straßen hier ist es ganz international – östlich – keine spur westlich. wir werden besser als der könig von afganistan empfangen. immer zwischen berühmten architekten – bin ich eigentlich noch webmädchen? habe keine süchte nach deutschland –“*.

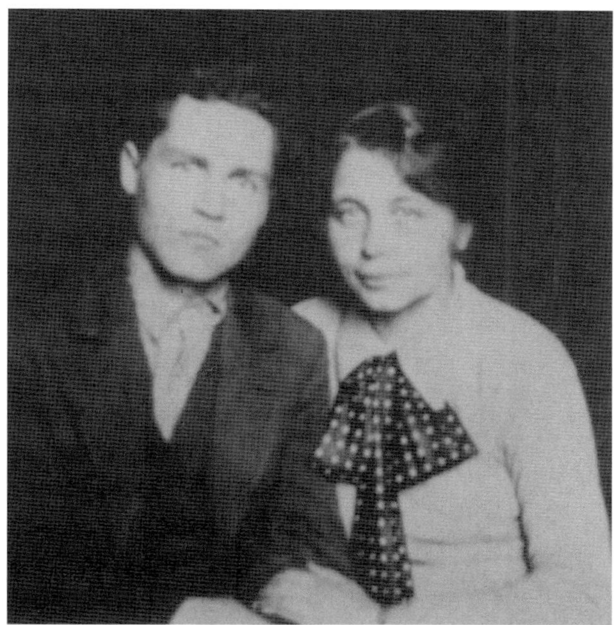

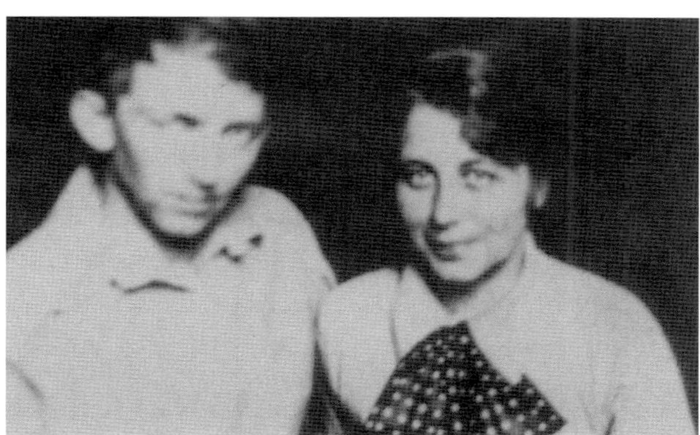

Gunta Stölzl mit dem russischen Architekten Mordwinoff und unten mit Arieh Sharon in Moskau, 1928

Ihrem Bruder Erwin schrieb sie statt Reiseerlebnissen von ihrer Liebe zu Sharon: *„ich hab halt jetzt leicht lachen. mir geht es fast zu gut so im menschlichen – allzumenschlichen. der mann gefällt mir und es gibt eigentlich keine probleme. an das morgen denken wir beide nicht, es wird darüber auch nicht anders und wenn man gut und stark zueinander steht, dann räumt man schon die kleinen unebenheiten weg.*

du denkst vielleicht das ist ein wenig zu oberflächlich – aber das glaub ich dir nicht. ich geb dir ja gern zu, dass es hier am B.H. ein wenig leichter geht, als in der guten stube einer mietskaserne. wir brauchen uns mit keinem papier zu täuschen und wenn wir es brauchen – nun dann werden wir es eben benützen und mehr ist darüber nicht zu sagen."

Zurück in Dessau wird trotz aller Euphorie ihre Auseinandersetzung mit bürgerlichen Moralvorstellungen spürbar. So liberal sie auch am Bauhaus mit diesen Themen umging, ihrem Bruder gegenüber nahm sie eine verteidigende, fast trotzige Haltung ein und machte ihm in einem späteren Brief sogar „unmoralische" Vorschläge: „[…] *ich wünsche dir heftig irgendeine liaison – du weisst ja, dass ich immer so denke – dass das wichtigste des lebens davon abhängt – dass man sich zu zweien fast in jeder sache zu steigern vermag – mehr als allein. so mit dieser moral mach ich schluss.*"

Zum 60. Geburtstag der Mutter Ende Januar 1929 schien Gunta Stölzl von ihrer Liebe geschrieben zu haben, was die Mutter offensichtlich als Verlöbnis interpretierte:

„Erwin hat bei Auswahl der Tassen doch schon an recht fröhliche Familienfeste gedacht und die inhaltsreichen Worte betreffs Deiner Zukunft, lassen mich hoffen, dass wir dies Fest noch feiern werden. Unter allen Geschenken hat mich Dein offenes Geständnis am meisten gefreut."

Zu diesem Zeitpunkt war Gunta Stölzl bereits schwanger, berichtete aber ihrer Familie nichts davon.

Erst im Juni schrieb sie von ihrer Schwangerschaft, und zwar dem Bruder, auch um ihn um Rat zu fragen – Sharon muss sich insgesamt eher indifferent verhalten und Gunta Stölzl die Entscheidungen überlassen haben: *„lieber erwin, ich will besser gleich mit der türe ins haus fallen, ich habe es mir lang genug gespart. also wir wollen vielleicht heiraten. du könntest auch sagen müssen – der fall ist ziemlich einfach – ich bekomme ein kind, ich möchte es und will nichts dagegen tun u. da haben wir uns überlegt, dass die* *bequemste lösung für mich sicher die ist einen mann und stempel und namen zu haben. – das kann nun noch eine zeit dauern, da Sh. doch ausländer ist und alle möglichen papiere haben muss – warum ich dich um rat fragen will, das sind die eltern – ich habe ihnen noch nicht geschrieben. und wollte das immer erst tun wenn ich sicher weiss ob kind ohne oder kind mit mann – das letztere wäre sicher eine kleinere aufregung für sie. – ich kann natürlich gerne noch warten, bis ich ganz bestimmtes weiss. ich möchte sie nur nicht kränken wenn ich erst so spät mitteilung mache. das kind kommt 2. hälfte oktober – ob hier oder anderswo, das überlege ich noch – also rate mir. der brief ist natürlich so trocken – aber deswegen brauchst du nicht etwa denken, dass es mir vielleicht nicht gut ginge. es geht mir ganz ausgezeichnet – wir lieben uns sehr u. ich freue mich nur auf den kleinen helden. auch materiell habe ich nicht die geringste sorge, mein gehalt ist gross genug um so einen wurm zu ernähren und später wird es auch gehen. am BH passiert mir nichts, da freut man sich nur – da macht man mir bestimmt keine schwierigkeiten. zudem verdient Sh. doch schon ganz gut und das ist wirklich nicht die hauptsache. die hauptsache ist dass wir gut zusammen stehen u. da habe ich auch keine angst.“*

Später zeigte sich, dass man ihr gerade am Bauhaus Schwierigkeiten wegen ihres Privatlebens machen würde, die sie in ihrer Gutgläubigkeit und Offenheit nicht für möglich gehalten hätte. Bedenken hatte sie allerdings, dass sie mit ihrer Ehe die palästinensische Staatsangehörigkeit annehmen müsste und fragte ihren Bruder, der inzwischen Verwaltungsjurist war, um Rat.

Im Übrigen hoffte sie nur, dass die Familie sich unvoreingenommen mit ihr freuen würde, und das muss auch der Tenor eines Briefes gewesen zu sein, den sie bald darauf den Eltern schrieb.

Diese waren offensichtlich tief betroffen von der unkonventionellen Lebensplanung ihrer Tochter. Dennoch bemühte sich der Vater um eine sachliche und distanzierte

Sicht der Probleme, die sie vor allem als ledige Mutter – auch am Bauhaus – erwarteten und führte sie ihr in einem Antwortbrief vor Augen. *„Ich glaube auch nicht, dass es dem Bauhaus gleichgültig sein darf, ob die Meisterin seiner Kunstweberei, die ‚Geliebte' eines am Bauhaus beschäftigten Architekten bleibt und illegitime Kinder hat oder als Frau Sharon jungen, in der Ausbildung begriffenen Mädchen gegenüber steht."* Er befürchtete, dass ihr außerdienstliches Verhalten Anstoß erregen und Einfluss darauf haben könnte, dass ihr Arbeitsvertrag nicht verlängert würde. Zudem sah er ihre gesamte Stellung in Gefahr. Gerade Arbeitsverträge waren in dieser Zeit ungleich und ungerecht und verlangten nach Absicherung. Deshalb riet er vorausschauend: *„Wäre es nicht angezeigt, Dir von der Bauhausleitung ev. auch vom Stadtrat Dessau die schriftliche Versicherung geben zu lassen, dass durch Deine Verheiratung Deine Stellung als Meisterin nicht berührt wird. Ich lege Dir dies deshalb nahe, weil in vielen Kreisen des öffentlichen Lebens Bestrebungen im Gange sind, die verheiratete Frau vom öffentlichen Dienst wieder auszuschliessen."*

Obwohl Gunta Stölzl inzwischen über dreißig war und die liberale Einstellung des Bauhauses übernommen hatte, müssen sie die „bürgerlichen" Einwendungen ihrer Eltern aufmerksam gemacht haben – zu unsicher war in den 20er-Jahren noch die Stellung der Frau in der Gesellschaft.

Anfang August entschieden sich Gunta Stölzl und Arieh Sharon für eine einfache Ziviltrauung ohne Hochzeitsfeier, sicher auch aus finanziellen Gründen. Gunta Stölzl wollte der Familie einen so wenig festlichen Tag in Dessau nicht zumuten und war dennoch nicht froh über die Entscheidung, ohne Familie zu heiraten. Sie schrieb ihrem Bruder: *„ich fürchte, ich bereue an dem berühmten 27ten sehr, wenn du nicht da bist – denn was tut man hinter dem grossen ja? – schlemmers sind auch nicht da – aber es tut mir einfach leid daran zu denken an deine lange fahrt und wie man dann hier den obligaten braten hinunterschluckt."*

Offensichtlich war die Hochzeit auch im Bauhaus nicht zum Anlass genommen worden, ein Fest zu feiern, was doch sonst zu jeder Gelegenheit üblich war.

Gunta Stölzl, die durch ihre Heirat die deutsche Staatsangehörigkeit aufgegeben und diejenige Palästinas angenommen hatte, fuhr mit ihrem Mann Anfang September zu ihren Eltern nach Egghalden, um ihn vorzustellen. Obwohl ihre Schwangerschaft schon weit fortgeschritten war, hatte sie noch keine endgültige Planung für den Ort der Entbindung. Ihr war in erster Linie wichtig, vorher noch eine Wanderung machen zu können. Ihre beste Freundin Lis Abegg, deren Kind sie nach der Geburt gepflegt hatte, sah keine Gelegenheit, sie aufzunehmen: „*Ich fand bis jetzt nichts, gar nichts für Dich. Natürlich suche ich weiter, aber meine wenigen Bekannten sind schon alle erfolglos ausgequetscht.*"

Ihre eigenen Eltern nach der Entbindung zu beanspruchen, hatte Gunta Stölzl offensichtlich nicht geplant. Ihren Bruder aber, der im Schwarzwald Urlaub machte, bat sie um Hilfe bei der Suche nach einem Aufenthaltsort: „[…] *da könntest du vielleicht etwas ausfindig machen. ich hätte schon lust in den schwarzwald zu gehen, ich dachte im september noch eine kleine wanderung von chur nach dem comersee zu machen* […] *dann ein paar tage egghalden von da in den schwarzwald möglichst nähe freiburg, dort in die klinik für die 10 tage u. dann noch 4 wochen in der nähe bleiben* […] *in einer pension wird man nicht so gerne ein kleines kind aufnehmen* […], *die ganze sache kann sich natürlich ebensogut in mitteldeutschland abspielen, das ist mir ziemlich gleich wo,* […] *es wäre nett, wenn du dich ein wenig für mich umsehen könntest.*"

Der Bruder fand keine Möglichkeit der Unterkunft für seine Schwester, dafür aber eine ehemalige Bauhäuslerin, die ihr für die Zeit nach der Entbindung ein möbliertes Zimmer in Berlin vermittelte. Berlin war praktisch wegen der Nähe zu Bernau, wo Arieh Sharon den Bau der Gewerkschaftsschule leitete. Es war für abendliche Besuche von Frau und Kind erreichbarer als Dessau.

Einen Tag vor der Geburt ihrer Tochter, am 07. Oktober 1929, traf sie, vom Bodensee kommend, in Berlin ein. Benita Otte schrieb sie: „*die sache ging schnell u. leicht. ich kam am morgen an wie du weisst u. in der bahn war mir schon ein bisschen komisch* […] *und am anderen morgen hatte ich das würmchen.* […] *die lore leudersdorff (ja staune!) hat mir dieses zimmer besorgt – es ist sehr günstig. – die ersten wochen nach der klinik habe ich viele dummheiten gemacht mich zu wenig geschont vor allem u. aufgeregt!* […] *aber das ist jetzt alles schon gut – ich glaube das richtigere ist doch das kind zuhause zu bekommen (falls man so etwas hat)* […] *die wirtin kann das schreien nicht hören – sie behauptet das wäre ungesund u. sie denkt überhaupt ich wäre eine rabenmutter – in dessau wird alles mustergültig – hier ist es eben auch schwierig, die ganze wirtschaft in einem schmalen zimmerchen – abends der mann – besuche – etc.* […] *ich fahre am 30ten nach dessau – u. zwar endlich erreicht! ziehe im haus 5 ein, obere etage – ein kleines mädchen habe ich – sonst aber noch nix zu dem berühmten haushalt* […]“.

Die Rückkehr nach Dessau stellte Gunta Stölzl vor neue Probleme. Sie hatte gehofft, nach dem Weggang Schlemmers dessen Wohnung übernehmen zu können, was Schlemmer von Anfang an bezweifelt hatte: „*nach uns, hier, in 5 wird es leer und öde sein! – o ihr armen wohnungsunberechtigten! das kommt davon, vom unberechtigten lebenswandel.*“

Zunächst wohnte sie längere Zeit in einem Nebenraum ihres Ateliers: „*wir hausen im atelier – da die wohnung nicht fertig ist, ich kann nicht zu schlemmers oben hinein, sondern bei schepers unten – das ist im augenblick nicht ungünstig, weil dort einige möbel sind u. ich mir zunächst ausser einem kleiderschrank gar nichts anzuschaffen brauche.*“

Gunta Stölzl hatte bis dahin immer möbliert gewohnt und besaß keinen eigenen Hausrat. Größere Anschaffungen waren aus finanziellen Gründen ein Problem, und so lebte sie wieder mit geliehenen Möbeln – und bat auch Schlemmer darum, der ihr launig antwortete:

„möbel! – liebes kind, wir haben ja keine, die für euch standesgemäß wären, denn das einzige, ein tisch, steht nicht gemäß. was tut ihr mit einem eisschrank? und eine feldstaffelei ist noch lang kein bett, es ist nichts da …! nun aber, da ihr die wohnung ja scheints nicht bezieht, ist's wohl nicht so schlimm!"

Zunächst war sie noch beurlaubt. Als ihre Vertreterin war bis zum 1. November Anni Albers eingesetzt. Doch dann begann die Arbeit, und Gunta Stölzl fühlte sich trotz großer Freude über das Kind oft überfordert, zumal Sharon in Bernau lebte und nur am Wochenende kam: *„wir sind eine glückliche familie! aber wie das mit der arbeit am bauhaus werden wird ist mir noch rätselhaft, zunächst frisst sie mich auf* […]".

Die Situation änderte sich auch im folgenden Jahr nicht, zumal sich auch im Bauhaus die Probleme verstärkten. Im März schrieb sie ihrem Bruder: „[…] *wir haben natürlich viel zu tun u. die frühjahrsrevolution steht auch an der tür u. überhaupt gibt es im hause viel zu lamentieren. sharon ist immer noch in bernau – wir führen immer noch die weekend-ehe, das ist vielleicht für die arbeit nicht schlecht – aber sonst so lala* […]".

Im Herbst war die Wochenendehe beendet, Sharon dafür aber arbeitslos.

„Sharon ist jetzt hier und hat noch nichts – er arbeitet an einem wettbewerb u. die immerhin kleine wohnung ist jetzt nicht gerade günstig – vor allem weil sich alles tägl. Leben in dem einen raum abspielt – ich bin zwar nur zu den mahlzeiten zu hause – u. natürlich geniesse ich jetzt zum erstenmal das zusammenleben."

Auch an ihrer Tochter Yael hatte sie große Freude und beschrieb ihre Entwicklung in vielen Briefen und in einem eigenen Tagebuch: *„weisst du so ein menschlein muss man*

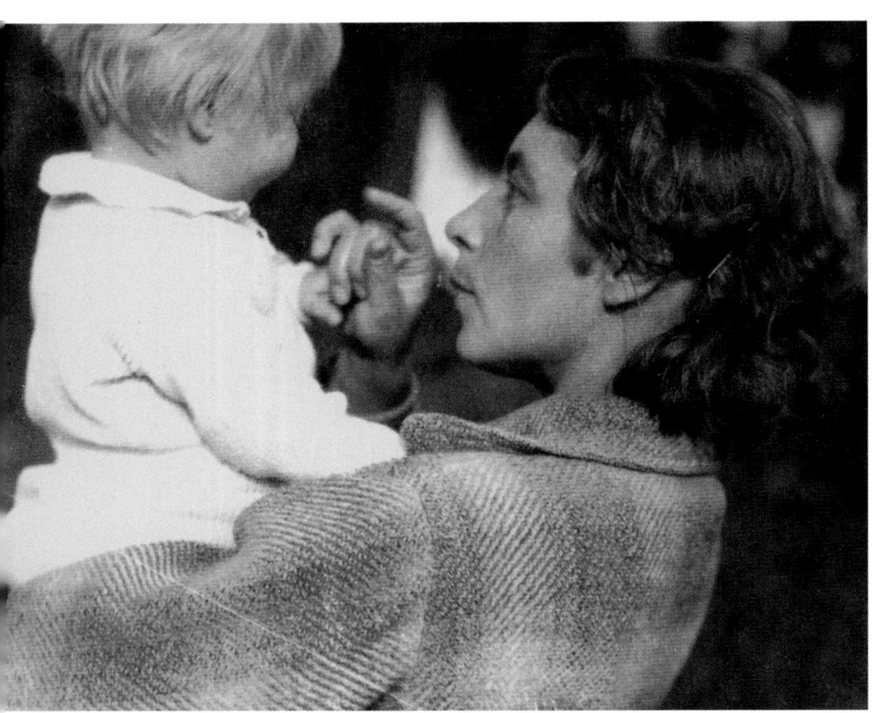

Gunta Stölzl mit Yael an ihrem ersten Geburtstag, 8. Oktober 1930

genießen, jeder tag bringt neues u. die vergangenen sind unwiderbringlich."

Diese große Hinwendung an ihre Familie, vor allem an das Kind, schilderte sie auch Oskar Schlemmer, der ihre neue Distanz zum Bauhaus in einem Brief bemerkte:

„dass DU ganz MAM und milchwirtschaft seist, dass dir sozusagen die milch über den kopf wachse, hat uns sehr gefreut. auch augenzeugenurteile vervollständigen das bild, das wir uns ohnehin machten. nun bist du also soweit, bauhaus und alles, was darinnen ist, blindlings zu vergessen und zu verstehen, dass man das kann! wirst du zurück finden?"

Die Freude an der Familie wurde jedoch immer wieder getrübt durch die Veränderung der politischen Landschaft in Deutschland. Sharons Arbeitsmöglichkeiten wurden, weil er Jude war, geringer, und seine engen Beziehungen zu Hannes Meyer, der als „rot“ galt und dessen Kontakte nach Russland den Rechtsradikalen verdächtig waren, gerieten ihm nun auch zum Nachteil. Sharon hatte über den Bauhäusler Scheper, der in Russland arbeitete, Kontakte dorthin und erwog auszureisen.

Gunta Stölzl schrieb an ihren Bruder: „[...] *es ist alles so unsicher was wir vorhaben. vielleicht doch rußland – aber sag das nicht den eltern. hier krieselt es so weiter u. ich verliere manchmal sehr die lust – es ist doch sehr aufreibend und man kommt selbst zu nichts – andererseits ist eine anstellung an einer schule immer relativ das günstigste in der industrie ist man sicher viel gebundener u. das äussere leben hier, wohnung, garten und die selbständigkeit der arbeit nicht zu vergessen dabei.*“

EIN AUSSICHTSLOSER KAMPF

Die inneren Schwierigkeiten im Bauhaus nahmen zu, rechte und linke Studentengruppen standen sich feindlich gegenüber, und schon im Herbst 1929 schrieb Gunta Stölzl an Benita Otte: *„vom bauhaus gibt es nur stunk zu erzählen und es scheint, dass sich dort alle möglichen intrigen ausspinnen"*.

Die Intrigen müssen sich in dieser Zeit auch in der Webwerkstatt bemerkbar gemacht haben, nur dass Gunta Stölzl, durch Mutterschaftsurlaub und private Interessen abgelenkt, davon zunächst nicht viel wahrnahm. Erst sehr viel später erfuhr sie, dass der von ihr geschätzte Webmeister Wanke als Nationalsozialist schon früh die Studenten in seinem Sinne beeinflusst hatte; sie sah ihn zu spät als *„Wühlmaus"* ihrer Werkstatt.

Im Laufe des Sommersemesters erlebte sie die Intrigen in der Werkstatt stärker. So schrieb sie, wenn auch noch allgemein, ihrem Bruder: *„nächste woche fahren wir – ich bin sehr froh den dessauer dreck zu verlassen – in der werkstatt habe ich ein paar sehr unangenehme stänker u. so und überhaupt."*

Die *„Stänker"* waren die Studenten Herbert von Ahrend, Ilse Voigt und Margarete Reichardt, unterstützt von dem Lehrer Walter Peterhans, die erst verdeckt, dann offen, Kritik an Gunta Stölzl, ihrem Privatleben und ihrem Unterricht übten – ohne Einzelheiten zu nennen. Im Kampf gegen diese Intrigen wurde Gunta Stölzl sofort von den zahlreichen „alten" Werkstattmitgliedern unterstützt. So schrieb Otti Berger einen Brief an die kritisierenden Studenten und bat:

„1.) um begründung des vorwurfs der inkorrektheit des werkstattleiters [Gunta Stölzl, I. R.],

2.) um eine begründung des verhaltens als obmannn (grete reichardt) der werkstatt gegenüber,

3.) wie denkt ihr euch eine weitere zusammenarbeit mit der werkstatt und dem werkstattleiter aufgrund eurer einstellung?"

In ihrem Brief warf Otti Berger Ilse Voigt vor, ihre Pflichten vernachlässigt zu haben und verlangte eine *„schriftliche präzise beantwortung"*, sodass sofort eine Sitzung aller Werkstätten anberaumt werden könne. Der Brief wurde unterzeichnet von Margret Dambeck, Bella Ullmann, Gertrud Preiswerk, Gerhard Kadow, Margarete Leischner, Tonja Rapoport, Otti Berger, Anni Albers, Elisabeth Henneberger und Elisabeth Ahrens.

Ein weiteres schwerwiegendes Ereignis war, dass Paul Klee das Bauhaus verließ. Er hatte der Werkstatt jahrelang Unterricht gegeben und die Arbeit und Gunta Stölzl geprägt. Er stand wie sie auf der Seite Hannes Meyers gegen die wachsenden reaktionären und nationalsozialistischen Kräfte. Gunta Stölzl teilte ihrem Bruder mit: *„gestern erfuhren wir dass klee nach düsseldorf geht. das ist ein gewaltiger schlag – einen empfindlicheren und schwerwiegenderen konnten wir gar nicht bekommen* [...] *klee ist ein sehr großer verlust."*

Noch einschneidender für Gunta Stölzl war, dass Hannes Meyer wegen seiner politischen Einstellung zum 1. August 1930 als Direktor fristlos entlassen wurde. Das Bauhaus blieb bis zum 21. Oktober geschlossen, dann trat Mies van der Rohe sein Amt an, bald gefolgt von seiner Freundin Lilly Reich, die später die Textilabteilung übernehmen sollte.

Schlemmer kommentierte zynisch: *„gott, was werdet ihr jetzt – indem ich euch wieder angetreten vermute, vor dem neuen herrn hauptmann – euch umorganisieren müssen, einstellen, wie man so sagt, beschwätzen, was ist wird und sein soll.* [...] *es wird ruhe und frieden einziehen allerwegen. ihr werdet alle auf rosen gebettet, termine gibts nicht mehr und man hört kein politisches mäuschen mehr pfeifen, es sei denn auf dem letzten loch. so ungefähr stell ich mir* *einen regierungswechsel vor, vorher links, jetzt rechts. protestiert ihr etwa? man hört, die gesamte schülerschaft stehe geschlossen hinter hannes? was tut dann mies mit solch einer front von soldaten? ist frl. reich schon da? --- (deine reich komme …)*".

Die beschwerdeführenden Studenten nutzten den Direktorenwechsel, und machten Gunta Stölzl Vorwürfe, die am 11.10.1930 in einem streng vertraulichen Bauhausprotokoll niedergelegt wurden:

„*reich.* [Grete Reichardt, I. R.] *frau sharon habe ihr immer sehr viele vorwürfe gemacht über ihr passives verhalten, sie habe keinen kontakt mit den and. leuten, halte keine freundschaft und habe sich nicht an den festvorbereitungen beteiligt.*

reich. arend [Herbert v. Arend, I. R.] *hatte einige Muster nicht fertig gemacht und fr.sh.* [Frau Sharon, I. R.] *habe dazu erklärt, dass sei ein grund zum hinaus werfen.* […]

werkstattbesprechung […] *sie hat mich jedoch bei dieser bespr. persönlich angegriffen und mich vor der ganzen werkstatt als unanständigen charakter hingestellt.*"

Konkurrenzkampf wird neben der politischen Einstellung ein Hauptmotiv für die Beschwerde Grete Reichardts gewesen sein: Sie warf Stölzl vor, Gert(rud) Preiswerk, ihre spätere Mitarbeiterin, vorzuziehen, obwohl sie selbst schon vor längerer Zeit ihre Gesellenprüfung gemacht hätte. Außerdem fühlte sie sich von Gunta Stölzl nicht genug gefördert.

Welche diffamierenden Formen die Auseinandersetzung angenommen hatte, zeigt besonders deutlich die Aussage von Ilse Voigt: „*auf umwegen habe ich davon erfahren, daß fr.sh. von mir sagt, ich sei untüchtig, meine ausstellung sei schlechter als die schlechteste vorkursausstellung. ich habe fr.sh. zur rede gestellt und bin sehr scharf und heftig geworden. sie hat zwar gedroht, sich über mich zu beschwe-*

ren hat aber doch nichts unternommen. sie haben ferner gesagt, eine frau kann nur nach anti- u. sympatie urteilen. schröter kann das bezeugen. (der stand hinter der tür).“

Deutlich wird, dass in der gesamten Werkstatt Aufruhr herrschte und Klatsch und Intrigen wichtiger waren als sachliche Argumente. Mies van der Rohe wollte einen Kompromiss: *„es käme nicht auf schuld oder nichtschuld an, sondern nur darauf, wieder ruhe herzustellen.“*

Kurze Zeit später jedoch konkretisierten und verstärkten die beschwerdeführenden Studenten ihre Anschuldigungen, die immer unsachlicher und absurder wurden:

„frau sharon hat in pädagogischen, künstlerischen, organisatorischen dingen vollkommen versagt. sie ist absolut unsicher und unwissend in allen technischen fragen, z. b. materiallehre, sie kann wolle nicht von baumwolle unterscheiden, bindungslehre, sie kann atlas nicht von köper unterscheiden. die kritik der stoffe wäre nur von anti- und sympatien geleitet, also ganz persönlich und menschlich, die künstlerische beurteilung fehle vollkommen. wichtige organisatorische werkstattangelegenheiten werden von frau sharon nur bei kaffee und tee erledigt.“

Grete Leischner, Gert Preiswerk und Anni Albers baten die Ehemaligen um briefliche Unterstützung für Gunta Stölzl bei dieser bösartigen Verleumdung: *„die behauptung der drei werkstattmitglieder geht dahin, dass sie sich alle kenntnisse der weberei nur von herrn wanke erworben haben. wir bitten euch zu diesen punkten ausführlich stellung zu nehmen, speziell zu der stellung der drei zur werkstatt und zur werkstattleitung. […] die angelegenheit ist ernst zu nehmen da sich durch eure aussagen das urteil über frau sharon persönlich und ihre werkstattleitung ergänzen wird.“*

Die heftige Kritik an Gunta Stölzls Theorieunterricht dieser Zeit sollte sie wohl vor allem diffamieren, denn überlieferte Mitschriften anderer Studenten zeugen von gründlicher Unterweisung. So hat Heinrich Neuy, der von 1930 bis 1932 am Bauhaus studierte, aus persönlichem Interesse zusätzlich zum Pflichtstudium die Theoriekurse Stölzls besucht und auf 130 Seiten in seinem Notiz- und Skizzenbuch handschriftlich, mit vielen Sachskizzen versehen, folgende Bereiche ausführlich dargestellt: Bindungslehre, Fachrechnen, Materiallehre, detaillierte Informationen zu Garnen, zum Färben, zur Spinnerei, zur Handweberei, auch zum Jacquardwebstuhl. Diese von der Familie Neuy aufbewahrten Unterlagen sprechen für den vielseitigen Unterricht Gunta Stölzls, den Heinrich Neuy zeitlebens in positiver Erinnerung hatte, wie seine Tochter berichtet.

Gunta Stölzl schrieb im Dezember ihrem Bruder über die neue Situation:

„das bauhaus ist immer ein spiegel von draussen. die meister sind eine richtige lehrerschaft geworden, bei den studierenden kommen elemente zu wort, die früher kaum möglich waren! natürlich steht das ganze wieder sehr in frage. mies ist sehr sympatisch, aber ob er für die sache genügend hingabe haben wird, fragt sich. er ist nur 2 tage in der woche im haus. es ist gar nicht so leicht das nivo zu halten mit der heutigen jugend. die meister haben weniger denn je kontakt. alles zerfällt durch persönlichen machthunger und eifersüchteleien. ich habe auch einen schweren stand 1. wegen sharon – h.meyer. 2. weil ich zu kameradschaftlich mit meiner werkstatt stehe. 3. weil 6 alte fortgegangen sind und die jungen aufgehetzt werden durch bestimmte leute, die dazu noch von meistern unterstützt werden. also zukunftsfroh sieht es hier nicht aus. ich sollte mich nach etwas neuem umsehen. das ist nur heute nicht so leicht."

Einer der Hauptfeinde Gunta Stölzls unter den Meistern scheint Wassily Kandinsky gewesen zu sein. Ein Grund war sicher die Tatsache, dass Stölzl und Klee sich hinter Meyer gestellt hatten, der nach seinem Weggang öffentlich scharfe Kritik an Kandinsky geübt hatte.

Ganz sicher war Kandinsky die Rolle Gunta Stölzls als einziger Meisterin am Bauhaus ein Dorn im Auge, denn für ihn waren Frauen in jeder Hinsicht untergeordnete Wesen, die keine gleichberechtigte Position innehaben konnten. Dass er nicht der einzige Mann mit dieser Einstellung war, zeigt die Tatsache, dass Gunta Stölzl der Professorentitel 1929/30 sowohl von Dessaus Bürgermeister als auch vom Landeskonservator Dr. Ludwig Grote verweigert worden war.

Meyer hatte versucht, den Meisterrat zu überzeugen, gegen diese Entscheidung zu opponieren, schon um die Glaubwürdigkeit der Geschlechtergleichheit im Bauhaus zu demonstrieren. Gunta Stölzl bekam trotz Meyers intensiver Verteidigung den Titel nicht.

Schon Mitte 1930 versuchte sie, ihren Arbeitsplatz zu wechseln und wandte sich mit der Bitte um Vermittlung an Freunde und Bekannte, aber die Arbeitssituation war in ganz Deutschland schwierig. So schrieb Schlemmer, der an der Hochschule in Breslau arbeitete: *„ich weiss kein plätzchen für dich, werte gunta, werde aber herumdenken."* Und wie zum Trost ein halbes Jahr später: *„daß ich nur scheinbar glücklich, ihr nur scheinbar unglücklich seid, weil man ja immer meint, dort sei es schön, wo man nicht ist. tröstet euch! auch hier ist nicht alles essig, was in der sonne glänzt, auch hier jammert einen bisweilen das menschliche, atmosphärische, geldliche …".*

Da Gunta Stölzl an Hochschulen wenig Möglichkeiten für sich sah, dachte sie auch an einen Einstieg in die Textilindustrie. Sie sah ihre Situation am Bauhaus inzwischen als sehr gefährdet, auch wenn ihr Vertrag am 31. März 1930 verlängert worden war. In dem Vertrag heißt es: *„Fräulein Stölzl erhält als Besoldung den Betrag von 5.200,00 RM jährlich. Hierzu kommt ein Wohnungsgeldzuschuss nach Tarifklasse 1 (z. Zt. RM 606,-) und soweit zulässig eine Kinderbeihilfe nach den Bestimmungen des anhaltischen Besoldungsgesetzes vom 23. Dez. 1927. Die Zahlung erfolgt in monatl. Raten im voraus. Ein Anspruch* *auf Pension besteht nicht. Frl. Stölzl erhält ausserdem entweder im Bauhaus oder an anderer Stelle unentgeltlich einen Arbeitsraum.“*

Anfang Januar gelang es Gunta Stölzl noch, bezüglich der Beschwerde Herbert von Arends Recht zu bekommen: er wurde angewiesen, die Werkstatt bis zur Klärung der Angelegenheit nicht mehr zu betreten. In einem Brief an ihren Bruder schrieb sie:

„ich habe viel zu tun – u. eine ganz ekelhafte geschichte mit der werkstatt hinter mir. so ein paar gemeine hetzer wollten mich rausschmeissen u. auch von oben spielt so eine intrigue mit. ganz erledigt ist die sache noch nicht. natürlich ist es scheusslich für mich, dass der neue direktor sozusagen von mir jetzt nur diese verleumdungen kennt u. schliesslich doch davon beeinflusst ist. wie sich das ganze bauhaus weiter entwickeln wird, kann man noch nicht sagen – mies macht einen sehr ruhigen überlegenen eindruck – aber ob er hingabe für die sache hat bezweifle ich noch sehr. die reine verschulung ist jetzt ganz offenkundig. ich hätte schon lust diese stätte zu verlassen, aber wohin?“

Im März 1931 hatte sich ihre Situation so zugespitzt, dass sie ihren Bruder um juristischen Rat bat. Sie schrieb noch einmal von der Verleumdung: *„der vater eines mädchens hat sich aber nicht beruhigt und bei der regierung eine beschwerde gegen mich eingereicht die vor allem mich in meinem privatleben angreift, mich scheinbar auf sexuellem gebiet verleumdet. der oberbürgermeister will nun die beschwerde nicht behandeln, weil die sache wieder den staub um das bauhaus aufwirbelt und das B.H. sowieso recht auf der kippe steht. er will mir kündigen und kann das auch, da ich ja leider keinen vertrag habe nun rät mir mies u. klee u.s.w. dass ich kündigen soll, da es dann leichter wäre für mein weiteres fortkommen etwas zu tun. niemand kennt den inhalt der beschwerde aber dem sinn nach scheinbar doch. mich gegen die beschwerde zu verteidigen u. die campagne gegen solchen schmutz aufzunehmen rät mir jeder, sei* *sinnlos, es würde doch etwas an mir hängen bleiben u. der O.B.* [Oberbürgermeister, I. R.] *würde auf jeden fall kündigen. mies ist jedenfalls nicht aktiv, er will mich nicht halten. diesen eindruck habe ich. ich selbst denke auch, dass zu kündigen das klügste ist, für eine neue stelle. und ich gehe ganz gerne – die ganze arbeit u. bes. das menschliche ist nicht mehr sehr erfreulich hier u. ich bin einfach schon zu lange hier. also ich möchte nicht hier bleiben, aber es verletzt mich eben doch, mit so einer schmutzaffäre beladen zu sein, und mich nicht rechtfertigen zu können – eigentlich doch nur weil sonst der krach um das bauhaus wieder losgeht. ich bin aber bestimmt nicht der mensch dazu, so eine schlacht gewappnet auszuhalten – das kostet nerven, die ich nicht habe u. zudem müsste man in der zeitung schreiben etc. alles dinge die ich nicht kann u. die auch niemand für mich tut heute – denn alle fürchten für ihre existenz! das ist eine feine sache! nicht wahr! dass mir das passieren muß – das habe ich noch nicht verdaut. bitte schreibe bald – vor allem wie du über die kündigung denkst! […] den eltern schreibe bitte nichts von der kündigung. sie regen sich nur unnötig auf u. können mir doch nicht helfen.*"

Erwin antwortete umgehend und versuchte, die sachliche, juristische Seite der Auseinandersetzungen in den Mittelpunkt zu rücken, vor allem die Vertragslage, die ihm offensichtlich unbekannt war. Der Vertrag gab der „angestellten Lehrerin" und der Stadt das Recht, halbjährlich zum 1. April und zum 1. Oktober zu kündigen. Im Dezember 1930 jedoch schickte die Stadt ein Kündigungsschreiben, falls Gunta Stölzl nicht mit einer 6-prozentigen Kürzung der Dienstbezüge einverstanden sei. Es ist nicht überliefert, aber wahrscheinlich war sie mit der Kürzung einverstanden, sodass ihr Vertrag von 1928 weiter galt.

In seinem Brief führte der Bruder Gunta Stölzl die Folgen einer Kündigung vor Augen. Er machte ihr klar, dass sie sich gegen eine Kündigung des Bürgermeisters nicht werde wehren können, „[…] *denn niemand wird hineinschreiben, dass Dir wegen ‚schlechten Verhaltens' gekündigt wird und die Stadt damit der Gefahr eines Schadensersatzprozesses aussetzen wollen.*" Er riet ihr deshalb, eine Verleumdungsklage anzustreben und für die Schädigung Buße zu verlangen. Sharon als Ehemann sollte die Klage betreiben. Vor allem riet er ihr, über den Inhalt der Klage Auskunft zu verlangen, die ihr zustünde:

„Es ist Dir doch wahrhaftig nicht gleichgültig, ob Du unter dem Druck eines üblen Gerüchtes das Bauhaus verläßt oder nicht. Und wenn Du selber kündigst, mag das für Deinen künstlerischen Ruf besser sein als wenn Dir gekündigt wird, aber für den menschlichen spielt das keine Rolle. Nachdem sich schon einmal ein Stadtverordneter damit befaßt hat, wird er Deinen Fortgang immer als Sieg ausposaunen samt den vermeintlichen Hintergründen und das kann man nur verhindern, wenn man ihn vorher kleinkriegt. Der Krach um das Bauhaus wäre mir in diesem Falle furchtbar wurscht, gerade wo Du anscheinend doch auch dort schon sehr einsam stehst. Ich glaube Dir schon, dass Du ganz gerne gehst, aber nicht so; und ob es ausgerechnet jetzt sein muß, wo Du mit 99 % Sicherheit nirgends ankommst, ist doch auch noch zu überlegen […]*, mir scheint, die ganze Atmosphäre ist schon stark vergiftet, in der Ihr da oben leben müsst. Es müsste doch auch irgendwo noch sachliche Menschen geben.*"

Gunta Stölzl sah die Situation wohl realistischer als ihr Bruder: Ihr erschien eine Klage sinnlos, denn bei der allgemeinen Hetze gegen das Bauhaus hatte sie wenig Vertrauen in eine faire Behandlung ihres Falles, zumal mit Sharon als Kläger, der ja Ausländer und Jude war. An ihrer Tür hatte sie zudem schon ein Hakenkreuz entdeckt!

Gunta Stölzl zog nur eine Konsequenz: Sie kündigte noch am selben Tag – bevor ihr gekündigt werden konnte. Im Protokoll der Konferenz des Bauhauses hieß es: *„herr mies van der rohe gibt mit bedauern davon kenntnis, daß frau sharon ihren vertrag gekündigt hat und tritt den laufenden gerüchten, daß bereits eine nachfolgerin in aussicht genommen oder gewählt sei, entgegen.*"

Noch am Tag der Kündigung schrieb sie Benita Otte: *„ich habe gekündigt – von den ganzen schweinereien gegen mich weisst du ja, es ist aber noch dicker und noch intriganter als ich ahnte. Wa Ka* [Wassily Kandinsky, I. R.] *steckt auch dahinter und wenn der fuchs beisst da lohnt es sich nicht sich zu wehren – er beisst weil er furcht hat vor meinem bolschew. mann der die studenten verhetzt und albers glaubt das auch, er behauptet sogar, sharon hat schmidtchen aufgeputscht und mies legt schließlich keinen wert auf so ein mitglied wenn die mächtigen so denken. pe ha* [Walter Peterhans, I. R.] *schürte natürlich am eifrigsten, sachs* [Margarete Sachsenberg, I. R.] *neidet mir alles, mann, stellung, gesundes kind etc. also meine seite besteht nur aus arndt und schmidtchen* [Joost Schmidt, I. R.] *und beide werden sich schwer ihres lebens hier wehren müssen.*"

Ihrem Bruder teilte sie die Kündigung am 3. April mit, und zwar erst auf der letzten Seite ihres langen Briefes: *„nun noch zu deinem brief für den ich dir sehr danke – aber es ist doch nichts mehr zu machen – ich habe gekündigt und ich bin froh dass ich die sache los bin, an dem verhältnis der meister zu mir kann ich nichts ändern – eine klage gegen die beschwerde würde mir in meinem verhältnis zu den meistern gar nichts nützen, einen längeren vertrag würde ich keinesfalls bekommen u. dann ginge im herbst die geschichte von neuem los. gegen solche intriganten wie kandinsky und peterhans ist man machtlos – kand.*[insky] *hat schon zwei direktoren abgekillt, da wird es ihm doch gelingen mich zu erledigen wenn ich ihm unbequem bin – du denkst immer noch zu gut von den menschen u. glaubst immer noch dass es eine gewisse gerechtigkeit gibt die nach aussen tritt. das bauhaus steht innerlich und äusserlich auf so schwachem fundament, dass es mir auch gar nicht so leid tut. es wird sich schon etwas finden für uns.*"

Schon am 1. April 1931 schrieb sie Gropius, auch in der Hoffnung, dass er ihr mit seinen weitreichenden Kontakten bei der Stellensuche behilflich sein könnte, vor allem aber, um ihm die Hintergründe ihrer Tragödie zu schildern.

„[…] *übrigens hatte er* [Kandinsky, I. R.] *wohl nie besondere sympathien für mich empfunden. peha hat nur ‚aus liebe' gehandelt, seine nicht anerkannte freundin gerächt! frau m. sachsenb.*[erg] *hat sich auch gefreut, ein bischen schüren zu können, der neid ist immer hungrig.*"

Gropius antwortete ihr schnell und mitfühlend:

„[…] *ich kann mir lebhaft den gang der entwicklung vorstellen, habe ich ja selbst zur genüge ähnliche kamarillen gegen mich durchgemacht, aber so, wie die dinge zu liegen scheinen, hat man ihnen wohl richtig geraten, wegzugehen. selbstverständlich würde ich an ihrer stelle verlangen, dass ihnen die schriftliche eingabe vom O.B. gezeigt wird, damit sie auch ihrerseits schriftlich dazu stellung nehmen können, denn sie müssen die angelegenheit zu einem gewissen abschluss bringen, indem sie die anwürfe sachlich zu widerlegen suchen, weil sonst noch später für sie schwierigkeiten entstehen können, wenn sie irgendwo eine andere stellung annehmen. ich wollte mies einmal wegen der sache sprechen; es hat sich aber noch keine ruhige gelegenheit dazu ergeben.*"

Im Mai 1931 versuchte die Mehrzahl der Studenten noch einmal, den Fall Stölzl aufzurollen und den Ausschluss der Kläger aus dem Bauhaus zu erreichen. So schrieb das Organ der Kostufra (Kommunistische Studierendenfraktion) in Sorge um das Verschwinden von Selbstverwaltung und Demokratie am Bauhaus in zynischen Texten über die Entlassung von Gunta Stölzl:

„Das ‚Happy End': Ein geschickter amerikanischer Filmregisseur hätte die Gelegenheit sicher nicht verpasst. Er hätte diesen atemraubenden Stoff herrlich ausgenutzt, um einen Film zu drehen, der sicher alles überragen könnte was bisher auf dem Gebiete des Tränendrüsenkitzels bei manchen keuschen Jungfrauen und Tanten aus Köthen erreicht wurde. Ist es denn nicht verlockend? – Ein keusches junges Mädchen aus einer Provinzstadt, kommt in die Großstadt

und begibt sich auf eine Hochschule für Gestaltung, nur um brennendes Wissensbegehren zu befriedigen, es wird von dem Leben auf der Hochschule grausam getroffen, die Hochschule für Gestaltung entlarvt sich als Sündenpfuhl, als wahres Sodoma. Eine der leitenden Persönlichkeiten, ein grausames Weibsbild, bemüht sich mit allen Kräften, es zu verführen und als es ihr nicht gelingt, den keuschen Widerstand des Mädchens zu überwinden, fängt es mit den raffiniertesten Mitteln an, das Mädchen zu verfolgen. Zum Glück aber findet das Mädchen Schutz in den Armen einer rotblonden Freundin, und sie schwören, mit gemeinsamen Kräften, das Haus der Sünde zu reinigen. Es hilft ihnen dabei ein edler hochstämmiger Mann mit feurigen Schröteraugen und nobler Gesinnung. Der Kampf ist schwer, sehr schwer, aber alle Mittel sind heilig usw. Aber letzten Endes siegt die Gerechtigkeit, das Weibsbild ist fortgeschafft und das keusche Mädchen und ihre im heiligen Kampfe errungenen Freunde können ihren Sieg feiern. – Es spielen noch verschiedene Personen mit, der Vater des Mädchens (mit einem sehr langen Titel), einige nationalsozialistische Redakteure, ein deutschnationaler Abgeordneter, einige verkannte Künstler und einige menschenfressende rote Kommunisten. […] *Ist das nicht ein entzückender Stoff?"*

Der Text der Kostufra übernahm in satirischer Form die Propagandasprache der Nationalsozialisten, um die politische Dimension der Affäre zu zeigen. Die Kostufra protestierte damit gegen den „Vergleich", den Bürgermeister Hesse erreicht hatte. Entgegen dem Votum der Studierenden waren die Kläger wieder aufgenommen worden.

Die Kostufra kommentierte: *„Das ist der Anfang meine Herren! Das ist nur ein kleiner aber verhängnisvoller Prolog. Wenn es diesen Herren und Behörden gelingt, uns das Maul zu verbieten, so werden sie sich auch nicht scheuen, alles andere nun noch übrig gebliebene abzusagen. Dem Faschismus ist der Weg frei gemacht. Die faschistische Klo-*

akenpresse kann die Geschicke des Bauhauses gestalten. Behörden und Polizeibeamte können den Kurs bestimmen. –

Das ist der Anfang vom Ende! –"

Auch Gunta Stölzl schrieb ihrem Bruder von diesem sogenannten Vergleich: „*Die Studierenden haben die drei Hetzer herausgeschmissen – mies [Mies van der Rohe] hat sie dann auch entfernt, sämtliche Meister haben seine Tat unterschrieben und am Bauhaus ausgehängt – da kam der Bürgermeister mit einem Deutschnationalen und – sie wurden wieder aufgenommen! – das ist eben die mächtige Politik und ich bin gerade zufällig das Opfer geworden.*"

Gunta Stölzl hat übrigens die 80-seitige Anklageschrift nie gelesen. Sie ist bisher in den Akten nicht aufgetaucht.

SUCHE NACH NEUEN WEGEN

Die Zeit nach der Kündigung von Gunta Stölzl stand im Zeichen der Suche nach einer neuen angemessenen Tätigkeit. Dies war umso schwieriger, als die wirtschaftliche Lage in Deutschland desolat war. Es herrschte überall Arbeitslosigkeit und die politischen Entscheidungen wurden immer offener von Nationalsozialisten bestimmt.

So ist es zunächst erstaunlich, dass Gunta Stölzl in mehreren Briefen trotz aller Probleme Urlaubspläne schmiedete – doch es entsprach ihrem optimistischen Naturell und ihrer Begabung, auch dieser schwierigen Situation etwas Positives abzugewinnen.

Sharon war nach Beendigung des Schulbaus in Bernau nach Dessau zurückgekehrt, hatte aber außer ein paar Kleinigkeiten nichts zu tun. Im Mai fuhr er nach Palästina, um seinen Pass verlängern zu lassen, was in Deutschland nicht möglich war. Gunta Stölzl blieb bis Juli in Dessau und fing von dort aus an, sich nach einer neuen Arbeit umzusehen. Gleichzeitig suchte sie für die Sommermonate eine Pflegefamilie für ihre kleine Tochter.

Die Arbeitssuche gestaltete sich schwierig, aber eine Hoffnung gab es: Sowohl Gropius als auch Mies van der Rohe hatten Gunta Stölzl an den Syndikus der Seidentextilverbände Dr. Raemisch verwiesen, der eine Seidentextilschule plante und eine Leiterin für die Weberei suchte.

In der ersten Juniwoche kam Dr. Raemisch zu einem Gespräch nach Dessau und offensichtlich vermittelte er Kontakte zu Itten, denn schon am 15.06.1931 schrieb Gunta Stölzl an Erwin: „*Meine Unterredung mit Itten hatte positiven Charakter, – aber ob es etwas wird steht noch in Frage – er hatte für diesen Posten nur einen Werkmeister vorgesehen.*“

Es entbehrt in diesem Zusammenhang nicht der Tragik, dass sowohl Johannes Itten als auch später Georg Muche, die beide keine handwerklichen Erfahrungen im textilen Ausbildungsbereich hatten, dort langfristige Stellen bekamen, Gunta Stölzl als erfahrene Werkstattleiterin jedoch nicht. Itten erteilte ihr eine Absage, die sie versuchte, gelassen zu sehen: „*also mit crefeld wurde es nichts. itten hat abgesagt. an und für sich ist das nicht schlimm, da mir gesagt wurde von mies etc., dass die schule rein modische absichten hat. aber wenn itten nicht will, ist ja nichts zu machen. – andere aussichten eine anstellung zu finden haben sich bis jetzt auch noch nicht ergeben u. ich hoffe auch nicht mehr darauf.*“

Gunta Stölzl versuchte auch, bei Industriefirmen unterzukommen, doch sicher nur unter dem Druck ihrer Situation – und ohne Erfolg.

Zum Abschied Gunta Stölzls vom Bauhaus wurde ihr ein Sonderheft gewidmet und ein Abschiedsfest bereitet, das sie trotz allem genießen konnte. Gropius kam nicht, schrieb aber: „*bitte einen kuss an gunta von mir mit einschmelzen.*“

Ihm schrieb sie später: „*das abschiedsfest war sehr schön … u. ich denke sogar sie hätten sich ganz wohl gefühlt, es kam bis zu einer sehr kräftigen, heiteren stimmung, die nicht den glanz der alten guten feste entbehrte. die bauhäusler erkletterten, so gegen morgen die wipfel der kienfichten mit gesang!*“

Zum 1. Juli kündigte Gunta Stölzl ihr Dessauer Zimmer und fuhr mit Yael zunächst zu ihren Eltern an den Bodensee, dann zu Bekannten nach Germersheim, wo Yael bis Mitte Oktober blieb.

Jetzt ohne Arbeit und eigene Wohnung, war sie für zwei Wochen bei ihrem Bruder in Bergzabern.

Von dort aus bat sie Gropius um ein Zeugnis: „*als ewiger bauhäusler habe ich natürlich kein einziges zeugnis u. so etwas braucht man besonders im ausland.*“

Schon am 31.08.1931 schrieb Gropius: „*frau sharon zeichnete sich gleich zu beginn ihrer arbeit am bauhaus durch ihre seltene und ausserordentlich künstlerische begabung aus, so dass sich das besondere augenmerk der ganzen lehrerschaft auf ihre arbeiten richtete. die vielsei-*

tigkeit ihrer begabung, ihre große energie und arbeitskraft und ihre technisch produktiven fähigkeiten veranlassten mich, ihr bei der übersiedlung nach dessau die selbständige leitung der weberei zu übergeben. ein vertrauen, das sich in höchstem masse gerechtfertigt zeigte, denn sie hat dieser weberei-abteilung des bauhauses durch die vorzüglichen produkte der werkstatt einen über die landesgrenzen hinausgehenden ruf verschafft. ich wünsche frau sharon, dass sie zu ihren ausserordentlichen leistungen einen entsprechenden wirkungskreis finden wird und kann sie in jeder beziehung ganz besonders empfehlen."

Schon Mitte Juli, nach der Absage Ittens, entstand die Idee, eine eigene Werkstatt in der Schweiz zu gründen, zusammen mit Gert Preiswerk, einer Schweizerin, die ihre Schülerin gewesen war.

Ende August fuhr Gunta Stölzl nach Basel, wo sie die Familie Preiswerk kennenlernte, die die Werkstatt finanzieren wollte. Anschließend traf sie sich in Zürich mit dem Bauhäusler Heinrich Otto Hürlimann, der ebenfalls Partner werden sollte. „*hürlimanns arbeit und sein menschliches verhalten gefielen mir sehr gut*", schrieb sie, „*– aber die finanzen? das ist der lockere und nicht zu fassende punkt. – wenn wir viel arbeit haben, können wir uns vielleicht gerade so durchbringen.* […] *wir sind alle drei keine simplen handarbeiter – wollen und können es nicht sein* […] *das ist das problem. das 2te ob ich überhaupt aufenthaltserlaubnis d.h. arbeitserlaubnis bekomme?*"

Zurück in Bayern leitete sie aushilfsweise für einige Wochen eine große Handweberei und arbeitete danach an einem Bühnenvorhang, bis sie im November 1931 endgültig Deutschland verließ und in die Schweiz übersiedelte.

WERKSTATTARBEIT IN DER SCHWEIZ

Gleich nach ihrer Ankunft in der Schweiz gründete Gunta Sharon-Stölzl zusammen mit Gertrud Preiswerk und Heinrich Otto Hürlimann die Handweberei S-P-H-Stoffe in Zürich. Am 13. Dezember bekam sie endlich eine Arbeitserlaubnis und damit die Möglichkeit, eine eigene Wohnung zu mieten. Am 27.12.1930 schrieb sie Benita Otte: *„Wie ich diese situation nach dem bauhaus geniesse, kann ich dir gar nicht sagen, wir haben auch schöne aufträge – teppichanfragen etc. u. es wird ganz ideal sein. wir drei* […] *vertragen uns glänzend, nicht zu nah und nicht zu weit, u. hürlimann ist ein weberphänomen, er hat sehr schöne sachen gemacht und schon gute beziehungen – u. meine berühmte! Vergangenheit hilft mir natürlich auch ganz gut.“*

Oskar Schlemmer, der gerade seine Entlassung aus der Akademie Breslau erfahren hatte, gratulierte Gunta Stölzl zu ihrem *„reinen Werkbund“*.

In ihren Versuchsreihen am Bauhaus war Gunta Stölzl über die traditionellen Webtechniken hinausgegangen und hatte ein professionelles Textildesign entwickelt, das einheitlichen Ideen folgte und neue Materialien einschloss. Diese Arbeit setzte sie nun in der Schweiz fort, öffnete sich jedoch immer den jeweiligen Strömungen des Zeitgeschmacks.

Die Schwerpunkte der Werkstattarbeit waren Möbel- und Vorhangstoffe, die auch als Einzelstücke für Architekten ausgeführt wurden. Ein wichtiger Auftraggeber seit 1931 war die Wohnbedarf AG, in der auch andere Bauhäusler wie Moholy-Nagy und Marcel Breuer mitarbeiteten.

Die Firma S-P-H-Stoffe entwickelte aber auch Prototypen für die industrielle Fertigung. Die Bandbreite an angebotenen Stoffen war groß, wobei funktionale Aspekte genauso berücksichtigt wurden wie ästhetische. Bei Vorhangstoffen gab es feine Strukturen und Transparenzen,

z. B. durch Dreherbindungen, aber auch dichte, feste Vorhänge. 1933 webte sie für ein Fotostudio einen weich fallenden Vorhang mit Zellophanbast in Waffelbindung.

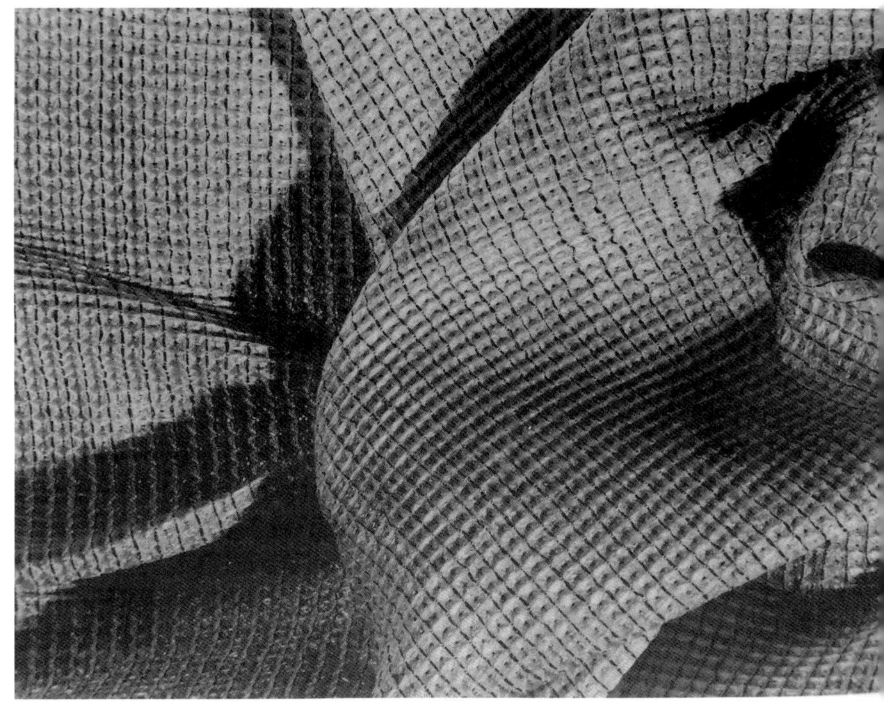

Vorhangstoff für ein Fotostudio, 1933, Waffelbindung, Kette: Zellophanbast; Schuss: Baumwollkreppgarn, Zellophanbast, 66 × 106 cm, Originalphotographie im Bauhaus-Archiv, Berlin

Für Stahlrohrmöbel wurden weiterhin Spannstoffe produziert, einige auch beidseitig zu verwenden. Für Polstermöbel gab es dichte, unauffällige Strukturstoffe in robuster, sehr guter Qualität.

Gunta Stölzl verwendete in der Schweiz vor allem Naturmaterialien und kombinierte für besondere Effekte gern feine und grobe Garne in zurückhaltenden Farben. Sie verstärkte die Produktion schlichter Wolldecken aus handgesponnenen und handgefärbten Wollgarnen. Tischdecken wurden vorrangig aus Leinen hergestellt, was Haltbarkeit und gute Waschbarkeit garantierte, gleichzeitig gediegene Eleganz. Kleiderstoffe erweiterten die Produktpalette.

Um mehr Kontakte zu Auftraggebern zu bekommen, wurde Gunta Stölzl schon 1932 Mitglied im Schweizerischen Werkbund und beschickte in den folgenden Jahren zahlreiche seiner Ausstellungen. Schon auf der Basler Messe 1932 fanden die S-P-H-Stoffe Anklang, und die Werkstatt knüpfte Kontakte.

Doch trotz der großen Anstrengungen stellte sich der erhoffte finanzielle Erfolg nicht ein. Die Kalkulation angemessener Preise und eine rentable Produktion waren von Anfang an Probleme, mit denen die Werkstatt zu kämpfen hatte. Im Sommer 1933 kam es zu einem großen finanziellen Verlustgeschäft, das die kleine Werkstatt nicht verkraftete: *„Wir lösen die S-P-H-Stoffe auf –* […] *Wir haben einen großen Schlag durch den Wohnbedarf erlitten – er hat zu viel Stoff bestellt u. reklamiert nun die Qualität – diese Sache ist im Textilgebiet sozusagen beinahe Usus, wenn es einem schlecht geht.“*

Wieder stand Gunta Stölzl vor dem Nichts. Verzweifelt schrieb sie ihrem Bruder: *„Ich weiß absolut nicht, wohin ich gehen kann. Wenn die Schweiz aus ist – Frankreich, Paris – ist übersättigt mit Emigranten, die alle nicht wissen, von was sie leben sollen.“*

Das Interesse an exklusiven Textilien war auch in der Schweiz gering, und so sah Gunta Stölzl keinen anderen Ausweg, als mit Hürlimann in noch bescheidenerem Umfang weiterzumachen, vor allem einfache, solide Gebrauchsware herzustellen und zusätzlich andere Verdienstmöglichkeiten zu finden, so durch die Untervermietung von Zimmern ihrer Wohnung.

Ab 1933 führten Stölzl und Hürlimann die Weberei unter dem Namen S+H Stoffe weiter. Im Oktober 1934 endlich bekamen sie den Auftrag, für ein Kino Wandbespannung und Bühnenvorhang zu entwickeln, die auch Anerkennung in der *Schweizer Werkbundzeitung* fanden. Spannstoffe mit Viscaband, schon am Bauhaus entworfen, wurden von Gunta Stölzl in der Schweiz verstärkt produziert. Es gab rustikalere Wirkungen mit Jute und Hanf, aber auch feinere mit Leinen- oder Seidengarnen, kombiniert mit Viscaband, die elegant wirkten. Solche Stoffe wurden später auch als Radiospannstoffe für die Firma Grundig verwendet.

In der Presse wurden die S+H Stoffe äußerst positiv besprochen: „*Daneben gibt es in Zürich weiter die neue Werkstatt Sharon-Stölzl und Hürlimann, die im besten Sinne <moderne> Stoffe für den neuzeitlichen Innenraum schafft. Von der Erkenntnis ausgehend, dass Stoff im Raum eine <Funktion> zu erfüllen hat, sei es als vielbenutzte Divandecke, Wandbespannung oder Möbelbezug, wählt man bestes Material. Man erreicht damit eine Dauerhaftigkeit, die durch Maschinenstoffe nicht erreicht werden kann. Wo es die Art der Verwendung erfordert, verarbeitet man sogar dicke Juteketten, um größtmögliche Haltbarkeit zu erzielen. Wandbespannungsstoffe sind aus Cellophangarnen, also abwaschbar und staubabweisend. Die abgebildeten Stoffe sind nur einige aus einer großen Reihe Neuschöpfungen. Sie bestechen durch ihre schönen Strukturen, die als lebendig wärmendes Element verbindend im klaren, modernen Raum wirken. Sharon besitzt neben sicherem Gefühl für Materie gleichzeitig die Möglichkeit, ihre Versuche auf Maschinenstoffe umzudenken. Eine Gabe, die sich bereits Schweizer Leinenfabrikanten für den nächsten Sommer zunutze machen.*“

Im Herbst 1937 wurde ihr eine internationale Anerkennung zuteil: Sie erhielt zusammen mit Hürlimann das *Diplôme Commémoratif - Exposition Internationale des Arts et des Techniques*, und fuhr aus diesem Anlass mit Bauhausfreunden nach Paris.

Für die Werkstatt gab es trotz der Anerkennung keinen wirklichen Erfolg, „*der nackte Existenzkampf hockt immer an der Türe*“. Ende 1937 schied Hürlimann aus der Werkstatt aus. Gunta Stölzl zog in die Florastraße, wo Werkstatt und Wohnung in einem Haus lagen, und führte nun die *Handweberei Flora* allein weiter.

Sie begann schon bald mit den Vorbereitungen für die Schweizerische Landesausstellung in Zürich, die im Sommer 1939 stattfand. Es entstand eine Fülle unterschiedlicher Textilien für verschiedene ausstellende Firmen. In der Presse wurde ihr exklusiver Möbelstoff für eine Empfangshalle besonders erwähnt, in dem sie weiße und türkise Seide mit Wolle kombiniert hatte. Im *Frauenpavillon* stellte Stölzl in Vitrinen Dekorationsstoffe aus, die offensichtlich ebenfalls den Zeitgeschmack trafen. Einfachheit und gediegene, zurückhaltende Ästhetik zeichnete die Stoffe aus. Gute Qualität war selbstverständlich und sprach auch ein anspruchsvolles Publikum an.

In diesem Jahr stabilisierte sich auch die wirtschaftliche Situation Gunta Stölzls. Der Schweizer Architekt Hans Fischli gab ihr 1940 den Auftrag, die Decken- und Wandbespannung für ein Privathaus anzufertigen. 1941 folgte die Bespannung der Decke im Pavillon Suisse in Lyon.

Die Kriegsjahre bedeuteten für die Werkstatt eine Zeit des Auftriebs und einer gesicherten Existenz, zumal Gunta Stölzl über einen großen Wollvorrat verfügte, doch herrschte auch in der Schweiz Mangel. Ihre Tochter erinnert sich: *„Noch während der Kriegsjahre und auch danach arbeitete Gunta Stölzl viel mit handgesponnener Wolle aus dem Wallis* […] *Postpakete mit geschorener Wolle, die meine Mutter schickte, und gesponnene Wolle gingen hin und her* […] *Der gesponnenen Wolle war meist ein Stück Walliser Käse und mehrere Brotlaibe beigefügt* […] *in den Kriegsjahren ein großer Reichtum.*"

Gegen Ende des Krieges ging allerdings ihr hochwertiger Wollvorrat zur Neige. Dann gab es wieder eine Reihe größerer Aufträge, die ihr Auskommen sicherten, aber 1948 schrieb sie mehrfach von Schwierigkeiten in der Werkstatt und versuchte, die Gründe zu analysieren. Vor dem Krieg, aber besonders im Krieg waren Bekleidungsstoffe von sehr guter Qualität gefertigt worden, die für Damen- und Herrenkleidung verarbeitet wurden. Die überlieferten Gewebe, die Haute-Couture-Stoffen entsprachen und von guten Schweizer Stoffgeschäften wie Grieder vertrieben wurden, wirken zeitlos und haben schöne Strukturen – eine konsequente Weiterführung der am Bauhaus entwickelten Ideen. Der Wandel der Mode jedoch veränderte die Nachfrage: Die festeren Handwebstoffe waren für die schwingenden Formen der neuen Mode, des *New Look*, nicht mehr geeignet. Für Polstermöbel und Vorhänge jedoch wurden in den 50er-Jahren weiterhin Handwebstoffe verwendet, und auch Gunta Stölzls Werkstatt brachten sie Aufschwung.

Die Verwendung von Handwebstoffen im Innenraum war und blieb allerdings *„eine Sache für Eingeweihte, nicht für das Volk“*, wie eine Freundin schrieb. Die Verbindung zur Industrie gelang nur in bescheidenem Rahmen. Gunta Stölzl strebte z. B. eine Zusammenarbeit mit St. Gallener Textilfirmen an. Aus ihren späteren kritischen Äußerungen über deren Geschmacklosigkeit zu schließen, blieben diese Anstrengungen jedoch ohne Erfolg.

Sie versuchte immer wieder, neue Tendenzen in der Handweberei aufzugreifen und beobachtete die angebotenen Produkte kritisch: *„Ich war auf der Frankfurter Messe, das war fast ein Stück Grassimuseum von einst, nur nicht so streng juriert [...] es gibt zu viele Handwebereien und furchtbar viel ist ziemlich sinnlos – so gar nicht aus Freude am Textilen gemacht, sondern möglichst rasch geschossen –“.*

Gunta Stölzl erhielt in diesen Jahren eine Reihe von anregenden Aufträgen, z. B. die Anfertigung von Spannstoffen als Hintergrund für Museumsobjekte des Germanischen Nationalmuseums Nürnberg. Auch webte sie neue Bezüge für alte Bauhausmöbel, die inzwischen zu Klassikern der Moderne geworden waren. 1955 schrieb sie von einem Ausstellungsauftrag: *„Dieses Frühjahr hatte ich einen netten Auftrag, gute modische Baumwollstoffe (Schweizer) einzukaufen, diese wurden in Manchester ausgestellt – es war eine Lust – das Aussuchen und Zusammenstellen und war auch gut bezahlt.“*

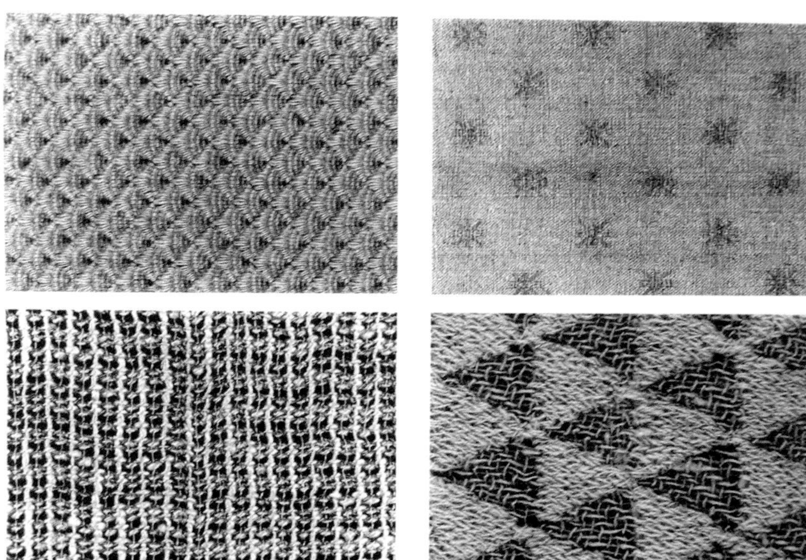

Musterstücke von Stoffen aus der Schweizer Werkstatt, oben links **„Muschel", Möbelstoff 1953,** oben rechts **Tischdeckenstoff „Sternchen" 50er-Jahre, Privatbesitz,** unten links **Vorhangstoff 40er-Jahre,** unten rechts **Vorhangstoff 40er-Jahre, Privatbesitz**

Das Sammeln und Archivieren von Stoffproben war ihr immer ein wichtiges Anliegen. In ihrer Werkstatt bewahrte sie Muster aller vergangenen Jahre auf, manche noch mit dem Sharon-Hürlimann-Signet. Allein die überlieferte Menge an hochwertigen Stoffproben aus der Schweizer Zeit würde eine eigene Publikation rechtfertigen. Sie besaß sogar noch einen Karton mit vielen Bauhausstoffproben, die ich 1982 fotografieren durfte.

In der zweiten Hälfte der 60er-Jahre allerdings ging die Zahl der Aufträge zurück. Wieder war der Grund der veränderte Geschmack der Kunden, die modische Stoffe wie Canvas, Manchester oder Leder als Möbelbezug den soliden Wollstoffen vorzogen. Jetzt hatte diese Entwicklung der schnell wechselnden Moden die Existenz der kleinen Handwebereien endgültig in Frage gestellt. *„Was sie sich so gewünscht hätte"*, schreibt ihre Tochter Monika, *„wären Aufträge für öffentliche Gebäude gewesen, die ihr ganzes Können gefordert hätten. Aber dazu fehlten ihr allmählich ganz die Verbindungen mit den tonangebenden Architekten.*

Ihre Ideen für Wand- und Deckenbespannungen hätte sie gern weiterentwickelt. Abgesehen von einer Deckenbespannung für den Industriellen Blattmann und einem Vorhang für einen Bezirksgerichtssaal in Meilen kann ich mich, aus den späteren Jahren jedenfalls, nicht an solche Aufträge erinnern. Sie klagte manchmal, in ihrem Alter habe man keine Lust mehr, allerlei Anlässe zu besuchen, um sich den Architekten in Erinnerung zu rufen. Sie arbeitete lieber wieder an einem neuen Wandbehang."

ARBEIT AM HOCHWEBSTUHL

Gunta Stölzl war 70 Jahre alt, als sie 1967 die Werkstatt aufgab, in der sie 36 Jahre lang ihren Lebensunterhalt mit Aufträgen verdient hatte, die sie sich selten aussuchen konnte. Sicher hätte sie gern in einem Institut mit freien Unterrichtsformen wie dem Bauhaus gearbeitet, doch solche Möglichkeiten kamen für sie als Deutsche in der Schweiz nicht in Frage.

Nach 1967 widmete sie sich den Gobelins und wenigen Knüpfteppichen. Sie war froh, endlich Zeit zu haben, um ungestört an ihrem Hochwebstuhl zu arbeiten. Schon 1939 war der Gobelin *Pflanzenmotiv* entstanden, es folgten weitere, auch als Auftragsarbeiten. 1946/48 hatte sie für eine Kirche in Küsnacht Paramente entworfen und gewebt: Altardecken, Messgewänder und Fahnen, die heute verschollen sind. Es war zu dieser Zeit noch ungewöhnlich, Muster in Paramenten zu weben statt sie zu sticken, und so galten sie sicher als moderne, fortschrittliche Textilien.

„Ich habe ja auch hier immer mal wieder das Glück, einen Teppich zu verkaufen und dieser Erfolg ist halt doch anspornend, auch wenn ich das Gegenteil für mich selbst behaupte – denn arbeiten tu ich so oder so – weil es mir Freude macht, weil es mich nicht loslässt.“

Von der Formensprache des Bauhauses hatte sie sich entfernt. Sie webte zeitgemäße Gobelins, in denen Naturmotive und Naturfarben dominierten, die jedoch nicht realistisch dargestellt, sondern der Webtechnik entsprechend abstrahiert waren. Im Gobelin *Fallende Wasser* von 1977 entsteht der Eindruck einer lockeren Collage, die sie mit partiell sichtbaren Schlitzen und losen Ketten zusätzlich strukturierte – eine damals neue Tendenz in der Bildweberei.

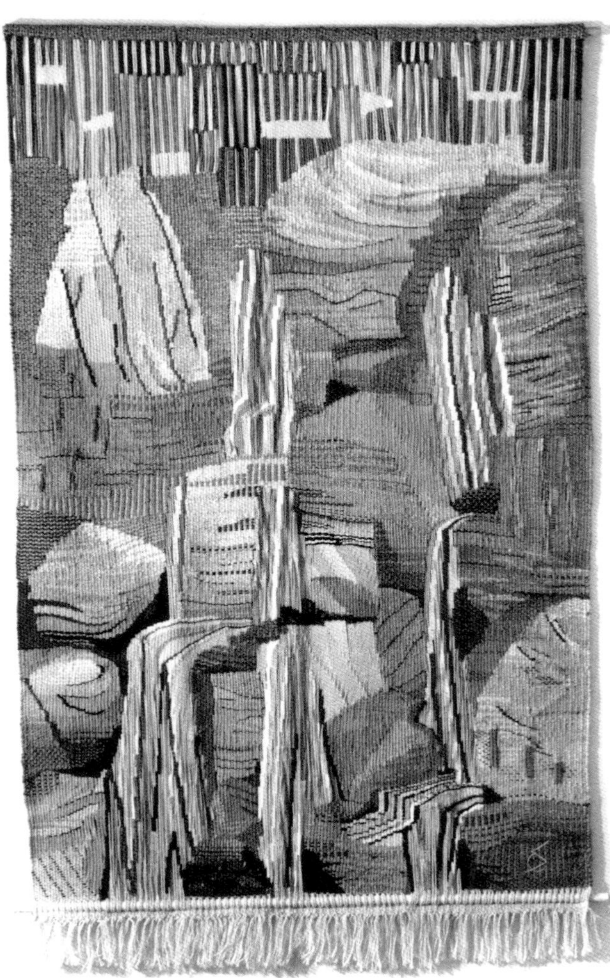

Gobelin *Fallende Wasser*, 1977, mit partieller Schlitzbildung, Kette: Baumwolle, Schuss: Wolle, 180 × 118 cm, Privatbesitz

Von einer Ausstellung ihrer Gobelins in Zürich schreibt die *Zürichsee Zeitung* 1978:

„Im Erdgeschoß wird man durch die Wandteppiche der 80-jährigen, in Küsnacht lebenden Gunta Stadler-Stölzl auf ganz undogmatische Weise eingestimmt in die strengen Ordnungen der Horizontal-Vertikalbezüge. Doch seit der Zeit am Bauhaus Weimar-Dessau sind konsequent geometrische Lösungen bei ihr zur Ausnahme geworden. Die in verschiedenen Wollen gewobenen Teppiche leben

zwar hauptsächlich von Horizontal-Vertikalrhythmen und schrägen Querverbindungen, wodurch etwa der Eindruck des Steigens und Fallens entsteht, doch werden auch freiere Formen einbezogen. Die zumeist hellen, zartfarbenen Strukturen und starkfarbigen, ornamentalen Formen wecken Assoziationen an Pflanzliches, Mineralisches, an Landschaften und Jahreszeiten. Ein beglückender Eindruck von abgeklärt-weiser Lyrik auf der Grundlage großen handwerklichen Könnens und formaler Bewusstheit geht von diesen Arbeiten aus.“

Gunta Stölzl war sich jedoch stets bewusst, dass die Wahl freier Formen in Verbindung mit dem weichen textilen Material die Gefahr in sich barg, dass das Werk an Klarheit einbüßte. Als sie sich 1964 damit befasste, Entwürfe von Anni Albers auf deren Wunsch in Textilien umzusetzen, bewunderte sie sehr deren konsequente Entwurfsarbeit, und die strengen Rechtecke reizten sie zu einem eigenen schwarz-weißen Wandbehang in der gleichen Technik.

Seit Beginn der 70er-Jahre steigerte sie ihre Produktion an Wandbehängen. Verschiedene Schweizer Institutionen stellten ihre Arbeiten aus, so die Paulusakademie und der Lyzeumsclub in Zürich, ebenso die Gemeinde Küsnacht. Sie wurde in der Schweizer Öffentlichkeit bekannter und bekam gute Kritiken.

Eine Reihe von Wandbehängen aus dieser Zeit wurde von öffentlichen Institutionen erworben, die meisten fanden private Käufer. Noch 1980, drei Jahre vor ihrem Tod, schreibt die *Neue Züricher Zeitung*: *„Das Schaffen von Gunta Stölzl hat mit den Jahren nichts an Intensität, Ehrlichkeit und Meisterschaft verloren; die Klassikerin der Textilkunst baut auf den soliden Bauhausfundamenten mit Phantasie weiter.“*

VON DER EMIGRANTIN ZUR SCHWEIZER BÜRGERIN

Die ersten Jahre in der Schweiz waren nicht nur geprägt von wirtschaftlicher Unsicherheit, sondern auch von existenziellen Problemen. Als Emigrantin musste sie immer wieder um legale Papiere kämpfen. Ihre sechsmonatige Arbeits- und Aufenthaltserlaubnis wurde zwar immer wieder verlängert, aber die Schwierigkeiten wuchsen von Jahr zu Jahr. 1935 gelang es ihr nur mit großem Aufwand, einen neuen britischen Pass zu bekommen, 1939 mit Mühe eine Verlängerung. Ohne gültigen Pass hätte ihr als Bürgerin Palästinas die Staatenlosigkeit gedroht.

Arieh Sharon hatte seit seiner Abreise nach Palästina einen Besuch in der Schweiz immer wieder verschoben – Ende 1931 kam er, um Gunta Stölzl mitzuteilen, dass er eine andere Frau habe. Tief betroffen schrieb Gunta Stölzl 1932: *„Noch ist alles ein tiefer Schmerz, der mich keinen Augenblick in Ruhe lässt“*. Sie traf Sharon noch einmal 1935, um die Trennung zu besprechen, 1936 wurde die Ehe geschieden. Die Schweiz, nicht Palästina, wurde ihr Exil.

Unsicherheit brachte auch immer wieder ihre Wohnsituation: 1931 hatte sie noch leicht eine große preiswerte Wohnung gefunden, 1933 konnte eine Kündigung gerade noch abgewendet werden. 1935 war sie endgültig, und sie musste umziehen – immer brauchte sie dazu eine Behördenerlaubnis.

Die brauchte sie übrigens auch für die Einstellung eines Kindermädchens, ein dauerndes Problem: *„ich habe jetzt allerhand schwierigkeiten. mein gutes mädchen ist fort und ich hätte einen herrlichen ersatz und kämpfe darum auf der fremdenpolizei – aber ich glaube heute endgültig ohne erfolg, das ist schon schlimm, wenn man gar nicht weiß wem man nun wieder das kind anvertrauen muss und für die kleine ist es noch schlimmer.“* In vier Jahren hatte sie sieben verschiedene Kindermädchen, die aus unterschiedlichen Gründen den Dienst quittierten. In den Ferien konnte sie Yael zu den Großeltern bringen, aber in der Schweiz fehlten ihr die Verwandten.

Fünf Jahre hatte die unsichere Beziehung zu Sharon ihr Leben bestimmt. Am Anfang pflegte sie noch Kontakte zu Mitgliedern des Schweizer Werkbundes, aber nach der Trennung von Sharon zeugen viele Briefe von Einsamkeit und Deprimiertheit.

Umso erstaunlicher ist, dass in den frühen Schweizer Jahren für Gunta Stölzl das Reisen eine große Rolle spielte, trotz großer Arbeitsüberlastung und schwieriger finanzieller Lage. Es gibt kaum einen Brief, in dem sie nicht von Reiseplänen zu auswärtigen Verwandten und Freunden schreibt oder eine mögliche Reise ausmalt, so als wollte sie damit den Alltag relativieren. Mit wenig Geld unternahm sie regelmäßig Ski- und Wanderreisen und besuchte Bauhausfreunde. Die kamen auch in die Schweiz, so Vera Meyer-Waldeck 1933, Marli Ehrmann-Heimann 1934 und regelmäßig Oskar Schlemmer und Benita Koch-Otte, mit der sie ab 1934 viele Urlaube verbrachte.

Den meisten Freundinnen erzählte Gunta Stölzl übrigens nie Einzelheiten über ihre Entlassung in Dessau und nannte keine Namen. Auch später mied sie dieses dunkle Kapitel ihres Lebens. Gertrud Arndt erfuhr die Details erst 1994 anlässlich einer Tagung in Dessau und wollte noch immer nicht glauben, dass Bauhäusler zu solchen Intrigen fähig wären. Sie weinte noch nach 64 Jahren.

Gunta Stölzls Leben änderte sich 1940: sie lernte den Schweizer Schriftsteller und Journalisten Willi Stadler kennen. Die beiden heirateten im Herbst 1942, und damit wurde Gunta Stölzl Schweizer Staatsbürgerin. Ihre wirtschaftlichen Verhältnisse hatten sich inzwischen so verbessert, dass sie für ihre neue Familie ein Reihenhaus in Küsnacht kaufen konnte, das ein befreundeter Architekt gebaut hatte. Sie wurden jetzt Nachbarn.

Gunta Stölzl behielt ihre Werkstatt in der Florastrasse und fuhr jeden Tag mit Fahrrad und Bahn zur Arbeit, bis sie 1957 mit 60 Jahren den Führerschein und ein Auto erwarb.

Ende 1943 zwang sie ein erfreulicher Anlass zu einer Arbeitspause: Sie bekam eine zweite Tochter, Monika. In diesem Jahr adoptierte Willi Stadler auch Yael, die allerdings erst 1948 eingebürgert wurde.

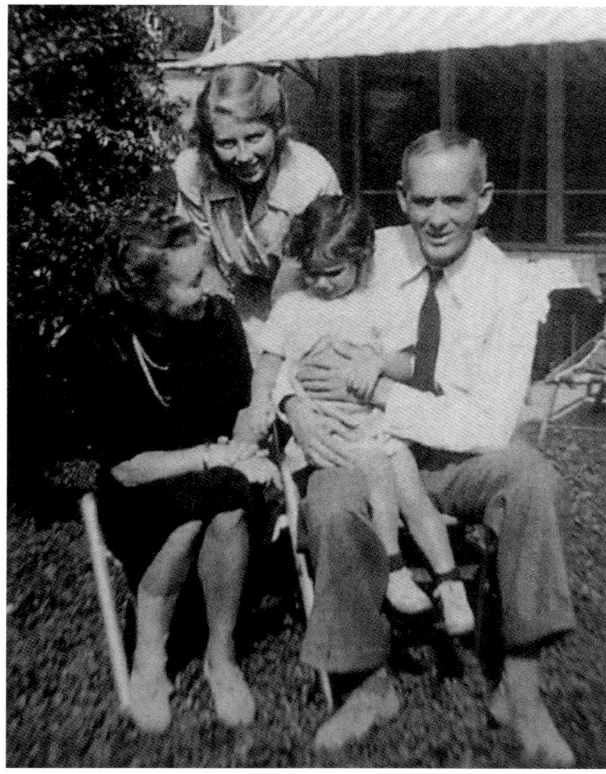

Gunta Stadler-Stölzl mit Willy Stadler und Töchtern Yael und Monika, 1946

Um 1950 begann die Renaissance der Bauhausidee. Das Busch-Reisinger-Museum in Harvard (USA) hatte schon 1949 einen großen Wandbehang von 1923 erworben, den Gunta Stölzl vom Bauhaus zum Abschied bekommen hatte. Einen zweiten, den *Schwarz-Weiß-Behang* von 1924, kaufte 1958 das Museum of Modern Art in New York. Beide wurden zu Ikonen der Textilkunst.

In diese Zeit fiel auch die erste offizielle Aufwertung des Bauhauses durch verschiedene Ausstellungen, die an die

Vorkriegszeiten anknüpften, und die alten Bauhausprodukte wurden auch in Deutschland neu entdeckt. Eine der ersten Ausstellungen wurde im Frühjahr 1950 von Ludwig Grote in München – gegen viele Widerstände und von heftiger Kritik begleitet – organisiert. Gunta Stölzl war mit einem Wandbehang vertreten, dessen Hängung zunächst nicht vorgesehen war.

1950 fand das erste größere Treffen von Bauhäuslern in Stuttgart statt, an dem auch Gunta Stölzl teilnahm, zusammen mit Gertrud Arndt. Die durch den Krieg unterbrochenen Kontakte wurden wieder lebendig. Monika Stadler erinnert sich: *„Während meiner ganzen Jugend war das Bauhaus eine Art mythische Vergangenheit, aus der mehrmals pro Jahr einer oder gleich eine ganze Gruppe alter Bauhausfreunde in unsere zurückgezogene Kleinfamilie hineinschneiten. Diese Freundschaften waren ganz besonders stark und herzlich. Ich nenne die Freunde in der Reihenfolge, die der Lebhaftigkeit meiner Erinnerung entspricht: Benita Otte, Trude Arndt, Arieh Sharon, Bella Bronner, Walter Beck, Tut Schlemmer, Lies und Otto Birmann-Oestreicher, Eva und Andreas Weininger, Vera Meyer-Waldeck, Margareta Leischner. In den Tagen, da jemand bei uns in dem winzigen Kämmerchen zu Gast war, wurde immer viel erzählt und gelacht* […] *Es war überdeutlich, dass diese alten Bauhausfreunde sich für ewig ins Herz geschlossen hatten."*

An das Museum of Modern Art in New York schrieb Stölzl 1958 anlässlich des Ankaufs ihres Wandbehangs: *„Es war die Bauhaus-Zeit für uns alle eine unverlierbare Schatzkammer, und besonders die Weimarer Zeit, wo man sich seiner Arbeit restlos hingeben konnte, ohne jedes Kalkül."*

„Die Emigration in die Schweiz hat sie jedoch immer auch als Glück betrachtet. Ihr Abschied vom Bauhaus 1931 war für sie ein Zeichen der Zeit, denn sie sah sich selbst als eine der vielen, denen das Leben und Arbeiten in Deutschland unmöglich gemacht wurde." (Monika Stadler)

In den folgenden Jahren wurden die Bauhaus-Ausstellungen und Veröffentlichungen immer zahlreicher:

1962 gab Wingler sein großes *Bauhausbuch* heraus, das in Beispielen auch die Weberei und Gunta Stölzls Arbeit würdigte. 1964 fand in Darmstadt eine Ausstellung mit Bauhausgeweben statt. Dazu erschien ein kleiner Katalog mit einigen Abbildungen und zwei Originaltexten, verfasst von Gunta Stölzl 1926 und 1931. So wurden die Ziele der Bauhausweberei erstmals auch einem breiteren Publikum bekannt. Gunta Stölzl bekam nun auch Kontakt zu Bauhausschülern, die sie seit der Bauhauszeit nicht mehr getroffen hatte.

In jenen Jahren kam es zu einer Aufwertung der Bauhaustextilien: Das Victoria and Albert Museum (London) kaufte 1967 zahlreiche Entwürfe und Stoffe von ihr. 1968 fand in Stuttgart die Wanderausstellung *50 Jahre Bauhaus* statt, auf der Gunta Stölzl mit einer größeren Zahl von Leihgaben vertreten war. 1977 stellte sie in Stuttgart neben aktuellen Arbeiten auch Weimarer Entwürfe aus, von denen sie schrieb: *„Was mich in Stuttgart mehr als gewundert hat, ist – dass 7 Aquarelle verkauft wurden – aber das geht halt auf das Konto des Datums!! 1921/22, das wird gesucht. Eigentlich bin ich ja schockiert – wie man heute rückwärts schaut – wie alles ausgegraben wird –* [...] *diese ganze Nostalgiewelle.“*

Kritisch stand sie der Arbeit des Kunsthistorikers Hans Wingler gegenüber, denn sie fand, dass ein Außenstehender die Geschichte des Bauhauses nicht adäquat schreiben könne. Dies sei eine geradezu unlösbare Aufgabe, denn das Leben und Arbeiten am Bauhaus sei zu komplex, zu vielstimmig, zu polarisierend und zuweilen auch zu widersprüchlich gewesen. Sie hatte immer vorwärts gerichtet gelebt und lehnte die neue idealisierte Sicht auf das Bauhaus ab, da sie die Geschichte verfälsche. Auch Annemarie Jaeggi vom Bauhausarchiv Berlin sieht hier ein Problem: *„Viele Kenner der Geschichte des Bauhauses kritisieren zu Recht die idealisierte Überhöhung dieser Schule zu einer Art ‚besserem Deutschland'. Aber die ungeheure Zuspitzung, die der Epochenkonflikt zwischen aufgeklärter Moderne und agressiver*

Reaktion gerade in Deutschland im 20. Jahrhundert erfahren hat, macht eine nüchtern-historische Betrachtung des Bauhauses tatsächlich fast unmöglich.“

Gunta Stölzl hatte ihre eigenen enttäuschenden Erfahrungen gemacht, die ganz im Gegensatz zu den Bauhausidealen standen. „*Erst nach ihrem Tod haben wir uns über die genauen Umstände ihres Abganges vom Bauhaus informiert*“, schreiben ihre Töchter. „*Dabei erinnerten wir uns zwar, dass sie schon manchmal erwähnte, wie sehr sie überrascht war, als sie viele Jahre später vernahm, dass der Webemeister Wanke, dessen Arbeit sie geschätzt und dem sie ganz vertraut hatte, schon während ihrer Zeit am Bauhaus Nazi war. Aber über den Mangel an Solidarität der verantwortlichen Meister, die sie einfach haben fallenlassen, hat sie sich nie geäußert. Inwieweit diese Dinge und ihre Folgen dazu beigetragen haben, dass sie sich nur selten auf ihre Bauhausvergangenheit berief und in den Nachkriegsjahren, in denen das Bauhaus groß auferstand, nicht mehr einen ihrer Bauhausstellung entsprechenden Wirkungskreis erstrebte, ist schwer zu sagen.“*

1976 fand eine Einzelausstellung von Wandteppichen Gunta Stölzls im Bauhaus-Archiv Berlin statt. Auf Schloss Rheydt gab es im gleichen Jahr eine Ausstellung deutscher Teppichkunst, wobei die Presse die Bauhausteppiche besonders hervorhob: „*Vielleicht am eindrucksvollsten sind die Arbeiten, die von Benita Koch-Otte und Gunta Stölzl-Stadler während ihrer Zeit am Weimarer Bauhaus der zwanziger Jahre entstanden. Das oft nur Experimentelle von Bauhaustextilien hat in dem schwebenden Farbenreichtum und der Vielfalt meist geometrischer Formen hier eine Gültigkeit angenommen, die über jeden Zeitstil weit hinaus reicht. Angesichts dieser Leistungen wundert man sich nicht mehr, dass Bauhauseinflüsse unter den ausgestellten Arbeiten dominieren.“*

Gunta Stölzl erscheint uns heute als eine typische Vertreterin der Frau des frühen 20. Jahrhunderts, aber sie war mutiger, zupackender und widersprüchlicher als die

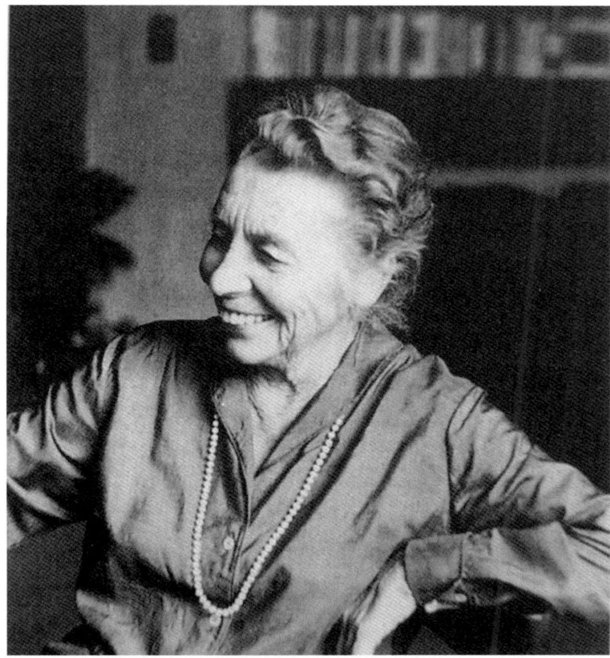

Gunta Stölzl bei einer Ausstellungseröffnung in der Paulusakademie Zürich, 1971

meisten. Vieles, was sich in der Gesellschaft ereignete, beeinflusste auch ihr persönliches Leben. Ihr Schicksal wurde entscheidend bestimmt durch die politischen Ereignisse, denen sie nicht entfliehen konnte, aber sie fand immer einen eigenen Weg.

Gunta Stölzl starb 1983 im Alter von 86 Jahren. Bis zum Ende ihres Lebens hatte sie sich mit Textilien auseinandergesetzt und neue Wege gesucht. Was sie am Bauhaus Weimar begonnen und mit neuen Schwerpunkten in Dessau fortgesetzt hatte, blieb zeitlebens Ziel ihrer Arbeit: künstlerische Qualität des Entwurfs, sorgfältig ausgewähltes Material und die Vollkommenheit der Handwerkstechnik. Die Bauhausweberei gilt bis heute als Vorbild einer guten, praxisnahen Ausbildungsstätte für Textildesigner. Dies ist neben ihrem eigenen breitgefächerten und reichen Werk eine wesentliche Leistung Gunta Stölzls.

ZEITTAFEL

1897	Adelgunde Stölzl, genannt Gunta, wird am 5. März geboren
1913	Abitur an einer höheren Mädchenschule
1913–16	Studium an der Kunstgewerbeschule München
1917–18	Freiwilliger Kriegsdienst als Rote-Kreuz-Schwester im 1. Weltkrieg
1919	Beginn des Studiums am Bauhaus
1920	Aufsichtsfunktion in der neuen Frauenabteilung. Erste textile Arbeiten.
1921	Unterricht bei Paul Klee. Entwicklung von Stühlen mit Marcel Breuer.
1922	Vierwöchiger Färbereikurs in Krefeld. Erste große Gobelins. Knüpfteppich als Gesellenstück.
1923	Große Bauhausausstellung. Beteiligung mit Wandbehängen, Teppichen und Meterwaren. Verkauf von Arbeiten.
1924	Einrichtung einer Weberei für Johannes Itten in der Schweiz. Teilnahme am Fabrikantenkurs der Seidenwebschule Krefeld.
1925	Schließung des Bauhauses Weimar. Umzug nach Dessau. Werkmeisterin der Weberei.
1926	Ab Juni Leiterin der Weberei. Umzug ins neue Bauhausgebäude.
1927	Am 20. Januar Vertrag als Jungmeisterin. Entwicklung neuer Lehrpläne.

1928	Reise nach Moskau mit den Bauhäuslern Peer Bücking und Arieh Sharon.
1929	Heirat mit Arieh Sharon. Geburt der ersten Tochter Yael.
1931	Politische Intrigen und Beschwerden. Kündigung und Verlassen des Bauhauses. Im November Emigration in die Schweiz. Gründung der Firma S-P-H-Stoffe mit den Bauhäuslern Preiswerk und Hürlimann.
1932	Mitglied im Schweizerischen Werkbund. Trennung von Arieh Sharon.
1933	Schließung der S-P-H-Stoffe. Weiterführung mit Hürlimann als S+H Stoffe.
1937	Auszeichnung auf der Weltausstellung in Paris. Eröffnung der Handweberei Flora.
1938–41	Arbeit für die Schweizerische Landesausstellung und an Decken- und Wandbespannungen.
1942	Heirat mit Willy Stadler. Sie wird Schweizer Staatsbürgerin.
1943	Geburt der zweiten Tochter Monika.
1947–67	Die Handweberei Flora sichert die Existenz der Familie.
1967–80	Nach Schließung der Handweberei Arbeit an eigenen Gobelins. Ausstellungen.
1983	Gunta Stölzl stirbt am 22. April im Krankenhaus in Zürich (Monika Stadler), sie hatte in Küsnacht gewohnt.

AUF DEN SPUREN VON GUNTA STÖLZL
Weimar, Dessau und Berlin

WEIMAR

„Mein Dachstübchen […] schließt ganz ein und läßt den Blick nicht in die Ferne – aber in die Tiefe –. Vertiefung muß mir die nächste Zeit werden“, schrieb Gunta Stölzl im Tagebuch. In ihrem kleinen „Stübchen“ wohnte Gunta Stölzl in ihren ersten zwei Monaten am Bauhaus. Sie zeichnete den Raum für den ersten Brief (vom 1. Okt. 1919), den sie ihrem Vater aus Weimar sandte. Wo sich das Zimmer genau in der Stadt befand, ist allerdings unbekannt.

❶ Am Silberblick

In einem Einfamilienhaus – die genaue Hausnummer ist nicht bekannt – bewohnte Gunta Stölzl ein Zimmer zur Untermiete und verbrachte hier ihren ersten Winter in Weimar bis zum Februar 1920.

❷ Denkmal für die Märzgefallenen

Auf dem Hauptriedhof in Weimar steht das Denkmal für die Märzgefallenen. Der Entwurf stammt von Walter Gropius und erinnert an die Opfer in der Stadt in Verbindung

• Das Märzgefallenen-Denkmal

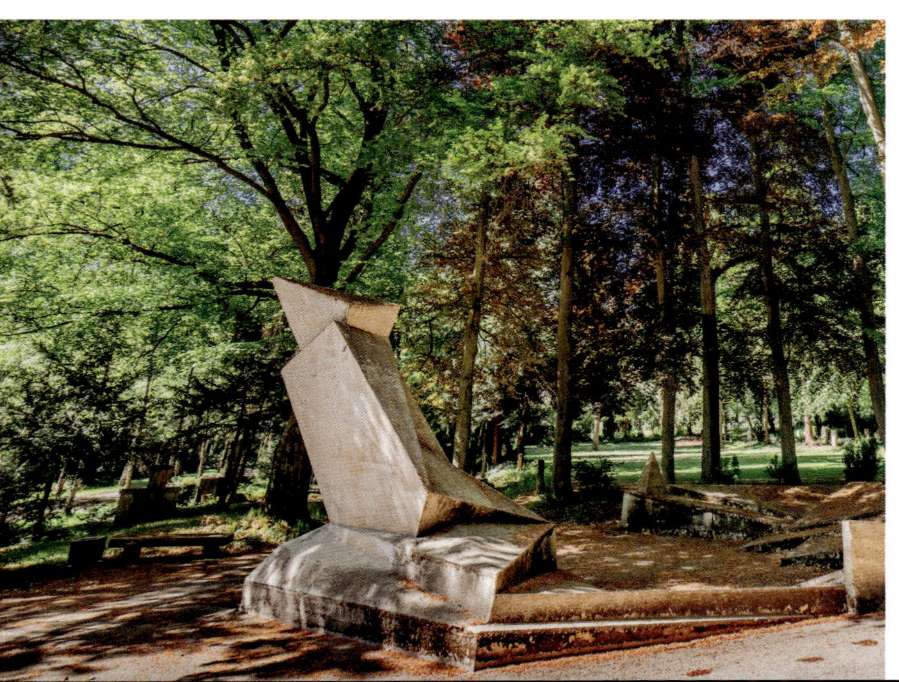

mit dem rechtsradikalen Putschversuch gegen die demokratische Weimarer Republik. Als Gunta Stölzl hier im Winter 1919/20 entlanglief, falls sie von ihrer Unterkunft aus den Weg zur Hochschule über den Friedhof nahm, war das Denkmal noch nicht da. Der Kapp-Putsch fand erst im März 1920 statt. Nachdem das Denkmal in den 1930er-Jahren von den Nationalsozialisten zerstört worden war, wurde nach dem Zweiten Weltkrieg eine Replik errichtet.

❸ Bauhausstraße 8

Ganz in der Nähe der Hochschule bewohnte Gunta Stölzl zwei Jahre lang bis 1922 ein Zimmer zur Untermiete, damals noch Kuhrtstraße 8.

❹ Brendel'sches Atelier

Das Atelier des Tiermalers und Vertreters der Weimarer Malerschule Albert Brendel (erbaut 1886) diente den Bauhäuslern von 1919 bis 1925 mit einem Küchenanbau als Mensa. Hier arbeitete Gunta Stölzl zeitweise in der Küche. Die Bauhaus-Universität Weimar bietet Besuchern speziell

• Info-Shop der Bauhaus-Universität mit Café im Brendel'schen Atelier

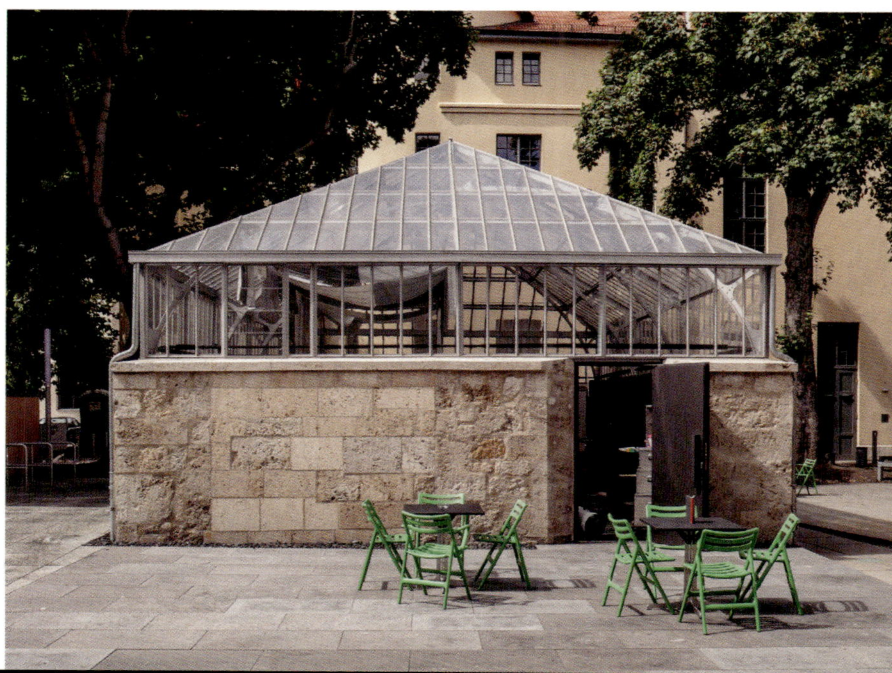

geführte Bauhausspaziergänge an, die hier gebucht werden können.

Bauhaus.Atelier | Info Shop Café
Besucher- und Informationszentrum
Geschwister-Scholl-Straße 6a
99423 Weimar

5 Hauptgebäude

Nachdem Gunta Stölzl ihre Unterkunft in Weimar immer mehr in die Nähe der Hochschule verlagert hatte, zog sie ab 1922 ganz im Hauptgebäude ein. So hatte sie – wie einige andere Studierende – die Möglichkeit bekommen, in einem der Ateliers zu leben und zu arbeiten. Zur Zeit des Bauhauses gab es 23 Schülerateliers sowohl im Hauptgebäude, als auch im nahegelegenen Prellerhaus. Aufgrund der Wohnungsnot war im Oktober 1919 seitens der Bauhausleitung erlaubt worden, die Ateliers auch zum Wohnen zu nutzen. Es gab lediglich Gaslicht, offensichtlich keine Stromversorgung, und das Kochen und Wäschewaschen war nicht erlaubt.

Das Hauptgebäude, eine der bedeutendsten Kunstschulbauten der Jahrhundertwende, war 1919 Grün-

• Hauptgebäude der heutigen Bauhaus-Universität Weimar,
Große Atelierfenster im Dachgeschoss und Gropius-Zimmer im 1. OG, linker Balkon

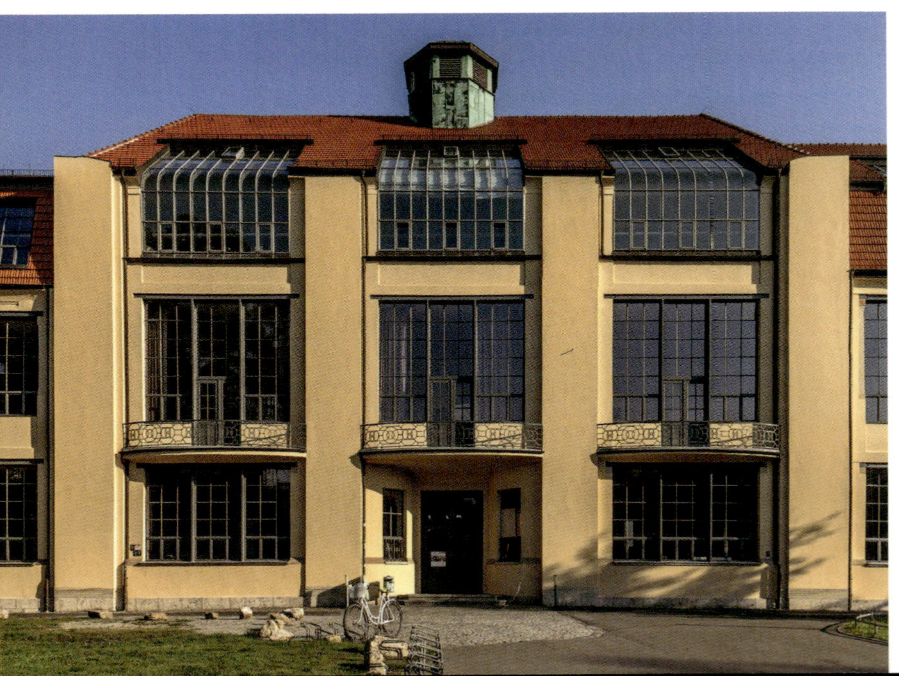

dungsort des Bauhauses. Im seitlichen Treppenhaus sind hier Wandgemälde von Herbert Bayer zu sehen sowie nach Voranmeldung das nach Originalplänen rekonstruierte Büro von Walter Gropius. Die Teppiche und Wandbehänge sind allesamt Entwürfe aus der Werkstatt der Weberei, u. a. von Else Mögelin, Benita Koch-Otte oder Gertrud Arndt.

Bauhaus-Universität Weimar
Geschwister-Scholl-Straße 8
99423 Weimar
www.uni-weimar.de

6 Tempelherrenhaus

Das alte Gewächshaus wurde 1786/87 zu einem „romantischen Salon" für den herzoglichen Hof und dann 1811 bis 1820 dem Geschmack der damaligen Zeit folgend in einen neugotischen Tempel umgebaut. Die schon aus den Ursprungsjahren stammenden hölzernen Plastiken, „Tempelherren" darstellend, gaben dem Gebäude seinen Namen. Der 1816 angefügte Turm geht wahrscheinlich auf einen Entwurf von Johann Wolfgang von Goethe zurück. Franz Liszt und Ferruccio Busoni gaben hier Konzerte, Bauhausmeister Johannes

• Tempelherrenhaus im Park an der Ilm

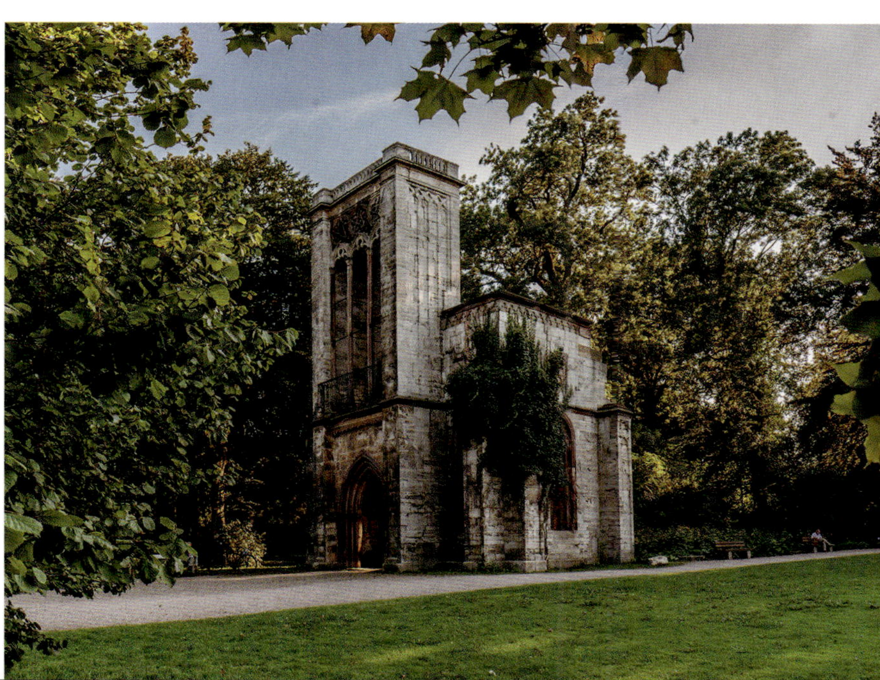

Itten nutzte es als Atelier und veranstaltete auf der Dachterrasse gymnastische „Morgenübungen". Es sind rauschende Feste des Bauhauses verbürgt. Im Zweiten Weltkrieg zerstörten Bomben das Haus, heute ist es eine Ruine.

7 Haus der Frau von Stein

Als herzoglicher Oberstallmeister bezog Ernst Josias Freiherr von Stein 1776 das als Stallgebäude für die herzoglichen Pferde neu errichtete Gebäude. Die Wohnräume der Familie lagen im Obergeschoss, die Pferdeställe im Erdgeschoss. Benannt ist das Haus allerdings nicht nach dem Herrn Oberstallmeister von Stein, sondern seit Langem schon nach seiner Frau Charlotte. *„Das Haus der Frau von Stein ist das Haus der starken Frauen von gar historischem Format"*, urteilt Hendrik Wendler von Genius Loci Weimar, einem jährlich veranstalteten Festival für audiovisuelle Kunst. Denn hier lebte seit kurz nach Fertigstellung des Hauses 1776 bis zu ihrem Lebensende 1827 zuerst einmal Goethes Vertraute Charlotte von Stein. Man munkelt, dass sie Goethes Geliebte war, zu dem sie eine enge Bezie-

• Haus der Frau von Stein

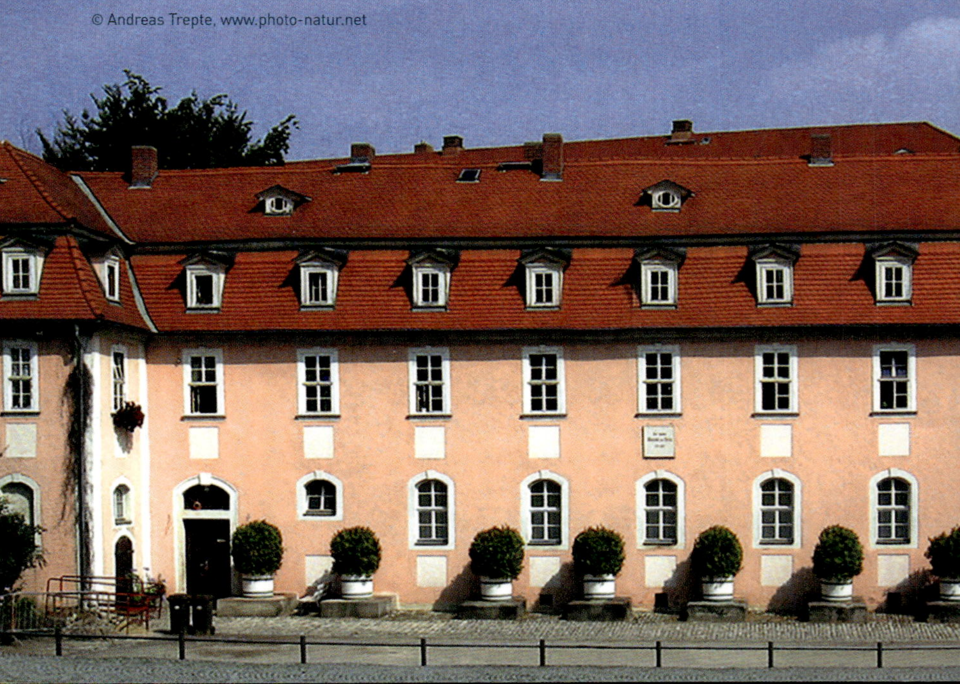

hung unterhielt. Knapp einhundert Jahre später – das Haus war mittlerweile eine Herberge – wohnte hier auch die später bekannte Filmdiva Marlene Dietrich. Sie kam als junge Frau nach Weimar, um sich von 1918 bis 1921 in Privatstunden als Geigerin unterrichten zu lassen. Das Zimmer teilte sie noch mit drei anderen Mädchen. Mit 19 Jahren hätte sie hier ihre Unschuld an ihren Musiklehrer verloren, enthüllte Maria Riva 1992 in dem Buch *Meine Mutter Marlene.*

Ebenfalls starke Frauen: die Studentinnen am Bauhaus, die sich als Weberinnen in einer Frauenklasse zusammenfanden. Zu jener Zeit Anfang der 1920er-Jahre feierten diese auch immer dann hier im Zimmer von Lothar Schreyer, dem Leiter der Bühnenwerkstatt am Bauhaus, wenn sie einen Teppich in der Weberei fertiggestellt hatten. In der Weimarer Republik war den Frauen das Wahlrecht (1919) zugestanden worden und im Zuge der Frauenemanzipation gab es immer mehr berufstätige Frauen, und immer mehr Universitäten und Fakultäten in Deutschland ermöglichten ein vollwertiges Studium für Frauen.

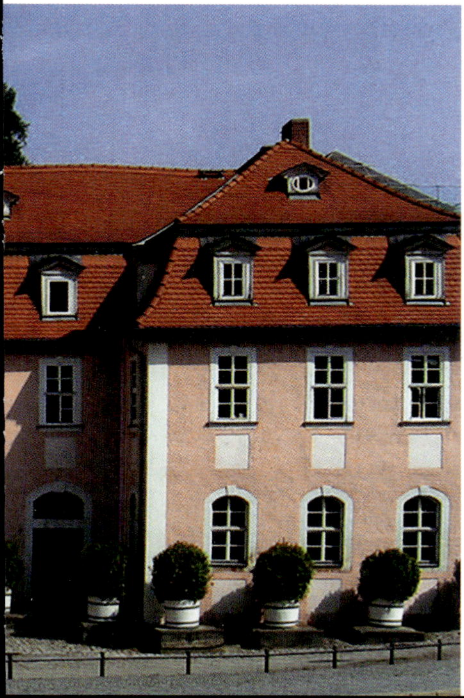

8 Weihnachtsmarkt in Weimar

Auf dem Weimarer Weihnachtsmarkt boten die Studierenden ihre Werke aus dem Workshop bei Johannes Itten zum Verkauf an. Gunta Stölzl erzählte 1931 über die ersten Bauhauserzeugnisse in *Bauhaus. Zeitschrift für Gestaltung*: *„Die fanatik – die starke ausdruckskraft maximal kontrastierender materie hatte es uns angetan! unsere fantasiestrotzenden werke haben wir mit anderen ersten bauhauskuriositäten zusammen in der ›dadabude‹ auf dem weihnachtsmarkt von weimar einer jubelnden kinderschar für einen groschen verkauft.“* (zit. n. *Das Bauhaus webt*, 1998, S. 237)

9 Haus Am Horn

Das Musterhaus Am Horn 61 kann als der erste gebaute Architekturentwurf des Bauhauses gelten. Es entstand als Prototyp für die große Bauhaus-Ausstellung 1923, auf der die Meister und Schüler die Arbeiten des Bauhauses erstmals einer breiten Öffentlichkeit vorstellten. Auch Gunta Stölzl war dabei. Die Wohnräume des Einfamilienhauses waren für die Ausstellung mit Entwürfen von Möbeln und Gegenständen, die am Bauhaus gefertigt worden waren, eingerichtet. Im zentralen Wohnraum lag ein Teppich von Gunta Stölzl.

Georg Muche, er war der jüngste Meister am Bauhaus, hatte das Haus als Wohnhaus entworfen. Muche orientierte sich dabei an der Raumkonzeption des „Wabenbaus", die mehrere kleine Räume um einen größeren zentralen Raum herum gruppiert. Ausgeführt wurde der Bau vom Baubüro Gropius unter der Bauleitung von Adolf Meyer. Den Planungen gingen Entwürfe für eine weitläufige Bauhaus-Siedlung mit Hochschul- und Wohnbauten der Architekten Walter Gropius und Fred Forbát voraus. 1999 konnte das Haus mit Unterstützung öffentlicher Geldgeber und der Sparkassen-Finanzgruppe entsprechend des

• Haus Am Horn

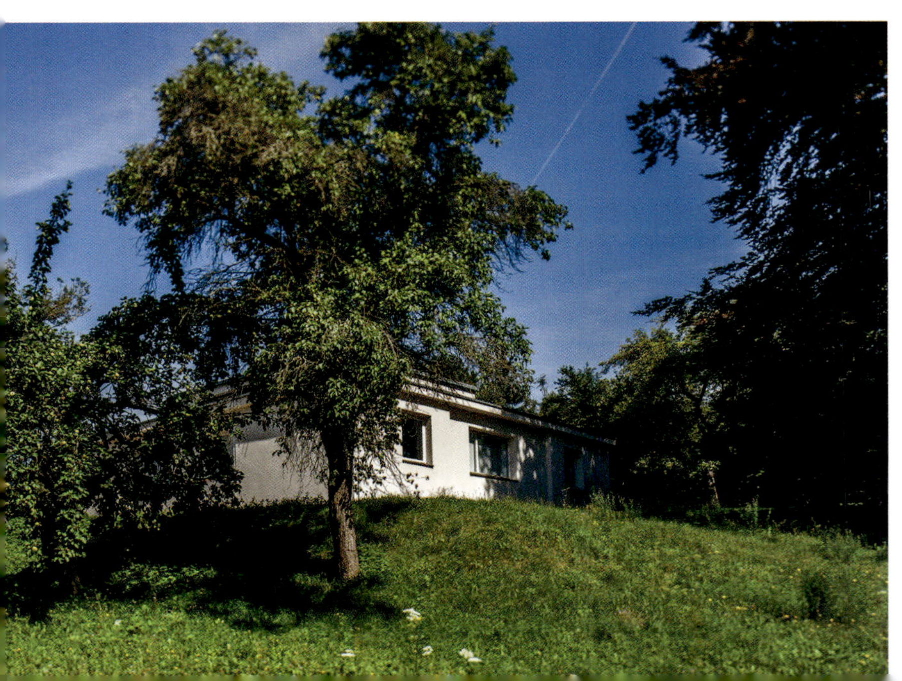

ursprünglichen Zustands rekonstruiert werden. Das Gebäude wird seitdem für temporäre Ausstellungen und als Veranstaltungsort genutzt.

Haus Am Horn
Am Horn 61
99425 Weimar
www.hausamhorn.de

⑩ Gunta-Stölzl-Straße

Ab 1996 entstand in Weimar ein neues Stadtquartier unter dem Namen *Neues Bauen am Horn* auf dem Gelände einer ehemaligen russischen Kaserne. Den historischen Hintergrund bildete das am Bauhaus geplante Projekt einer komplexen Siedlung auf diesem Gebiet mit dem Haus Am Horn als Musterbau. Initiiert wurde das Neubauprojekt maßgeblich von der Bauhaus-Universität Weimar und infolge gemeinsam mit der Landesentwicklungsgesellschaft Thüringen (LEG) und der Stadt Weimar umgesetzt. Es entstand ein neues, innerstädtisches Wohnkonzept mit etwa 80 Eigenheimen als Alternative zum Bauen auf der grünen Wiese. Es gibt Unterschiede in der Bauweise, der Parzellengröße und -form und eine Vielfalt der sich ähnelnden Gebäude. Alle Neubauten sind moderne, zeitgemäße Entwürfe, allesamt mit Flachdächern, ganz im Sinne des Neuen Bauens aus den 1920er-Jahren. Die Straßen sind nach ehemaligen Bauhäuslern benannt, darunter befindet sich auch die Gunta-Stölzl-Straße. Das verbliebene Kasernenensemble wurde zum Campus der Musikhochschule und Wohnheim für Studierende umgebaut und in das Konzept integriert. Mit dem neuerbauten Kursana-Domizil entstand zudem ein Seniorenheim.

• Im Wohngebiet Neues Bauen am Horn

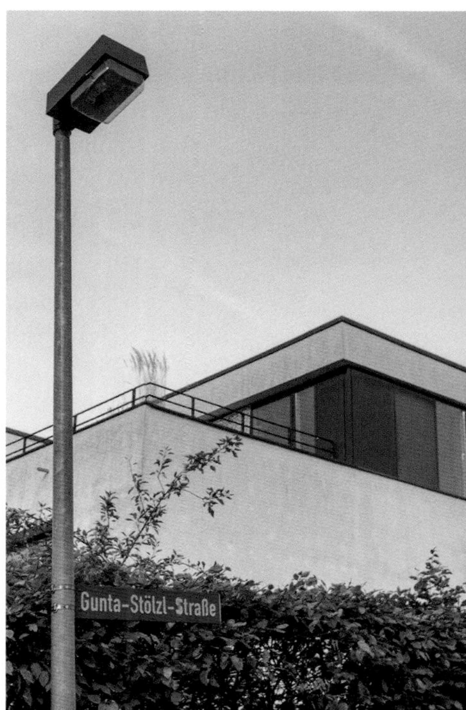

Der Gründungsort des Bauhauses ist Weimar (1919). Nicht nur wegen politischer und wirtschaftlicher Gründe, sondern auch in Hinblick auf neue architektonische Möglichkeiten zog Walter Gropius mit dem Bauhaus nach Dessau (1925). Aufgrund des aufkeimenden Nationalsozialismus – die NSDAP hatte 1931 in Dessau die Gemeinderatswahlen gewonnen – zog Ludwig Mies van der Rohe, seit 1930 dritter Bauhaus-Direktor nach Walter Gropius und Hannes Meyer, mit Belegschaft und Studierenden des Bauhauses nach Berlin (1932). Hier nahmen sie Zuflucht in einer leerstehenden Telefonfabrik in Berlin-Steglitz. Bereits am 11. April 1933 wurde das Gebäude von Polizei und SA durchsucht und versiegelt, und 32 Schüler wurden auch festgenommen. Nur unter politisch diktierten und für Mies van der Rohe unannehmbaren Bedingungen hätte er den Lehrbetrieb wieder aufnehmen können. Am 20. Juli 1933 erklärte der Lehrkörper daraufhin die Selbstauflösung des Bauhauses. In der Birkbuschstraße 49, in der Nähe des in den 1970er-Jahren abgerissenen, letzten Wirkungsorts des Bauhauses, steht eine Gedenktafel. Erst Ende der 1970er-Jahre wird in West-Berlin ein Bauhaus-Archiv nach Entwürfen von Walter Gropius errichtet. An allen drei Orten (Weimar, Dessau und Berlin) entstehen derzeit Museumsneubauten.

11 bauhaus museum weimar

Das Museum zeigt vor allem die Entwicklung des Staatlichen Bauhauses in Weimar (1919–1925). Zudem wird es einen Überblick über funktionales Design seit der Industrialisierung bis ins späte 20. Jahrhundert hinein geben. Der Neubau am Rande des Weimarhallenparks wird als minimalistischer Kubus und starker Solitär realisiert. Der Museumsneubau wurde von der deutschen Architektin Heike Hanada entworfen und öffnet seine Pforte zum 100-jährigen Bauhausjubiläum im April 2019.

bauhaus museum weimar
Stéphane-Hessel-Platz 1
99423 Weimar
www.bauhausmuseumweimar.de

DESSAU

⓬ Bauhaus-Museum Dessau (Neubau)

In Dessau entsteht im Stadtpark gelegen und entlang der Kavalierstraße ein Museumsneubau als etwa 100 Meter langer Riegel, der die gegenüberliegende Bebauung leicht überragt. Bestimmendes Element sind seine großflächigen Glasfassaden. Zum einen wird Transparenz vermittelt. Zum anderen nehmen die Architekten hier das Thema der *curtain wall* des Gropius'schen Bauhausgebäudes auf, bzw. verstärken dieses Motiv, indem sie die gläserne Fassade rund um das komplette Gebäude herumführen.

Bauhaus-Museum Dessau
Friedrichstraße / Kavalierstraße
06844 Dessau-Roßlau

⓭ Bauhausgebäude

Das Bauhausgebäude, eine Ikone der Moderne, entstand 1925/26 nach Plänen von Walter Gropius. Der Gebäudekomplex besteht aus mehreren Teilen, die Gropius ihrer je-

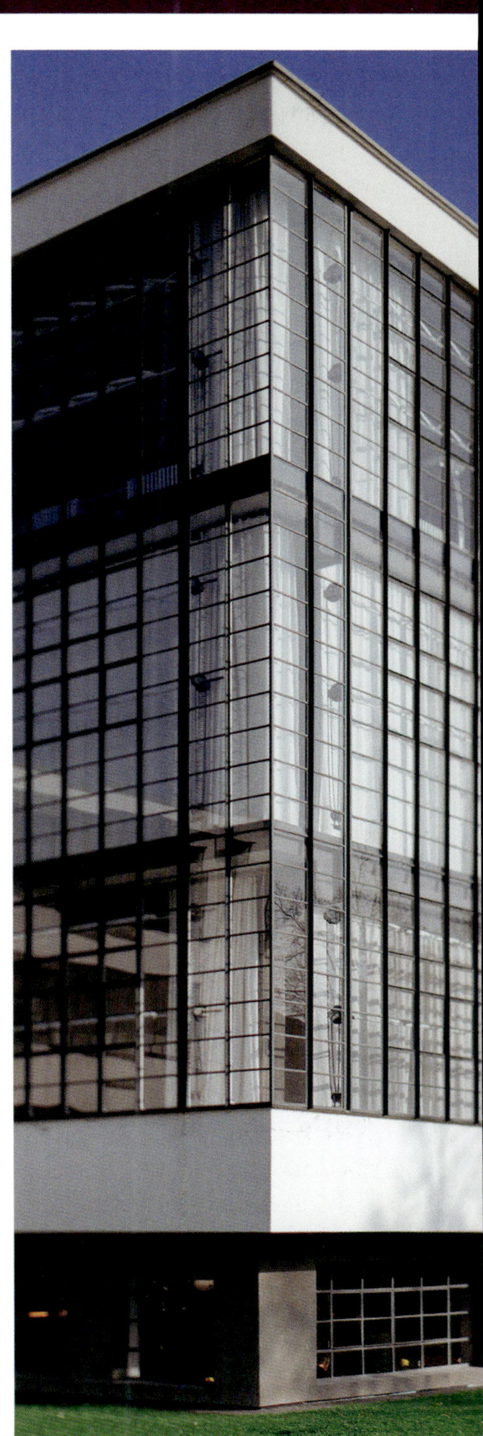

• Bauhaus Dessau, Werkstättenflügel (Glasecke)

weiligen Funktion entsprechend unterschiedlich gestaltete und asymmetrisch anordnete. Gropius weitete die Transparenz der Glasfassade des Werkstattgebäudes bis auf die Gebäudekanten aus. Insbesondere deshalb ist die Vorhangfassade *(curtain wall)* bis heute beeindruckend, und die Konstruktion bleibt zudem mit den tragenden Stützen von außen erkennbar. Die Verglasung vermittelt somit eine außergewöhnliche Leichtigkeit des dreigeschossigen Baukörpers, gleichsam eine „transparente Monumentalität". Ab 1926 erhielt das Bauhaus den Beinamen *Hochschule für Gestaltung*. Der Name *Prellerhaus* war im Übrigen mit nach Dessau umgezogen, der Wohnatelier-Trakt des neuen Bauhausgebäudes in Dessau hieß – wie in Weimar – wieder *Prellerhaus*. Gunta Stölzl war zeitweilig auch hier in Dessau auf der sogenannten *„Damenetage"* neben Gertrud Arndt, Marianne Brandt und Anni Albers zuhause. Stölzl entwarf 1926 für das Wohnheim einen Bettüberwurf namens *Prellerdecke*. Heute können Gäste und Touristen die Zimmer als Unterkunft beim Bauhaus Dessau buchen. Die Zimmer sind unterschiedlich gestaltet, teils

• Re-inszeniertes Atelierzimmer mit *Prellerdecke* (Remake-Design)

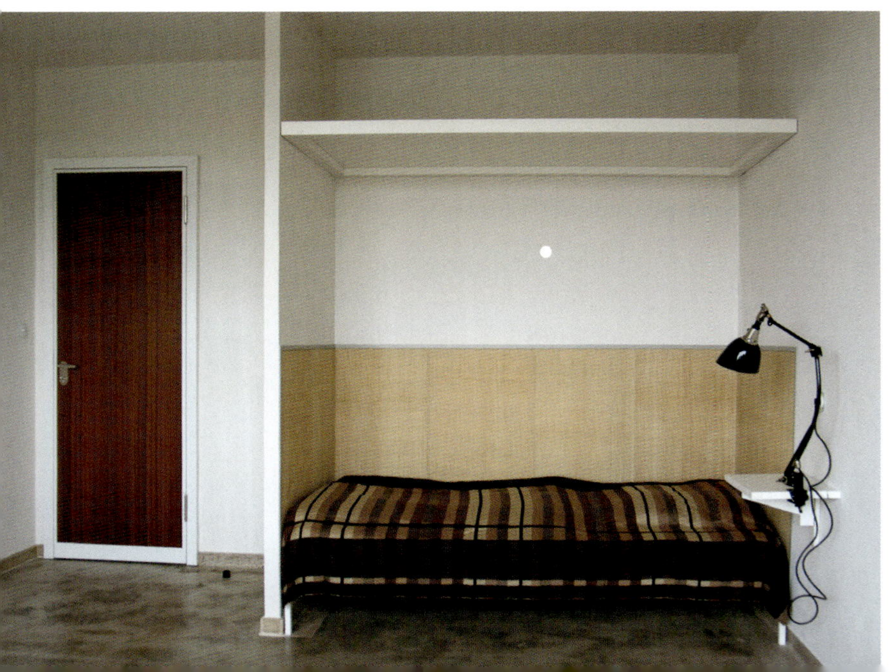

als re-inszenierte Atelierzimmer, teils als personalisierte Zimmer mit Möbeln von Bauhäuslern, die hier wohnten, oder teils mit schlichten Möbeln und Bauhaus-Klassikern eingerichtet.

Bauhausgebäude
Gropiusallee 38
06846 Dessau-Roßlau
www.bauhaus-dessau.de

14 Meisterhaus Muche/Schlemmer

Gunta Stölzl zog im November 1929 mit ihrer neugeborenen Tochter Yael in das Atelier und einen Nebenraum des Hauses Schlemmer ein. Sie wohnte hier streckenweise gemeinsam mit ihrem Mann, dem Bauhäusler Arieh Sharon, bis Juli 1930. Oskar Schlemmer wohnte hier mit seiner Frau Tut und den drei Kindern der beiden während seiner Dessauer Bauhauszeit (1926–1929). Zeitweilig lebte seine Familie im Ausland und er teilte sich das Haus mit Hannes Meyer und dessen Familie. Nach Familie Schlemmer bezog die Doppelhaushälfte (von 1930 bis 1932) der Architekt, Bauhausmeister und Leiter der Ausbauwerkstatt Alfred Arndt mit seiner Frau, der Bauhaus-

• Meisterhaus Muche/Schlemmer

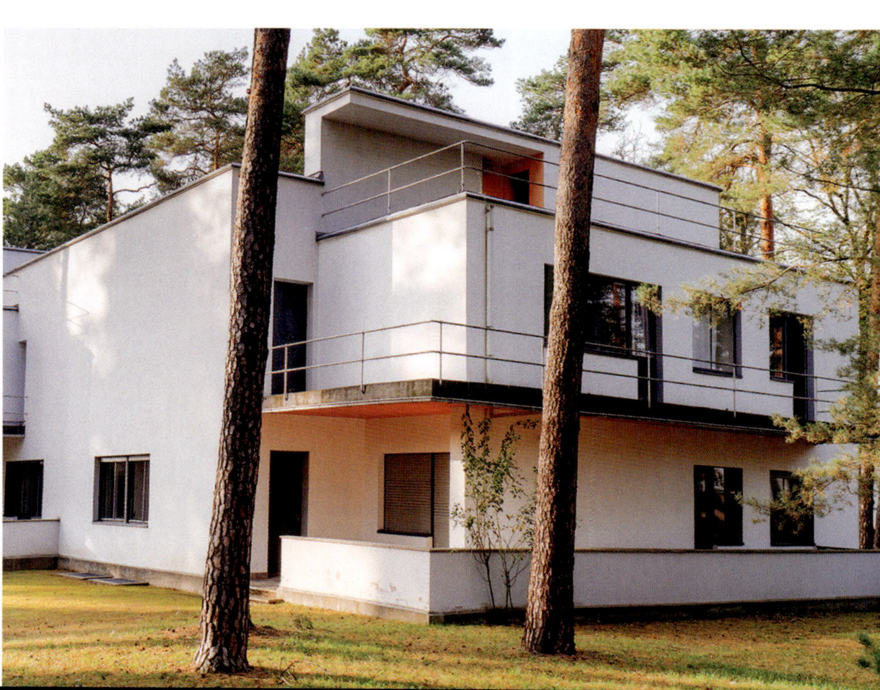

Weberin Gertrud Arndt (1903–2000). Im Doppelhaus lebte Familie Schlemmer Seite an Seite mit Georg Muche (1926 bis 1927) und später mit Hinnerk Scheper (1927–1932). Die Doppelvilla wurde 2002 mit Unterstützung der Wüstenrot-Stiftung restauriert und größtenteils in den Bauzustand um 1926 zurückversetzt.

Meisterhaussiedlung
Ebertallee 65/67
06846 Dessau-Roßlau
www.meisterhaeuser.de

Ausflüge ins Wörlitzer Gartenreich, nach Halle und Bernau

Von Dessau aus unternahmen Gunta Stölzl und Oskar Schlemmer gemeinsame Fahrradausflüge in den angrenzenden, aber ausgedehnten Wörlitzer Park, der heute ein bedeutender Teil des heute als UNESCO-Welterbe gelisteten „Dessau-Wörlitzer Gartenreiches“ ist.

Dessau-Wörlitzer Gartenreich
Foerstergasse 26
06785 Wörlitz
www.woerlitz-information.de

• Wörlitzer Park

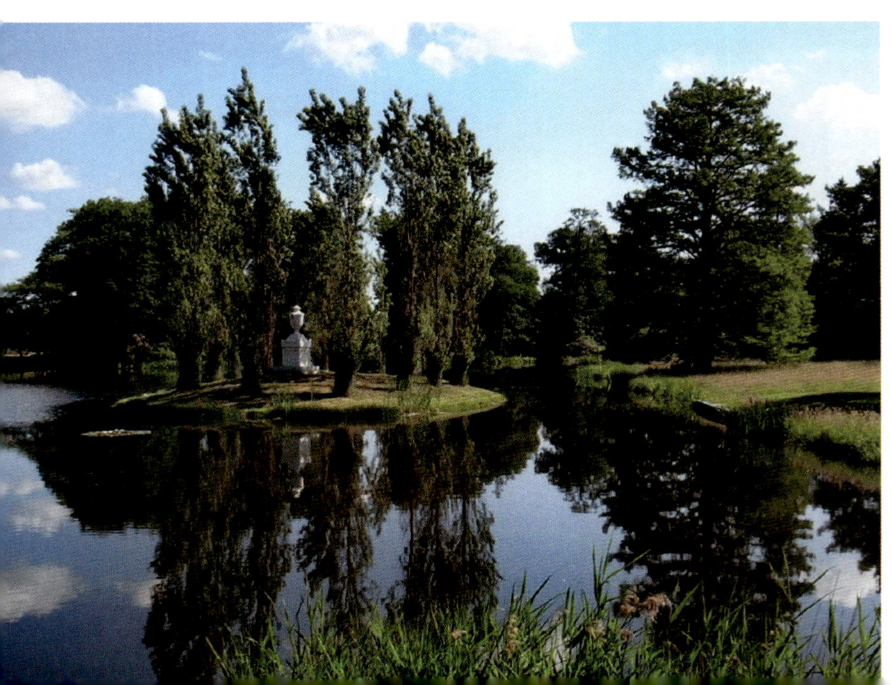

In Halle an der Saale besuchte Gunta Stölzl ihre ehemalige Bauhaus-Mitschülerin Benita Otte, die dort seit 1925 die Webereiwerkstatt der Kunstschule Burg Giebichenstein leitete.

Burg Giebichenstein
Kunsthochschule Halle
Postfach 200252
06003 Halle (Saale)
www.burg-halle.de

Zur Baustelle der Bundesgewerkschaftsschule in Bernau bei Berlin fuhr Gunta Stölzl, um dort Arieh Sharon, ihren späteren Mann, zu besuchen. Sharon war unter dem Architekten und zweiten Bauhausdirektor Hannes Meyer Bauleiter des Neubaus. Seit Anfang Juli 2017 steht die Bundesschule auf der Weltkulturerbeliste.

baudenkmal bundesschule bernau e.V.
Hannes-Meyer-Campus 9
16321 Bernau
www.bauhaus-denkmal-bernau.de

• Bundesschule des Allgemeinen Deutschen Gewerkschaftsbundes

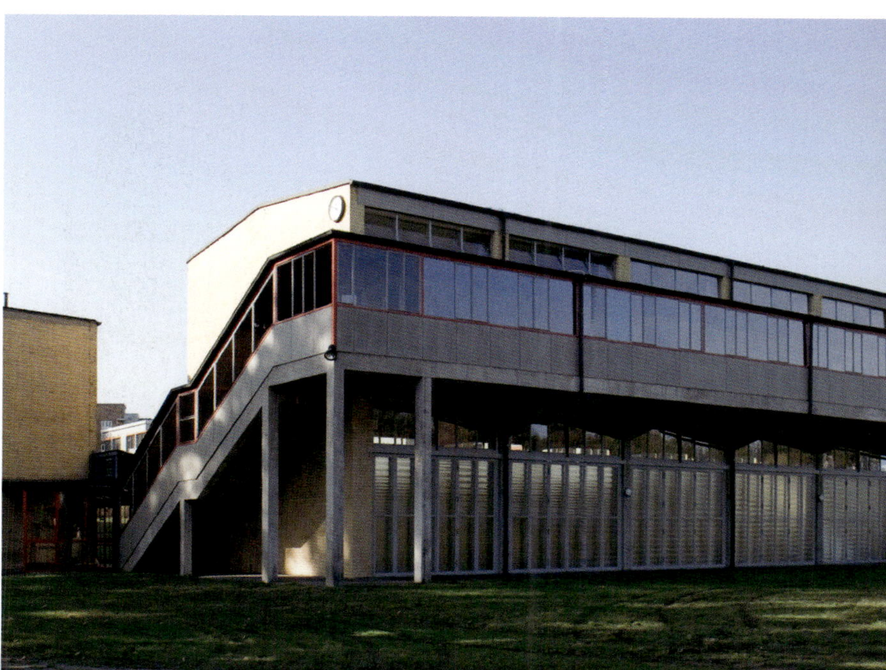

BERLIN

bauhaus-archiv museum für gestaltung

Über den Neubau und die Planungen auf dem Gelände des bauhaus-archivs ist auf der Homepage des Architekten Volker Staab zu lesen: *„Ein gläserner Turm an der Straße nimmt weithin sichtbar alle öffentlichen Funktionen des Neubaus auf und steht mit seiner experimentellen Tragstruktur für das Selbstverständnis des modernen Bauhauses."*
Das bauhaus-archiv/museum für gestaltung in Berlin sammelt, erforscht und präsentiert Dokumente, Werke und Fotografien zur Geschichte und Wirkung des Bauhauses (1919–33). Das Gebäude ist ein Spätwerk des Bauhaus-Gründers Walter Gropius. Die Planungen für das Gebäude in Berlin von 1976 bis 1979 gehen auf einen Entwurf von Gropius für Darmstadt, wo das bauhaus-archiv seine Wurzeln hat, aus den 1960er-Jahren zurück. Im Gebäude sind die umfassende Bibliothek und das Dokumentenarchiv sowie ein Museum mit Dauer- und Wechselausstellungen untergebracht. Die ständige Ausstellung zeigt Gemälde, Zeichnungen, Plastiken und Modelle der Meister und Schüler des Bauhauses.

• bauhaus-archiv/museum für gestaltung

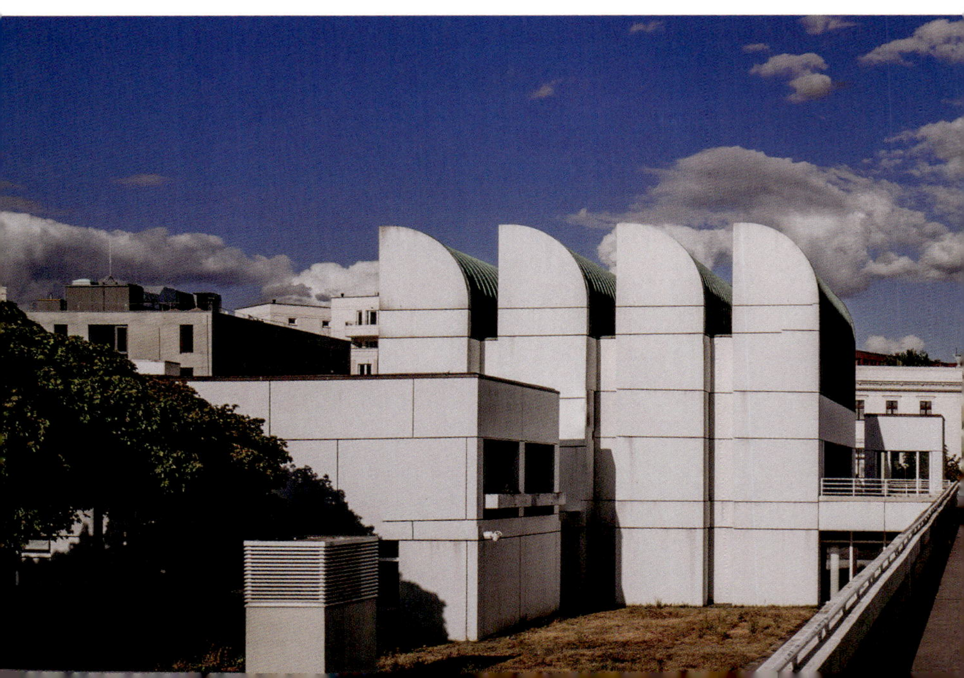

Die weltweit umfangreichste Bauhaussammlung belegt den nachhaltigen Einfluss der bedeutendsten Schule für Architektur, Design und Kunst im 20. Jahrhundert.

Das bauhaus-archiv ist im Besitz des sogenannten *Afrikanischen Stuhls* von Gunta Stölzl und Marcel Breuer aus der Weimarer Bauhauszeit. Das handgefertigte Unikat galt lange Zeit als verschollen und wurde erst 2004 überraschend wiederentdeckt.

bauhaus-archiv/
museum für gestaltung
Klingelhöferstraße 14
10785 Berlin
www.bauhaus.de

Aufgrund von Umbauarbeiten ist das Haus jedoch bis 2022 geschlossen. Besucher sind gebeten, *the temporary bauhaus-archiv* zu besuchen.

the temporary bauhaus-archiv/ museum für gestaltung

Da das bauhaus-archiv / museum für gestaltung in der Klingelhöferstraße derzeit geschlossen ist, gibt es einen temporären Standort. Dort befindet sich derzeit auch der bauhaus-shop.

the temporary bauhaus-archiv/
museum für gestaltung
Knesebeckstr. 1–2
10623 Berlin-Charlottenburg
www.bauhaus.de/de/

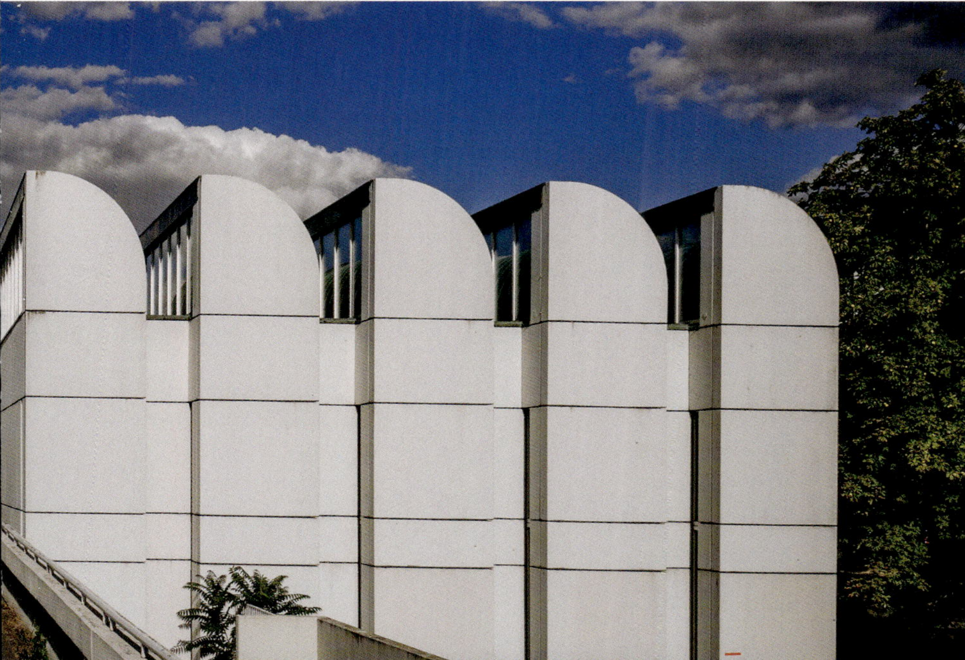

Personenverzeichnis

A

Abegg, Lis 86, 133, 139
Ahrens, Elisabeth 145
Albers, Anni 48, 65, 91, 99, 105, 109, 114, 141, 145, 147, 170, 191, 192
Arndt, Gertrud 91, 115, 172, 174, 190

B

Beck, Walter 127, 129, 130, 174
Berger, Otti 99, 109, 115, 144, 145
Beyer, Lis 91
Blaim, Anton 13
Boerneuf, Anni 124
Börner, Helene 48, 49, 50, 62, 79, 81, 93
Brandt, Marianne 192
Breuer, Marcel 68, 69, 70, 91, 96, 111, 160, 178
Bücking, Peer 132, 179

C

Cézanne, Paul 58

D

Dambeck, Margret 145
Delaunay, Sonia 123

E

Ehrmann-Heimann, Marli 172
Erbs, Martha 69, 82

F

Fischli, Hans 164

G

Gilles, Werner 36, 37, 38, 51
Gropius, Ise 95
Gropius, Walter 23, 24, 26, 27, 29, 30, 33, 38, 46, 47, 49, 63, 75, 76, 77, 80, 81, 87, 89, 90, 95, 96, 99, 100, 103, 113, 126, 134, 153, 154, 157, 158, 192
Grote, Ludwig 55, 123, 149, 174
Grunow, Gertrud 44
Guyer, Lux 75

H

Heimann, Marie Helene 91
Helm, Dörte 87
Henneberger, Elisabeth 145
Herrigel, Eugen 18
Hollos, Ruth 91, 109
Hürlimann, Heinrich Otto 159, 160, 162, 163, 166, 179

I

Itten, Johannes 27, 28, 30, 31, 32, 38, 39, 40, 42, 43, 44, 46, 47, 62, 78, 84, 86, 157, 158, 178

K

Kadow, Gerhard 145
Kandinsky, Wassily 47, 58, 59, 60, 61, 96, 125, 148, 149, 153, 154
Kerkovius, Ida 83
Kerschensteiner, Georg 12
Klee, Paul 47, 52, 53, 54, 55, 56, 82, 90, 95, 107, 145, 148, 178
Koch, Heinrich 131
Köhler, Wilhelm 81

L

Lasker-Schüler, Else 84
Leischner, Margarete 145
Lochner, Stefan 43

M

Marcks, Gerhard 38, 47, 196
Meyer-Bergner, Lena 114
Meyer, Hannes 106, 113, 114, 116, 117, 118, 126, 133, 134, 143, 145, 148, 149, 193
Meyer-Waldeck, Vera 172, 174
Mielke, Kurt 79
Moholy-Nagy, László 160
Muche, Georg 62, 67, 76, 91, 93, 94, 95, 96, 104, 105, 157

N

Neuy, Heinrich 147, 148
Nietzsche, Friedrich 13

O

Otte, Benita 50, 70, 79, 87, 92, 129, 131, 140, 144, 153, 160, 172, 174, 176, 193

P

Peterhans, Walter 144, 153
Picasso, Pablo 58
Popp, Josef 14
Preiswerk, Gertrud 145, 146, 147, 159, 160, 179

R

Rapoport, Tonja 145
Reichardt, Margarete 144, 146
Reich, Lilly 145
Riemerschmid, Richard 13, 15, 17, 22, 23

S

Scheper, Hinnerk 192
Schlemmer, Oskar 47, 87, 89, 90, 91, 93, 95, 96, 112, 126, 127, 129, 130, 131, 134, 140, 141, 142, 145, 149, 160, 172, 191, 192
Schlemmer, Tut 90, 174, 191
Schmidt, Joost 153
Schmidt Nonné, Helene 91
Schreyer, Lothar 73, 83
Sharon, Arieh 132, 133, 138, 139, 171, 174, 179, 193
Sharon-Stölzl, Yael 9, 141, 158, 172, 173, 179, 196
Stadler, Monika 9, 103, 174, 179, 196
Stadler, Willi 172, 173
Stölzl, Christoph 9, 111

T

Tappolet, Berta 74

U

Ullmann, Bella 145

V

Van der Rohe, Mies 145, 147, 156, 157
Van de Velde, Henry 27, 48
Voigt, Ilse 144, 145, 146
von Ahrend, Herbert 144
Vorwerk, Friedrich 25, 44

W

Wanke, Kurt 102, 144, 147
Weiwei, Ai 69
Wichert, Fritz 73
Wingler, Hans 8, 175

Literaturverzeichnis

Ingrid Radewaldt, *Bauhaustextilien 1919–1933.* Dissertation. Hamburg 1986

Gunta Stölzl. Weberei am Bauhaus und aus eigener Werkstatt, hg. von Magdalena Droste. Ausst.-Kat. Bauhaus-Archiv Berlin; Kunstgewerbemuseum Zürich; Gerhard-Marcks-Stiftung Bremen. Berlin 1987

Sigrid Wortmann Weltge, *Bauhaus-Textilien. Kunst und Künstlerinnen der Webwerkstatt.* Schaffhausen 1993

Gunta Stölzl. Meisterin am Bauhaus Dessau. Textilien, Textilentwürfe und freie Arbeiten 1915–1983. Ausstellungs-Katalog Stiftung Bauhaus Dessau; Städtische Kunstsammlungen Chemnitz; Museum f. Kunst und Gewerbe. Hamburg, Ostfildern 1997

Das Bauhaus webt. Die Textilwerkstatt am Bauhaus, hg. von Magdalena Droste, Ausst.-Kat. Bauhaus-Archiv Berlin. Stiftung Bauhaus Dessau; Nederlands Textielmuseum Tilburg; Kunstsammlungen zu Weimar. Berlin 1998

Anja Baumhoff, *The Gendered World of the Bauhaus. The Politics of Power at the Weimar Republic's Premier Art Institute 1919–1932.* Frankfurt am Main 2001

Gunta Stölzl. Bauhausmeister. Hg. Monika Stadler und Yael Aloni. Ostfildern 2009

modell bauhaus. Hg. Bauhaus-Archiv Berlin; Stiftung Bauhaus Dessau; Klassik Stiftung Weimar. Ostfildern 2009

Ulrike Müller, *Bauhaus-Frauen. Meisterinnen in Kunst, Handwerk und Design.* München 2009

To open Eyes. Kunst und Textil vom Bauhaus bis heute. Hg. Friedrich Meschede und Jutta Hülsewig-Johnen, Kunsthalle Bielefeld. Bielefeld 2013

Unveröffentlichte Schriften und Briefe von Gunta Stölzl im Bauhaus-Archiv Berlin und im Familienarchiv

Bildnachweis

Alle Werke von Gunta Stölzl-Stadler © **VG Bild-Kunst, Bonn 2018**
Adobe Stock 192
akg-images/Markus Hilbich 193
Bauhaus-Archiv, Berlin 31, 44, 68, 72, 75, 82, 84, 97, 101, 102, 106, 107, 110, 112 u., 120, 123, 142, 161
Hochschule für Gestaltung, Basel 81
Klassik Stiftung Weimar 71
Kunstsammlungen zu Weimar 66, 80
St. Annen-Museum der Hansestadt Lübeck 119
Christian Seeling 180–183, 186–189, 191, 194–195
Monika Stadler 15, 16, 18, 20, 21, 32, 35, 41, 45, 54, 56, 60, 64, 111, 112 o., 122, 124, 128, 130, 135, 166, 169, 173, 177
Stiftung Bauhaus Dessau 121, 190
Wikimedia Commons/Foto: Andreas Trepte, www.photo-natur.de 184/185

Autorin, Herausgeberin und Verlag haben sich bis Produktionsschluss intensiv bemüht, alle weiteren Inhaber von Abbildungsrechten ausfindig zu machen. Personen und Institutionen, die möglicherweise nicht erreicht wurden und Rechte verwendeter Abbildungen beanspruchen, werden gebeten, sich nachträglich mit dem Verlag in Verbindung zu setzen.

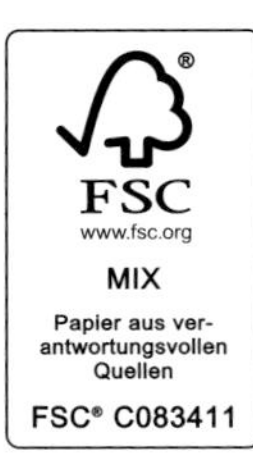

Impressum

Ingrid Radewaldt
GUNTA STÖLZL
Pionierin der Bauhausweberei
Elke Beilfuß (Hg.)

ISBN: 978-3-7374-0258-3

www.verlagshaus-roemerweg.de

Umschlag & Satz: Anja Carrà, Weimar
Lektorat: Stefan Gücklhorn, Wiesbaden
Umschlagbild: Gunta Stölzl, Foto: unbekannt, um 1926, Bauhaus-Archiv Berlin
Gesamtherstellung: CPI books GmbH, Leck – Germany